SNS로 부자가 되는 법

绝非偶然：撬动星球的头部效应
ISBN 9787121401404
This is an authorized translation from the SIMPLIFIED CHINESE language edition entitled 『绝非偶然：撬动星球的头部效应』published by PUBLISHING HOUSE OF ELECTRONICS INDUSTRY Co., Ltd, through Beijing United Glory Culture & Media Co., Ltd., arrangement with Imprima Korea Agency.

SNS로 부자가 되는 법

스스로 부를 쟁취한 21명의 사람들

류룽 등 지음
이서연 옮김

시프

들어가는 말

나는 인터넷 시대가 좋다. 능력을 가진 사람이라면 누구나 인터넷에서 재능을 발휘할 수 있다. 누구나 수백만 명의 사람에게 영향을 미칠 수 있다. 휴대폰을 들면 세계가 우리 앞에 펼쳐지고, 우리는 세계 앞에 드러난다. 모든 사람이 기회를 잡을 수 있고 이상을 실현시킬 수 있다.

5년 6개월 전, 나는 즈스싱추(知識星球: '지식의 별'이란 뜻의 지식 전달 플랫폼) 별지기들의 이야기를 편집해 주는 일을 맡았다. 그들의 문장을 통해 울고 웃으면서 성장했고 그들의 이야기를 통해 슬픔과 기쁨을 경험했다.

20여 년 전 생물학을 전공하던 한 남학생이 한겨울 자습실 컴퓨터 앞에 앉아 자신이 배운 지식을 공유했다. 블로그가 대중화되었을 때부터 지식을 공유한 그는 위챗(微信: 모바일 메신저 – 역주) 등 SNS가 유행하자 수백만 명의 충실한 구독자를 보유하게 되었고, 사업을 꾸준히 진행했다. 그는 '록 중년'의 펑다후이이다.

베이징 지하실에서 살며 길가에 노점을 하던 누군가는 우연한 기회에 뉴미디어 일을 해보는 게 어떠냐는 제안을 받은 뒤 글을 써서 성공했다. 이후 개인 커뮤니티를 창설한 그는 수만 명의 구독자를 버팀목 삼아 점차 꿈꾸었던 삶을 실현해 나갔다. 그는 '스케이트보드 소년' 저우쭤뤄다.

마음속에 꿈과 이상을 지닌 소년은 대학을 졸업한 뒤 공장 작업 현장에서 기계 기름을 닦는 일을 했다. 그는 매일 퇴근 후 독학으로 프로그래밍언어를 공부했고 공장 조립 라인을 떠나 프로그래머가 되었다. 꾸밈없이 솔직한 문장으로 수백만 구독자들의 마음을 울린 그는 '프로그래밍계의 협객' 츠젠창이다.

이 책에는 이런 이야기들이 담겨 있다.

이들은 모두 열정을 가지고 부지런히 노력해서 경제적으로 부족하지 않은 생활을 이루었다. 나는 그들의 이야기에 감동했고 "선생님의 경험을 공유해 주변 사람들에게 영향을 준다면 선생님의 인생도 더욱 빛날 수 있을 거예요"라고 말해왔다. 나중에는 '이들의 이야기들을 모아서 책을 내면 어떨까'라는 생각을 하게 되었다. 그들의 이야기가 어둠 속을 헤매는 청년들에게 한 줄기 빛을 주고 '인생의 출발점'을 찾게 해줄 테니 말이다. 별지기들의 이야기와 그 안에 담긴 교훈을 읽는다면 희망의 열쇠를 찾을 수 있다. 누구든 자신의 위치를 찾기만 하면 무한대로 빛을 뿜어낼 수 있다.

지난 12개월 동안 나와 샤사오(俠少) 선생, 텅텅(滕滕) 선생은 스물한 명의 별지기들의 이야기를 책으로 엮었다. 그 과정에서 포기를 생각한 적도 있지만, 이 일을 시작했을 때의 초심을 떠올리며 견뎠다.

> 길을 잃고 헤매는 사람은 모두 자신의 성경을 가지고 있다.
> 그러니 그들을 인생의 안개 속에서 데리고 나와
> 이상적인 인생을 향해 나아갈 수 있도록 해야 한다.

별지기들의 이야기가 나를 격려해 주었듯 독자들도 격려받을 수 있기를 바란다. 이 책에는 별지기들이 자신의 인생을 바꾸고 각자의 영역에서 자리 잡을 수 있었던 스물한 가지의 방법이 담겨 있다.

인생의 빛은 우연히 만들어지는 게 아니다.

만물 중에서 가장 아름다운 건 희망이다.

– 류룽(劉容)

차례

인터넷의 꼭대기에 오른 달변가
먼저 행동해서

펑다후이 馮大輝

펑다후이는 노코드 테크놀로지(NoCode Technology) 창업자로 데이터베이스 기술 전문가다. 위챗 공식 계정 '항간의 소문(小道消息)'을 운영하고 있다.

나는 인터넷의 발전과 함께 성장하면서 그 변화를 글로 기록해 두었을 뿐 아니라 흐름을 예측해 행동했다. 싫든 좋든 인터넷 환경을 구축하는 건 우리 세대에게 주어진 숙명이었다. 아는 것을 공유하고 구독자의 의견에 피드백하는 건 어느새 습관이자 본능이 되었다.

가파른 커브에도 출발점은 있다

내가 온라인에서 글을 쓰기 시작한 건 2003년 12월 14일부터였다. 그날 dbanotes란 이름의 .net 도메인을 등록했고, 지금도 사용하고 있다. 만약 도메인을 등록하지 않았다면 오늘까지 쌓아온 수많은 경력도 없었을 테니, 그때가 인생의 전환점이었다고 말할 수 있다. 당시에는 도메인을 등록하는 게 결코 쉬운 일이 아니었다. 그렇지만 나만의 웹사이트를 만들고 싶었다.

2003년 12월 14일 도메인 등록에 도전했다. 제출한 이름 중에서 등록이 허락되지 않거나 이미 등록된 걸 제외하니 남은 건 'dbanotes'였다. 앞의 'dba'는 내가 하는 일인 데이터베이스 관리자(Database Administrator)를 뜻했고 'notes'는 '필기', '비망록'의 의미였다.

제출한 도메인의 등록을 완료하려면 도메인 등록 대행업자에게 비용을 지불해야 했다. 당시에는 은행에 가서 입금하거나 인터넷뱅킹으로 송금해야 했다. 입금 방식도 복잡해서 더 쉽게 처리할 방법이 있으면 좋겠다는 생각이 들었다. 하지만 훗날 전자결제 분야에서 일을 하고, 이 분야에서 성과를 올릴 거라고는 그때는 생각하지 못했다.

아무튼 이로써 첫 개인용 웹사이트를 가지게 되었다. '인터넷 인생'의 출발점이었다. 만약 당시에 행동으로 옮기지 않았거나 많은 사람이 그런 것처럼 새로운 일을 시도할 용기를 내지 않았다면 아마 지금의 길을 가지 못했을 것이다.

변화를 좇는 발걸음

인터넷 기술의 역사가 기록되기 이전 시대에는 ITPUB 기술 커뮤니티에서 동종 업계 관련자들과 기술 경험을 교류하는 데 몰두해 있었다. 게시판 관리자로서 질문에 대답해 주고, 각종 기술 문제나 댓글을 분석했다. 물론 네티즌과의 싸움도 빼놓을 수 없었다. 하지만 당시에는 온라인 분위기가 좋았기 때문에 싸움이 일어나도 인신공격으로 이어지는 경우는 거의 없었다. 개인 웹사이트를 만들기 전에는 여가 중 대부분을 커뮤니티 안에서 보냈다.

도메인을 등록하고 웹사이트가 생겼으니 콘텐츠를 게시해야 했다. 하지만 그때는 지금처럼 선택할 수 있는 콘텐츠 배포 도구가 많지 않았다. 시작은 손수 쓴 HTML 코드였다. 나는 CSS(Cascading Style Sheets, 종속 스타일 시트) 양식 쓰는 법을 습득한 후 디버그(debug)를 마친 뒤에는 다시 FTP(File Transfer Protocol, 파일 전송 프로토콜)를 사용해 내용을 인터넷 공간에 게시했다. 당시 개인은 웹 호스팅을 사용할 수 없었기에 도메인 대행업체가 제공하는 공유 네트워크 공간을 사용해야 했다. 저장 용량이 총 20MB이었으니 글만 올릴 수 있었다.

처음에는 직접 만든 코드로만 웹사이트를 관리했다. 무척이나 번거롭고 귀찮은 과정이었지만 당시 웹(Web) 개발에 문외한이었던 나에게는 알아가는 재미가 쏠쏠했다. 더구나 웹페이지 코드 호환성에 신경 쓰면서 한편으로는 웹페이지 미관까지 신경을 썼다. 그러고 보면 이때부터 소셜네트워크 디자인의 중요성에 대한 인식이 어렴풋하게 있었던 것이다.

웹사이트를 정식으로 운영한 지 1년이 지났을 때 웹 2.0(Web 2.0)의 시대가 도래했고 나는 드림호스트 공간을 구매하고 오래전부터 마음이 끌렸던 무버블 타입*으로 웹사이트를 이전했다. 지금은 아는 사람이 별로 없지만, 당시에는 많은 블로거가 무버블 타입을 추앙했다. 블로그 도구인 무버블 타입은 개발 언어가 펄(Perl)이

* Movable Type, 줄여서 MT로 '활자 인쇄'를 의미한다. 미국 캘리포니아주의 식스 어파트(Six Apart)에서 내놓은 블로그 공표 플랫폼이다. 식스 어파트라는 이름에는 '여섯 단계 분할'이라는 의미가 있다.

었는데, 현재 기술과 비교해도 설계가 우아하고 유연성이 있어서 사용자가 원하는 대로 바꿀 수 있었다.

나는 의도치 않게 한 시대의 모습을 경험하고 기록했다. 웹 2.0이 제창한 정신은 지금도 기억하고 있다. 그때 우리는 공유와 교류에 열중했고, 함께 인터넷의 황금시대를 만들어갔다.

봉쇄를 부순다는 의미의 공유

지금까지 지켜본 바에 따르면 누구든 글쓰기를 시작할 때는 의욕이 넘치지만, 꾸준히 글을 쓰는 사람은 극히 드물다. 친구들도 처음 웹사이트나 블로그를 개설할 때는 의욕이 넘치다가 글을 몇 편 올리고 나면 열정이 식어버리는 경우가 많았다. 방치되다시피 한 웹사이트나 블로그는 금방 황폐해진다. 위챗 공식 계정이 유행했을 때도 용두사미로 끝나는 상황을 흔히 볼 수 있었다.

나는 글쓰기를 시작하는 사람들에게 처음부터 큰 주제를 쓰지 말라고 조언한다. 작은 부분부터 쓰면서 자신의 글쓰기 감각과 능력을 단련해야 한다. 우리 세대는 글쓰기 훈련을 받아본 적이 없어서 능력이 부족한 게 사실이다. 그래서 기술과 관련된 글을 쓸 때도 항상 수정하고 업데이트를 해야 했다. 나는 다른 사람이 참고할 만한 가치가 있는 글을 쓰겠다는 목표로 글을 썼다.

몇 년 동안은 부지런히 글을 썼다. 거의 매일 새 글을 올릴 정도였다. 어떨 때는 토요일과 일요일에 몰아서 글을 쓴 뒤 일주일 동안 매일 한 편씩 게시하기도 했다. 이처럼 꾸준히 글을 썼지만, 블로그에서는 아무런 수익도 올릴 수 없었다. 웹페이지에 구글 애드센스(Google Adsense)의 광고를 걸어두었지만, 없는 것보다는 약간 나은 수준에 불과했고, 가끔은 이유 없이 계좌가 막히기도 했다.

물질적인 수익이 없는 것 외에도 어려운 건 또 있었다. 바로 개인 웹사이트를 관리하고 글을 계속 쓰려면 적지 않은 시간이 필요하기 때문에 동료나 상사의 비난을 피할 수 없다는 사실이다. 상사가 너그러운 사람이라면 다행이지만 만일 속이 좁고 색안경을 쓴 사람이라면 "그렇게 블로그에 글을 쓰면서 에너지를 낭비하면 일은 제대로 할 수 있겠어?"라는 핀잔을 들어야 한다.

알리바바(阿里巴巴)에서 일했을 때는 블로그에 글을 쓴다는 이유로 업무 성적에 영향을 받았다. 아래와 같은 비난이 항상 나를 따라다녔다.

"맨날 웨이보(微博;중국 소셜네트워크 서비스 – 역주)에 정신이 팔려 있으니 팀을 관리할 시간이 있겠어?"

"종일 위챗에 글을 쓰면서 CTO(Chief Technical Officer; 최고 기술 책임자) 일을 제대로 할 수 있겠어?"

당시에는 회사의 기술 기밀이 새어나가는 데 예민했기 때문에 외부에서 강연 초청이 와도 가기 힘든 시기였다. 동료들은 외부 업계와 기술 교류를 하고 싶어 하면서도 막상 기회가 오면 한참을 고민하다가 결국에는 포기했다. 상사들이 내가 쓴 글을 읽는 이유도 열정적인 구독자라서가 아니라 내가 쓴 내용에 회사 기술 정보가 언급되어 있는지를 확인하기 위해서였다. 다행히 나는 엄격하게 원칙을 지켜온 덕분에 골치 아픈 일은 생기지 않았다.

지금처럼 외부와 교류하거나 기술을 수출하는 건 생각조차 할 수 없을 만큼 폐쇄적인 분위기였다. 회사가 서서히 외부와 기술 교류를 진행한 건 2012년 이후의 일이었다. 폐쇄적인 회사가 점차 개방적으로 변하면서 알리바바의 기술력이 외부로 알려지게 되었고, 그때부터 각 영역의 인재들이 모여들었다.

외부와의 공유가 얼마나 가치 있었는지를 뚜렷하게 느낄 수 있었다. 비록 개인으로 소득을 얻지는 못했지만 개인과 개인, 회사와 회사 사이의 경계가 허물어졌다. 기술 발전과 인터넷 보급에 따라 개인과 회사 모두 폐쇄성의 단점과 개방의 이점을 인정하기 시작했다는 데 보람을 느꼈다.

외부에 대한 호기심에서 시작된 창업 의지

나는 소심하고 개성이 뚜렷한 탓에 사람들과 잘 교류하지 못했고, 사교 활동도 거의 없었다. 하지만 블로그에 글을 쓰면서 영향력이 생겼고, 업무 외의 사람과 일을 이해하게 되었다.

심지어 공개 강연과 오프라인 공유를 시도했는데, 그 과정은 매 순간 거대한 도전이었다. 하지만 가장 힘들었던 첫발을 내딛는 데 성공하자 그다음은 훨씬 수월했다. 이 도전은 나에게 큰 깨달음을 주었다. 무슨 일이든 처음부터 잘하는 사람은 없으며, 계속해서 시도하고 기회를 포착해야 전문가가 될 수 있다는 것이다.

당시에는 인터넷 관련 혁신적인 소셜네트워크가 너무 많아 정신이 없을 정도였다. 비록 명확하게 사업 가능성이 보이지는 않았지만, 이런 소셜네트워크에 흥미를 느끼고 공부하고 연구하는 데 많은 시간을 투자했다. 기술에 대한 흥미는 데이터베이스에만 국한되지 않았다. 웹사이트 구조 기술을 분석하고 연구했고, 각종 웹사이트의 구조를 분석하면서 그 과정을 세심하게 기록해 공유했다. 이런 과정을 통해 분석 능력을 더욱 단련할 수 있었고, 지식의 폭도 확장할 수 있었다.

하지만 창업을 해야겠다는 생각은 없었다. 단지 동료들과 가볍게 의견을 나눴을 뿐이었다. 당시 타오바오(淘寶;중국 최대 온라인 쇼핑몰-역주) 그룹과 알리페이(支付寶;중국 간편 결제 서비스-역주) 팀은 같은 건물 위아래로 사무실을 두고 있어, 타오바오에서 근무하는 친구와 만나기 쉬웠다. 우리는 점심 때마다 휴게실에서 커피를 마시며 대화를 나눴다.

"지금 인터넷 정보는 별 의미가 없어. 매일 욕만 주고받을 뿐이야. 네티즌 성향이 너무 강해서 가치가 없어. 객관적이고 사실대로 인터넷 발전 상황을 기록할 웹사이트가 있어야 해."

친구가 반대하며 말했다.

"하지만 돈을 어떻게 벌고? PPL이나 광고비를 받지 않는 이상 웹사이트는 유지될 수 없어."

"구독자에게 충분한 신뢰를 받는다면 유지될 수 있을 거야."

친구가 호기심 어린 눈으로 나를 바라보며 말했다.

"바보 같은 생각이기는 한데, 네 말투가 왠지 마 회장 같아."

이후에 많은 인터넷 기업이 이런 생각을 실천에 옮기는 걸 볼 수 있었다. 그때부터 마음속에서 목소리가 울려 퍼지기 시작했다. 이 회사에서 평생 엔지니어로 일하다가 퇴직할 가능성도 없고, KPI(Key Performance Indicator;핵심 성과 지표)와 끊임없는 회의에 시달리며 살고 싶지도 않다는 목소리였다. 이런 목소리에 흥분하면서 한편으로는 실망하고 당혹스러웠다. 이전에는 미래의 내가 뭘 할지에 대해서 진지하게 고민해 본 적이 없었기 때문이다.

점차 영향력을 얻다

나는 트위터에 비교적 일찍 가입했다. 당시 트위터에는 중국어 사용자가 많지 않았고, 대부분이 인터넷 업계 종사자나 IT에 관심이 있는 사람들이었다.

처음 시작했을 때는 트위터에 별로 손이 가지 않았다. 하지만 서서히 감을 익히게 되자 사용하는 시간도 점차 길어졌고, 나중에는 정보를 취득하는 통로가 되었다. 더구나 트위터는 글자 수가 140자를 넘을 수 없어 한정된 글자 수 안에서 하고 싶은 말을 적는 게 쉽지 않았다. 하지만 자주 사용할수록 문장 표현 능력이 단련되었고, 제한된 글자 수 안에서 생각을 표현하는 것도 능숙해졌다.

자연스럽게 트위터에서의 영향력도 점점 넓어졌다. 물론 여기서 말하는 '영향력'이란 상대적인 것이다. 트위터 중국어 사용자 수는 여전히 적었다. 나의 트위터 팔로우 수는 중국어 사용자만 놓고 보면 오랜 시간 상위 10위권을 유지했다. 나는 '매일 팔로우 추천 계획'을 세웠는데, 매일 팔로우할 가치가 있는 트위터 사용자를 추천하고 가끔은 새로운 창업 프로젝트도 추천했다.

당시 트위터는 발전 속도가 매우 빨랐고 인터넷 영역에서 가장 인기가 높은 소셜네트워크 중 하나였다. 하지만 기술팀의 능력은 그렇지 못했다. 웹사이트는 너무 불안정했고, 접속 오류로 에러 페이지가 출현할 때가 많았다.

트위터를 사용하면서 짜증이 났던 건 눈팅만 하는 사람이 너무 많다는 거였다. 그중에는 친구나 동료도 적지 않았다. 친구들이 그러는 건 괜찮지만, 동료들이 수시로 내가 올린 트윗를 본다는 건 좀 미묘했다. 더욱이 상사에게 숨길 수 없다는 게 가장 큰 문제였다.

트위터가 중국에서 가장 유행했을 때는 가히 트위터의 시대라 할 만했다. 그 시기 가장 두드러졌던 특징은 인터넷의 여론 환경이 비교적 편안했다는 것이다. 하지만 많은 사람이 관심을 보일수록 말에 주의해야 했다. 다행히 과격한 말은 하지 않았기에 경고를 받거나 면담을 받은 적은 없었다. 당시 사람들의 동기는 순수했다. 그저 온라인에서 교류하고 새로운 정보를 공유하는 게 재미있었다. 당시에는 다른 목적도 없었고, 종일 머리를 싸매며 인터넷을 통해 돈을 벌 방법을 고민하지도 않았다.

그때도 블로그를 자주 업데이트했지만, 글에 대한 열정은 이전보다 많이 식어 있었다.

눈앞의 돈도 잡지 못하다

트위터라는 경이적인 소셜네트워크가 세상에 나왔을 때 중국에서는 그를 모방하는 사람들이 있었다. 하지만 초기 모방자였던 스타트업 기업은 큰 성과를 올리지 못했다. 이후 2009년 하반기에 이르러서야 시나웨이보(Sina Weibo, 줄여서 웨이보)가 등장했고 같은 시기에 몇 개의 포털 사이트도 유사한 소셜네트워크를 출시했다.

당시에는 어느 회사의 소셜네트워크가 최후의 승자가 될지 알 수 없었다. 항저우(杭州)에 있는 베타 카페에서 웨이보 팀을 만났을 때 나는 직설적으로 말했다. "트위터 사용자인 저는 웨이보를 사용할 생각이 전혀 없습니다. 제품이 너무 허접한 게 트위터의 우아한 면을 전혀 이해하지 못한 것 같아요." 지금 생각해 보면 아무것도 모르면서 너무 거만을 떨었던 것 같다.

왜냐하면, 그렇게 비아냥거린 게 무색하게도 누구보다도 열정적인 웨이보 사용자가 되었기 때문이다. 태도를 바꾼 이유는 일단 사용자가 많아서 정보량도 많았다. 그리고 다른 이유로는 당시 대기업에서 나와 작은 기업에서 CTO를 맡게 된 덕분에 웨이보를 무대 삼아 회사 소셜네트워크를 홍보하고 팀을 위한 인재를 모집해야 했다. 처음에 웨이보는 괜찮은 정보 공유 도구였지만 나중에는 사교적 스트레스와 부정적인 영향도 상당했다.

웨이보 사용자의 규모가 점점 커짐에 따라 많은 사람이 웨이보를 통해 유동량을 현금화하려 했지만, 나는 계속 그 욕구를 참았다. 심지어 돈을 받기 쑥스럽다는 이유로 유료로 해야 하는 광고도 무료로 해주는 경우가 많았다.

급속도로 성장한 '항간의 소문'

나의 위챗 공식 계정 '항간의 소문'은 2012년 11월 8일에 개설되었다. 내가 위챗에 글을 쓰기 시작한 이유는 위챗 시대의 중요성을 예견했기 때문이었다. 오랫동안 인터넷을 사용하고 관찰해 오면서 쌓은 경험과 생각 덕분에 어느 정도 미래를 내다볼 수 있었다. 우연한 계기로 시작한 것 같지만, 필연적인 결과였다.

나는 단순히 예견하는 데 그치지 않고 실천했다. 직접 실천함으로써 직원들에게도 이 일의 중요성을 강조하고 싶었다. 하지만 내 말을 이해하지 못한 팀원들은 기존 방식에 의존하려 할 뿐 새로운 플랫폼에 에너지를 쏟고 싶어 하지 않았다.

지금도 기억난다. 그날 회사 CEO와 함께 작은 식당에서 식사를 마친 뒤 돌아가는 길에 내가 말했다. "얼마 뒤면 제 위챗 공식 계정 구독자 수가 1만 명이 될 겁니다. 그럼 팀원들도 제 방식을 참고해 어떻게 해야 하는지 알게 되겠지요."

당시 내가 몸담고 있던 회사는 문제에 직면해 있었다. 모바일 인터넷 시대가 도래해 웹사이트 방문자 수가 계속 줄어들고, 웹의 유동량도 해마다 감소하고 있었고, 앱은 유지비용이 너무 많이 들었다. 통계 데이터를 보면 사용자 기여도가 갈수록 줄어들고 있어 이대로 가다가는 최악의 결과를 맞을 수 있었다. 동시에 회사에 특별한 아이디어나 자금이 없는 탓에 잠재적인 사용자를 끌어들이지 못했다. 모든 경직된 소셜네트워크가 직면한 문제였다. 만일 이른 시일 안에 효과적인 해결책을 찾지 못한다면, 생존 기반이 사라지게 될 테니, 심각한 문제임이 분명했다.

그래서 나는 위챗 공식 계정에서 글을 쓰기 시작했다. 웨이보에서 유동량을 끌어들여 최대한 짧은 시간 안에 구독자 1만 목표를 달성했다. 양질의 유동량은 효과적인 정보 피드백을 이뤄냈고, 글은 계속 많아졌다. 이런 실천을 통해서 위챗이라는 플랫폼을 확신하게 되었고, 더 깊이 이해할 수 있었다.

글쓰기에 대한 열정 덕분에 업데이트 빈도가 높았고, 내용도 풍부해서 순식간에 유명해졌다. 그렇게 목적을 달성했을 무렵 쯔후(知乎;지식 공유 플랫폼 – 역주)에서 〈쯔후일보〉를 내놓았다. 쯔후의 공동 창업자인 황지신(黃繼新)이 나를 찾아와 〈쯔후일보〉에 부족한 콘텐츠를 지원해 줄 수 있겠냐고 물었다. 위챗 공식 계정에 올릴 글을 〈쯔후일보〉에서 먼저 매일 한 편씩 올려달라는 거였다.

비록 어떤 수익도 없었지만, 그동안 사적으로 연결이 되어 있었기에 차마 거절할 수 없어 승낙했다. 이로써 나는 아주 규칙적으로 글을 쓰기 시작했다. 매일 저녁 8시 20분에 원고를 제출해야 했기 때문이다. 매번 화제성 있는 주제를 선택해 알찬 글을 쓰려고 노력했다. 지금 돌이켜 보면 방식은 어리석었고 구독자의 취향을 맞출 줄도 몰랐다. 그래서 "이 사람 누구야? 이딴 쓰레기 글은 보기 싫어"라는 혹평이 줄을 이었다.

콘텐츠를 일반 사용자에게 서비스해라

위챗이 하나의 생태계를 만들었다는 건 논쟁의 여지가 없는 사실이다. 과거의 낡은 방법을 계속 사용하면서 전문 사용자 커뮤니티를 운영한다는 건 도저히 이룰 수 없는 일이다. 과거 사용자와 접촉하는 방식으로 이메일, 휴대폰 문자, 앱 푸시 알람 등이 있지만 효율과 효과 모두 좋지 않으면서 비용은 높았다. 위챗 공식 계정의 구독·배포 시스템은 이런 단점을 극복하면서 참신한 정보 배포 모델을 제공했는데, 그보다 중요한 점은 위챗이 사용자의 생활에 깊이 밀착되어 있다는 점이었다.

우리는 사용자가 우리의 소셜네트워크를 사용해 주기를 바랐고 소셜네트워크의 최종 목적은 더 많은 사용자를 보유하는 것이다. 지금도 이 목적은 변하지 않았지만, 사용자가 자발적으로 우리의 소셜네트워크를 사용해 주는 시대는 지났다. 그러므로 우리는 사용자가 어디 있는지 발견한 뒤 그곳에 콘텐츠를 만들어내야 했고, 그 '콘텐츠'가 곧 소셜네트워크가 되었다.

내가 다녔던 회사를 예로 들면, 일반 사용자부터 온라인 서비스까지 하나의 시스템을 구축하고 서비스 순환 체계를 만들어냈다. 이런 생각에 기반해 우리는 대중적인 콘텐츠 창작 시스템을 실시했다. CTO인 나는 콘텐츠 팀 조직을 책임지면서 한편으로는 대중적인 과학 지식 콘텐츠를 생산하기 시작했다. 하지만 결국 자신의 업무는 신경 쓰지 않고 다른 일에 정신이 팔렸다는 증거가 되어 몇 년 동안 질책을 받아야 했다.

위챗 공식 계정이 가져다준 새로운 기회로 우리는 앱에 구애받지 않고 일반 사용자를 만날 수 있었고, 일반 사용자들이 받아들일 수 있는 콘텐츠를 생산할 수 있게 되었다. 이렇게 전문 사용자와 일반 사용자에게 동시에 서비스를 제공할 수 있게 되면서 사업의 상상력은 더욱 넓어지게 되었다.

더구나 운 좋게 텐센트(騰訊)에서 거액의 투자를 받게 되었다.

몇 년 뒤 결과를 보면 위챗 공식 계정에서 시작된 시도로 회사가 바뀌었다. 비록 여러 일을 겪으면서 나의 흔적은 강제로 지워졌지만, 나는 이 분야에서 일을 했다는 점에 보람을 느낀다.

이기심과 이타심

새로 개설한 위챗 공식 계정 중에는 초기에 충분한 구독자를 얻지 못해서 작가의 글쓰기 열정이 식어버리는 경우를 흔히 볼 수 있다. 이 모습을 보면서 트위터에서의 추천이 생각났고, 비정기적으로 '위챗 공식 계정을 추천'하는 활동을 시작했다. 구독자들에게 재미있는 위챗 공식 계정을 소개해 주는 것이다.

추천 효과는 놀라울 정도였고 이를 통해 구독자를 끌어들이기 시작한 사람들은 계속 글을 업데이트할 동력을 얻을 수 있었다. 나 역시 추천을 통해 다른 사람을 도왔다는 생각에 기분이 좋았다.

하지만 이와 동시에 나의 위챗 공식 계정은 황폐해졌다. 왜냐하면 회사 팀원들을 이끌며 콘텐츠를 제작하느라 아주 가끔 글을 올렸는데, 그마저도 홍보를 위해서였다. 주로 회사 소셜네트워크를 홍보하거나 회사에서 개설한 과학 지식을 다루는 위챗 공식 계정을 홍보했다. 회사에 입사한 뒤 내가 가진 인맥과 자원을 모두 회사를 위해 사용했지만, 정작 내가 얻은 이득은 없었다. 이를 다른 데 사용했다면 더 많은 영향력과 수입을 얻지 않았을까.

위챗 공식 계정 활동을 잠시 중단했다. 이미 했던 일을 반복한다는 생각이 들었고, 또 한편으로는 위챗 공식 계정에 시간을 너무 많이 투자한다는 비난을 받기 싫었기 때문이다. 이런 결정으로 위챗 공식 계정을 상업화할 수 있는 기회를 잃게 되었지만, 상황을 지속해서 관찰할 필요가 있다고 생각했다.

한번은 베이징에 갔을 때 여러 우여곡절을 겪은 업계 선배를 만났다. 대화를 나누던 중 위챗 공식 계정이 주제로 등장했고 선배는 내가 그것을 이용해 돈을 벌지 않는다는 사실에 무척 놀랐다. "내가 너라면 CTO 일은 집어치울 거야. 그렇게 열심히 한다고 해서 무슨 이득이 있겠어? 차라리 위챗 공식 계정을 활용하면 매년 몇백만 위안은 그냥 벌 수 있을 텐데, 그게 낫지 않아?"

선배의 조언에 살짝 마음이 움직이기는 했지만, 실행에 옮기지는 않았다. 만약 당시 선배의 조언을 받아들였다면, 아마 지금 하는 이야기는 달라졌을 것이다.

한때 나는 꽤 심한 사이버폭력을 당했다. 누군가가 "이 사람은 왜 유명한 거야?"라는 질투 어린 질문을 하기도 했다. 그들의 눈에 나는 유명해지려고 별짓을 다 하는 사람처럼 보였던 것이다. 사실 이 질문에 반문해 보자면 나는 더 유명해질 수 있었다. 그리고 그 기회를 스스로 포기했다. 약간의 대인기피증이 있어 사람들에게 관심받는 걸 좋아하지 않았고 인터넷상에서의 이미지가 개인 업무와 생활에 부정적인 영향을 줄까 걱정됐기 때문이다.

과거에 나는 유명해질 수 있는 기회를 포기했었다. 예를 들어 공개 강연과 오프라인 기술 공유 같은 기회가 생겨도 피할 수 있으면 피했다. 동료와 함께 해외 도서를 공역했을 때나 기술 관련 도서의 수정 작업을 맡았을 때도 내 이름을 가장 아래에 썼다. 알리페이에서 대외 기술 교류 업무를 맡았을 때도 행사 때마다 다른 동료를 추천해 대신 강연에 나가게 했다. 나는 되도록 대중 앞에 나서지 않으려 했지만, 기술 업계에서 내 이름은 꽤 유명했다. 이를 활용해 이름을 더욱 알릴 기회가 여러 차례 있었음에도 그렇게 하지 않았다. 그런데도 내가 유명해지고 싶어 한다고 생각하는 사람이 있었던 것이다.

친구들은 나에게 "낯가죽 두껍게 행동할 줄 알아야 한다"고 조언했다. 하지만 나는 이런 방면에서는 용기가 없었다. 지금의 유명세도 의지와 상관없이 얻은 것이다. 사실 십여 년 전부터 온라인에서 활동을 해왔다면 많은 사람의 관심과 인정을 받을 수밖에 없다. 나는 그런 사람 중 한 명일 뿐이다.

수요에서 제품으로 이어지는 나비효과

2014년 연말 나는 '티니레터(TinyLetter)'란 이름의 소셜네트워크를 발견했다. 메일링리스트 도구인 티니레터를 통해 아이디어를 검증해 볼 수 있었고, '주워들은 뉴스'라는 이름의 서비스를 시작했다.

위챗 공식 계정을 운영하는 과정에서 점점 문제를 인식하게 되었다. 바로 구독자 수가 많아질수록 전문적인 콘텐츠나 사소한 화제로는 구독자들의 욕구를 충족시킬 수 없으며, 오히려 악평만 받을 뿐이라는 것이다. 그래서 콘텐츠를 구독·배포할 수 있는 도구가 필요했다. 이를 통해 특정 집단에 대해 표현하고 설명할 수 있었고 심지어 그것으로 수익을 낼 수도 있었다.

그리고 케빈 켈리(Kevin Kelly)의 관점을 검증해 보고 싶었다.

> "예술가, 음악가, 사진작가, 공예가, 연기자, 애니메이터, 디자이너, 작가 등 창작이나 예술 업무에 종사하는 사람은 골수팬 1,000명만 확보해도 생활을 유지할 수 있다."

만약 내가 이 말을 검증해 낸다면 더 많은 사람이 깨달음을 얻을 수 있을 것이었다.

티니레터는 어느 정도 내 요구를 만족시켜 주었다. 하지만 이 소셜네트워크는 오류가 너무 많은 데 비해 사용자의 구독 정보 관리 비용이 지나치게 비쌌고, 꾸준한 개발과 관리도 되지 않았다. 한번은 친구와 대화를 나누던 중 이 문제가 언급됐다. 내가 상황을 토로하며 단점을 해결할 소셜네트워크가 필요하다고 말하자 친구는 "내가 소셜네트워크를 만들 테니까 사용해 볼래?"라고 물었다. 나는 즉시 "네가 만든다면 내가 첫 번째 사용자가 되고 홍보도 도와줄게"라고 대답했다.

이 친구가 바로 즈스싱추 창업자인 우루자다. 초기에는 '샤오미취안'이었던 소셜네트워크 이름은 나중에 '즈스싱추'로 변경되었다. 그리고 그건 엄청난 나비효과를 일으켰다.

콘텐츠를 현금화해라

2016년 우여곡절을 겪은 뒤 나는 무료한 마음에 거의 버려져 있던 위챗 공식 계정의 이전 콘텐츠들을 정리했다. 광고나 홍보를 받았을 때는 개인적으로도 부끄러운 마음이 들었고, 구독자의 반응도 부정적이었다. 하지만 이런 경험 덕분에 콘텐츠의 가치를 더욱 깊이 이해할 수 있게 되었다.

모바일 결제가 보급되어 결제가 편해지자 기꺼이 돈을 내려고 하는 사람들이 늘어났다. 좋은 문장을 보면 적극적으로 작가를 칭찬하고 대가를 지급했다. 과거에는 상상도 할 수 없는 일이다.

즈스싱추와 비슷한 소셜네트워크가 콘텐츠 창작가들에게 서비스를 제공해 주고, 더 많은 사람이 지식으로 수익을 낼 수 있도록 도와주고 있다. 자신이 창작한 콘텐츠로 수입을 올리는 건 장려할 만한 일이다.

자신이 주목하는 작가가 수익을 내는 것에 상당한 반감을 보이면서 광고나 홍보 콘텐츠는 더욱더 보고 싶어 하지 않는 사람이 많다. 광고 관련 콘텐츠를 볼 때마다 기분 나빠하고 심지어는 모욕적으로 생각해 작가를 비난하기도 한다.

하지만 창작자에게 수익을 보장해 주고 열정으로 더 가치 있는 콘텐츠를 창작하게 해주는 것이야말로 가장 올바른 피드백이다. 인터넷을 활용해 오랜 시간 콘텐츠를 만들어왔지만 오늘날 1인 미디어 작가나 젊은 청년들이 부럽다. 그들은 콘텐츠로 가치를 창조해 돈을 버는 데 아무런 심리적 부담이 없다. 만약 10년 전에 이런 환경이 조성되었다면, 더 좋았을 것이다.

하지만 나는 내가 겪은 모든 경험에 감사한다.

돈을 끌어당기는 힘을 만들어라

자신에게 투자해

치쥔제 齊俊傑

치쥔제는 베이징텔레비전(北京電視臺)에서 근무하며 수백 명의 유명 경제학자들을 취재했다. 이후 아이치이(愛奇藝;중국 동영상 사이트-역주)에서 재직하며 〈우샤오보 채널〉을 제작해 업계에서 인정받았다. 이후 금융투자자로 활동하며 제작한 오디오 방송 프로그램 〈치쥔제의 경제 이야기〉는 인터넷 재생 수가 15억 회를 넘을 만큼 경제 분야에서 인기 있는 콘텐츠가 되었다. 또 오디오 방송 프로그램 〈치쥔제의 독서 이야기〉를 통해 '최고의 경제 자문가'라는 평을 받고 있다.

평범한 가정에서 태어나 보통의 머리를 가진 나는 유명 학교에 진학할 기회가 없었다. 하지만 꾸준히 공부하며 자신이 꿈꾸는 아름다운 미래를 만들어낼 방법을 고민했고, 스스로가 바라던 삶을 이뤄냈다. 사람마다 출발점은 각기 다르듯이 도착하는 종착역도 다르다. 다만 노력하고 기회를 포착한 사람은 한계를 넘어설 수 있고, 현실에 안주하는 사람은 원점에 머무를 수밖에 없다. 우리는 모두 다른 운명을 가지고 태어났다. 다른 사람과 운을 비교하는 건 어리석은 일이다. 다만, 어제의 나와 오늘의 나를 비교하는 건 앞으로 나아갈 원동력이 된다.

70%의 기회는 30%의 노력에서 온다

나는 2004년에 대학을 졸업했다. 대학 학위가 있고 베이징 사람이라는 사실에 자신감이 넘쳤던 나는 월 8천 위안을 받을 수 있는 직장을 쉽게 얻을 거라 생각했다. 하지만 갖은 노력 끝에 겨우 얻은 일자리는 월 2천 위안을 주는 곳이었다.

당시 현실은 이상과는 너무나 동떨어져 있었다. 무엇보다 슬펐던 건 회사에서 새로운 프로젝트를 진행할 사람이 필요하다며 나를 허난성(河南城) 정저우시(鄭州市)로 보내버린 거였다. 생전 가본 적 없는 낯선 곳에서 아무런 준비도 없이 새로운 계열사에서 일을 해야 했는데, 무척이나 견디기 힘들었다.

나는 그 과정에서 처음으로 꿈과 현실은 다르다는 걸 체감했다. 현실을 받아들일 수 없었고 눈앞에 보이는 모든 걸 바꾸고 싶은 마음뿐이었다. 하지만 무슨 수로 바꾸겠는가? 현실을 바꾸려면 외부 힘을 빌려오거나 자신에게 힘이 있어야 하는데 나는 둘 다 없었다. 내가 할 수 있는 거라고는 현실을 받아들이고 스스로를 바꾸려 노력하는 것뿐이었다.

그때부터 업무 외의 시간을 활용해 미친 듯이 공부했다. 다양한 책을 읽고, 강의도 여러 개 신청했다. 당시 월급 2천 위안을 모두 배우는 데 썼다고 해도 과언이 아니다. 그렇다고 해서 무엇을 배워야 한다는 생각이 있는 것도 아니었다. 그냥 손에 잡히는 걸 닥치는 대로 공부했다. 그렇게 '기업 관리'부터 '성공학'까지 눈에 보이는 모든 것을 배우면서 우연히 주식과 회계 관련 지식도 공부하게 되었다.

스스로를 북돋기 위해서 나는 책 한 권을 다 읽을 때마다 월급이 40위안 오른다고 생각했다. 처음 직장 생활을 할 때는 이 생각이 책을 읽는 데 힘이 되었다. 다만 2010년 이후에는 효과가 없었는데, 그때는 수입이 폭발적으로 증가해서 월급 40위안이 오르는 건 별 의미가 없었기 때문이다.

여러 해 동안의 경험으로 나는 책을 100권 읽을 때마다 수입을 최소한 배로 올릴 수 있다는 걸 발견했다. 그러니 매년 꾸준히 50권을 읽는다면 10년 뒤에는 수입이 32배는 증가한다는 계산이었다. 이건 실현 가능하다. 나는 젊은 시절의 경험을 기반으로 더 많은 책을 읽도록 스스로를 격려했다.

한편 당시 직장 상황은 그리 좋지 않았다. 내가 허난성에서 열심히 업무와 독서를 병행한 지 1년쯤 지났을 때 계열사가 경영난에 시달리다 도산했다. 결국 허난성에서 다시 베이징으로 돌아갔다. 이후 반년의 인사 이동 기간에도 이전의 학습 습관을 유지했다. 그러던 중 베이징텔레비전에서 경제 채널 업무를 확장하면서 기자를 모집하고 있다는 사실을 알게 되었다. 기자는 기본급 없이 오로지 '성과'에 따라 수입이 결정됐다. 새로운 뉴스를 제작할 때마다 500위안을 받았는데, 만일 뉴스를 한 편도 제작하지 못하면 수입은 전혀 없었다.

방송국 면접에는 30~40명이 지원했지만, 취직할 수 있는 인원은 그중 십여 명뿐이었다. 게다가 나는 신문방송학과를 전공하지도 않았고, 관련 일을 해본 적도 없어 면접에 합격할 가능성이 거의 없었다. 하지만 다행히 최종 면접까지 합격해 기회를 얻게 되었다. 다만 가족들은 내가 기자를 한다는 데 회의적이었다. 가족들은 내가 잘못된 선택을 했다고 생각했다. 기존 직장을 계속 다니면 매달 2천 위안을 벌 수 있는 반면 베이징텔레비전은 기본급이 없으니 매달 2천 위안조차 벌 수 없다고 생각한 것이다. 하지만 이전 직장에는 미래가 없었다. 나의 고집에 가족들은 결국 반대하는 걸 포기했지만, 응원도 해주지 않았다.

뉴스 제작에 대한 지식이 전혀 없고, 영상 편집도 할 줄 몰랐던 나는 베이징텔레비전에 입사하고 두 달 동안 뉴스를 거의 제작하지 못했기에 매달 700위안 정도 벌었다. 다행히 집에서 출퇴근할 수 있어 월세 부담이 없는 덕분에 그나마 버틸 수 있었다. 베이징 사람이었기에 얻을 수 있는 큰 장점이었다. 그럼에도 너무나도 힘들어서 포기하고 싶은 생각이 간절했다. 이런 상황이 반년 동안 계속된다면 포기하게 될지도 모른다고 생각했다. 내가 포기하고 베이징텔레비전을 떠났다면 내 인생의 궤적은 분명 달라졌을 것이다.

하지만 나는 반년 넘게 버티며 공부에 매진했고, 어느 정도 업무를 파악하게 되었다. 기회는 준비된 사람에게 오는 법이다. 성공의 30%는 노력에서 오고 나머지 70%는 기회에서 온다. 하지만 기회는 준비된 사람만이 차지할 수 있다. 그러니 30%의 노력이 없다면 70%의 기회도 없는 것이다.

기회는 준비된 사람에게 온다

2006년 중국 주식시장에서 예상치 못한 엄청난 기회를 얻은 뒤 나는 깊은 깨달음을 얻었다. 당시 내가 몸담고 있던 베이징텔레비전 경제팀의 기자들은 대부분 신문방송학을 전공한 사람들이었다. 그래서 방송 분야에는 지식이 많아도 증권 분야에 대해서는 잘 몰랐고, 기삿거리를 얻겠다고 주식시장을 뛰어다니려 하지도 않았다. 제작진이 주식 관련 뉴스 보도를 늘리려 했을 때 적합한 기자를 찾을 수 없었다. 반면 첫 직장에서 주식 관련 지식을 독학한 나는 당시 시나블로그를 개설해 주식 관련 글을 쓰고 있었다. 내 블로그를 본 선배 편집자가 제작진에게 나를 추천했고, 최종 책임자가 할 일 없이 빈둥거리는 나를 쓰기로 결정했다.

일은 그런대로 만족스러웠다. 당시 주식시장 열기가 뜨거워서 고위 임원진은 매일 주식시장을 보도하기로 했고, 팀원 중 가장 한가했던 나는 가장 바쁜 사람이 되었다. 당시 팀에는 기자가 30여 명 정도 있었는데, 보통은 뉴스를 1주에 2편씩, 한 달에 8편 정도 제작하는 게 일반적이었다. 그런데 나는 주식시장이 열리는 주 5일 동안 매일 최소 1편의 뉴스를 제작했고, 어떨 때는 토요일에도 뉴스를 제작했다. 베이징텔레비전에서 수입이 가장 낮은 기자였던 나는 수입이 가장 높은 기자가 되었다. 행운은 정말이지 별안간 찾아왔다.

나는 주식 공부를 하면서 세계 유명 경제학자들과 중국의 경제학 교수들을 인터뷰했다. 인터뷰 인원은 나와 촬영기사 두 명이 전부였다. 정식 촬영이 시작되면 카메라 렌즈는 계속 응답자를 비췄고, 나는 그 옆에서 마이크를 들고 질문을 했다. 이 과정을 통해 가까운 거리에서 대가들의 학식을 엿볼 수 있었고, 중요한 경제학 지식까지 습득할 수 있었다.

이때는 공부 열정이 가장 높았던 시기였다. 경제 지식 외에도 더빙, 편집, 촬영 등 프로그램 제작과 관련된 지식도 열심히 배웠다. 당시 뉴스 제작에 필요한 작업자를 확보하기가 어려웠고, 어떨 때는 직접 해야 할 때도 있었다. 이건 '스스로 할 수 있는 일로 다른 사람을 귀찮게 하지 말자'라는 나의 작업 원칙과도 부합했다.

물론 사심이 없었던 건 아니다. 방송국은 그야말로 전쟁터였다. 사람은 많고 일은 적은 방송국에서 살아남으려면 편집 기술을 익히는 게 어느 정도 도움이 되었다. 주식시장의 열기가 식어버릴 걸 대비해 누구보다도 먼저 살아남을 길을 만들어두고 싶었다.

다른 동료 기자들은 영상 편집은 편집자에게 맡겨야 하는 일이라 생각하고 나를 비웃었지만, 나는 개의치 않았다. 그들은 '굳이 할 필요가 없다'라고 생각한 기술이라도 엄청난 도움이 되리라는 걸 알지 못했다.

2008년 서브프라임 모기지론 사태로 인해 6,100포인트였던 A주가 1,600포인트까지 급락했다. 이로써 우리의 보도 방향은 '주식시장'에서 '세계 경제 상황'으로 바뀌었다. 제작팀은 전문가를 스튜디오로 불러 현재 상황을 설명하고 경제 관련 정보를 실시간으로 제공했다. 보도의 중요성이 커지면서 보도 시간을 매일 10~20분 정도 연장했지만, 세계 경제 상황을 이해할 만큼 지식을 가진 기자는 손에 꼽을 정도로 적었다. 이에 자연스럽게 내가 프로그램 전체를 계획하고 책임지게 되었다.

이로써 나는 더 자유롭게 일을 진행할 수 있게 되었지만, 동시에 책임져야 할 일도 많아졌다. 게스트 초청, 제목 선정, 뉴스 편집, 그리고 가끔은 경제 관련 사건을 설명해야 했다. 게다가 매일 최소한 한 편의 기사까지 써야 했다.

다행인 점은 방송국에 있는 5년 동안 매일 꾸준히 공부하고, 작업 능력을 길러왔다는 것이다. 매일 공부하고 뉴스를 제작하면서 실력을 다졌고, 그 덕분에 문장 실력과 경제 지식 수준은 비약적으로 높아졌다.

매일 전국에서 가장 유명한 학자, 전문가들과 만나 30분 동안 이야기했으니 머릿속에 '지식'이 쌓이지 않는 게 이상한 일일 것이다. 눈앞에 닥친 현실의 압력은 더욱더 공부에 힘을 쏟게 했다. 그리고 모르는 부분이 있으면 확실하게 배워 공개 방송에서 막히지 않으려 노력했다. 또 게스트와 인터뷰 도중 모르는 부분이 나오면 재빨리 배워 익혔다.

방송국 경제 프로그램은 일반 시청자를 대상으로 제작되므로 너무 전문지식만 다루어서도 안 되었다. 그래서 경제 지식이 없는 대중들이 이해할 수 있을 만큼 쉬운 언어를 사용하려 노력했다. 몇 년이 지난 뒤에야 당시 내가 한 방식이 유명한 '파인만 학습법(Feynman Technique)'이었다는 걸 알게 되었다.

파인만 학습법이란 개념을 선택한 뒤 해당 과제를 모르는 사람이 완전히 이해할 수 있도록 가르쳐준다고 생각하며 설명하는 걸 말한다. 만일 그 과정에서 부족한 부분이 있으면 해결 방법을 찾아 다시 설명한다. 이 과정을 반복하면 마침내 간결하면서 능숙하게 개념을 설명할 수 있다. 이 방법은 학습 효율을 높이는 데 효과적일 뿐만 아니라 새로운 사물, 개념의 기본 지식을 빠르게 습득할 수 있어 외부 정보 환경의 급작스러운 변화에 대응할 수 있다.

그러던 중 2010년 인터넷 붐이 일어나며 방송국 시청률이 빠르게 하락했다. 사람들의 텔레비전 시청 습관이 변한 데다가 동영상 사이트라는 복병이 등장했기 때문이었다. 나는 5년 전과 다를 바 없이 1만 위안이 넘는 수익을 올리고 있었다. 방송국에서는 여전히 '뉴스 한 편당 500위안'을 고수했기에 뉴스를 만들지 못하면 수익도 없었다. 시대의 변화를 바라보며 나의 변화에 대해 고민하기 시작했다.

위험은 적고 이익은 무한한 일

새로운 일을 하고 싶었지만 닷컴기업에 취업하지 못한다면 다른 방송국에 들어가 하던 일을 계속하면 그만이었다. 나는 새로운 일을 시도했다가 실패하더라도 기회를 놓쳐서는 안 된다는 생각에 베이징텔레비전을 떠났다.

그렇게 2010년에 중국 동영상 사이트 업체인 쿠류닷컴(酷6網)에 입사했다. 당시 방송국 진행자가 동영상 사이트로 이직하는 건 드문 일이었다. 방송국처럼 전문 인력을 많이 채용할 수 없는 닷컴기업에서 원고 작성, 촬영, 편집 등 여러 가지 일에 능통한 나는 뿌리칠 수 없는 인재였다. 이에 아주 순조롭게 면접을 통과한 뒤 바로 중임을 맡게 되었다.

쿠류닷컴에서 일하면서 나는 방송국과 동영상 사이트에서 원하는 프로그램이 다르다는 걸 알게 되었다. 방송국은 주로 등을 뒤로 젖히고 편하게 앉아 있는 시청자들을 겨냥해 프로그램을 제작했다. 그래서 프로그램이 지금처럼 다양하지 않았다. 소파에 누워 리모컨으로 적당한 프로그램을 찾아서 보는 시청자들은 완성도를 별로 따지지 않았기 때문이다. 하지만 동영상 사이트는 그렇지 않았다. 주로 컴퓨터를 사용해 인터넷 동영상을 보던 사용자들은 몸을 앞으로 기울이고 영상에 집중했다. 더구나 이들은 여러 동영상 사이트를 들락거리며 마음에 들지 않는 건 과감하게 꺼버렸다. 그러니 웹사이트 동영상 프로그램은 빠른 전개로 최대한 신속하게 시청자의 시선을 사로잡아야 했다.

나는 쿠류닷컴에서 작은 팀을 이끌며 경제 관련 프로그램 생방송과 게스트 인터뷰를 책임지고 있었기 때문에 하는 일이 이전과 거의 비슷했다. 쿠류닷컴에 있는 동안 당시 네티즌들이 입버릇처럼 말했던 '인터넷 마인드'를 가지게 되었다. 예를 들어 피드백 데이터를 바탕으로 프로그램 내용을 조정했다. 인터넷 마인드를 기반으로 우리 팀은 기존 프로그램을 조금씩 개선했고, 손쉽게 가장 유명한 경제 프로그램이 되었다.

2011년 우리 팀은 PPTV로 이직해 경제 프로그램을 책임졌다. 그리고 2013년에 새로운 기회를 포착했다. 바로 아이치이가 경제 채널을 육성하려 힘을 쏟고 있다는 거였다. 아이치이에 입사한 뒤 상사인 마둥(馬東)은 나를 볼 때면 항상 말했다. "우리는 방송 분야와 인터넷 분야의 경력을 두루 갖추고 있으면서 경제를 잘 아는 인재를 찾고 있었어. 하지만 이런 인재는 드물어서 찾을 가능성이 거의 없었지. 그러니 자네는 경쟁 상대 없이 입사하게 된 거야."

아이치이에 입사한 뒤 모든 게 순조로웠다. 이전의 경험을 살려서 입사 1년 만에 경제 분야에서 가장 유명한 프로그램을 만들어 낸 것이다. 그리고 입사 2년째에는 유명 경제 작가인 우샤오보(吳曉波) 선생과 함께 〈우샤오보 채널〉이란 비장의 프로그램을 만들어 새로운 모델을 선보였다. 그렇게 2014년 7월 25일 시즌 12까지 방영된 〈우샤오보 채널〉은 총방영 수가 1억 회에 근접했고, 여전히 안정적으로 중국 국내 경제 관련 프로그램에서 선두를 유지하고 있다.

아이치이에서 일할 때는 매일 둥쓰환(東四環)에서 시쓰환(西四環)까지 운전해 출근했다. 그래서 출근 시간의 무료함을 달래기 위해 인터넷에서 책을 읽어주는 오디오 방송 프로그램을 찾아 들었는데, 만족할 만한 프로그램을 찾을 수 없었다. 여기서 기회를 포착했고 출판사와 작가에게 연락해 책을 읽어주는 오디오 방송 프로그램을 제작하자고 제안했다. 하지만 당시 작가들은 여러 가지 문제로 선뜻 나서려 하지 않았다.

협력할 사람을 찾지 못한 탓에 프로그램 제작은 잠시 중단되었지만, 언젠가는 제작하고 싶다는 생각을 늘 가지고 있었다. 그리고 이 생각은 훗날 오디오 방송 프로그램을 개설하는 동력이 되었다.

1인 미디어의 도미노 효과

아이치이에서 경제 채널을 책임지면서 여러 인맥을 쌓을 수 있었고, 그중 새로 알게 된 경제계 거물이 자신의 회사에 합류하라고 제안을 했다. 오랜 시간 미디어 업계에서 일하면서 금융 분야를 경험해 보고 싶다는 생각을 품고 있었기에 호기심에 이끌려 아이치이를 떠났다.

내가 간 곳은 투자 회사였다. 나는 그 회사에서 사장 업무를 맡았다. 새로운 일은 별로 어렵지 않았다. 처음 들어갔을 때는 언론사 연락, 원고 작성, 보도 작성 업무를 책임졌고, 고위 임원인 덕분에 중요 투자를 결정하는 회의에도 참여했다. 그리고 서서히 익숙해지면서 조사 연구에도 참여할 수 있었다. 이로써 이론에만 머물러 있었던 경제 금융 지식을 실전에 사용할 수 있었다. 2015년에는 중국 주식시장이 다시 뜨거워졌고 회사의 주식투자 과정에 직접 참여하게 되었다. 이로써 투자 기업의 업무 모델과 업무 절차를 한층 더 이해할 수 있었다.

더욱 풍부한 자원과 좋은 홍보 수단을 얻기 위해 위챗 공식 계정 '치퀀제의 경제 이야기'를 개설했다. 2010년부터 돈이 아닌 개인적인 취미로 온라인에서 전문 칼럼을 썼기 때문에 글을 쓰는 건 어렵지 않았다. 이후 오디오 콘텐츠 공유 플랫폼인 히말라야(Himalaya)에서 〈치퀀제의 경제 이야기〉를 제작했다. 당시에는 한번

해보자는 생각에서 시작했기에 프로그램이 1년 만에 오디오 경제 분야에서 가장 인기 있는 프로그램이 되고, 위챗 공식 계정에 1만여 명의 팔로우가 모일 거라고는 생각하지 못했다.

특히 2015년 5월, 투자 기업 업무가 전면적으로 수비 중심으로 변화했을 때 위챗 공식 계정 등 각종 1인 미디어 플랫폼을 통해 과열된 시장을 경고하고, 사람들에게 빨리 손을 떼라고 말했다. 처음에 내 말을 이해하지 못한 사람들은 많은 비난을 퍼부었지만, 1개월 뒤 주식시장이 폭락했고 그때 '확고한' 팬층을 만들게 되었다.

1인 미디어 시대가 도래하고 처음으로 유동량의 가치를 실감하게 되었다. 이것은 오랫동안 꾸준히 활동해서 얻은 의외의 소득이었고, 내 일은 갈수록 1인 미디어 쪽으로 이동했다.

2016년 연말에는 몇 명의 친구들에게 재산을 관리해 달라는 부탁을 받았다. 당시 나는 투자 기업에서 나온 뒤 창업을 시작한 상황이었다. 회사의 핵심 업무는 고객의 자신을 관리해 주는 것으로, 이전에 금융기업에서 했던 업무였다. 자산 배분의 경우 방식을 모르는 사람은 시도조차 할 수 없지만, 방법을 아는 사람은 쉽게 할 수 있는 일이다. 나는 고객을 도와 투자를 하면서 한편으로 1인 미디어를 관리했다.

여유 있는 시간이 많아지면서 오랫동안 머릿속에 잠자고 있던 '생각'이 다시 떠올랐다. '책을 설명해 줄 사람을 찾을 수 없다면 차라리 내가 해볼까?'

2017년 직접 책을 설명해 보기로 마음먹었다. 〈치쥔제의 경제 이야기〉를 운영한 경험이 있는 덕분에 새로 개설한 위챗 공식 계정 '취취제의 독서 이야기'는 순식간에 인기를 얻었다.

사실 나는 1인 미디어에 많은 에너지를 투자할 수 없어서 팔로우한 사람들을 상대로 돈을 벌 생각을 하지 않았다. 그래서 처음부터 〈치쥔제의 경제 이야기〉와 '치쥔제의 독서 이야기'는 무료로 개방했고, 대신 소량의 광고로 받는 고정 수입으로 팀원들의 임금을 주었다.

하지만 이후 위챗 공식 계정 플랫폼에서 광고를 없애면서 수입이 사라졌다. 다행히 하늘이 무너져도 솟아날 구멍은 있는 법이라고 1인 미디어 플랫폼 샤오미취안이 이름을 '즈스싱추'로 바꿔 등장했다. 친구의 소개를 받아 즈스싱추 창업자 우루자와 대화를 나눈 이후 즈스싱추에 들어가는 게 낫겠다고 생각했다. 당시에는 이 기회가 놓칠 수 없는 엄청난 기회라고는 생각하지 못했다. 단순하게 내가 알고 있는 투자 지식을 팔로우한 사람들에게 전수해 주고 싶었다. 하지만 실천이 필요한 지식이었기에 사람들의 투자 요구를 만족시키는 게 무척 힘들었다.

2018년 즈스싱추에 '치쥔제의 팬클럽'과 '치쥔제의 독서 이야기'를 개설했는데, 즈스싱추에서 가장 활발한 곳이 되었다. 이와 동시에 위챗 공식 계정 팔로우 수는 20만이 넘었고, 오디오 방송 프로그램의 방송 횟수는 히말라야 앱의 경우 10억 회가 넘었고, 칭팅(蜻蜓) FM 앱은 5억 회가 넘었다. 물론 이 과정에서 적지 않은 수입도 올릴 수 있었다.

자신에 대한 투자는 가치를 가장 빨리 높일 수 있는 투자다

'인생의 첫 목돈을 어떻게 얻었는지'는 지극히 사적이라 대답하기 힘들다고 말한다. 하지만 나는 공개적으로 말할 수 있다. 나는 인생의 첫 목돈을 일해서 모았다. 여러 직종에서 일해 번 돈으로 나와 가족은 일을 하지 않고도 편안하게 베이징에서 살아갈 수 있을 만큼의 돈을 모았다. 창업과 투자를 통한 수익은 포함하지 않은 순전히 일해서 번 돈이다. 이 사실을 다른 사람에게 말하면 놀라고는 한다. 사실 이 돈은 창업해서 번 돈에 비교하면 언급할 가치도 없는 적은 돈이다.

나도 방송국에서 기자로 일했을 때는 1년에 100만 위안을 버는 게 절대 불가능한 일이라고 생각했었다. 하지만 인터넷과 금융 분야에서 경험을 쌓은 뒤에는 불가능한 일이 아니라는 걸 깨달았다. 그리고 창업한 뒤에는 1년에 몇천만 위안을 버는 것 또한 불가능한 게 아니라는 것을 알게 되었다. 지금 나에게는 1년에 수십억 위안을 버는 게 가능성이 없는 일처럼 느껴지지만 알리바바 창업자인 마윈 회장은 이미 한 달에 수십억 위안을 벌고 있다. 그러니 위치에 따라서 꿈도 달라지는 것이다.

나는 모든 사람은 자기 인생의 균형점이 있고, 그 균형점을 넘으면 인생이 통제 불능이 된다고 생각했다. 예를 들어 연봉 백만 위안을 받을 실력을 갖춘 사람은 언제든지 천만, 억만의 가치를 만들어낼 수 있다. 나는 운으로 돈을 벌어도 실력이 바탕이 되지 않으면 유지할 수 없다고 생각한다. 연봉 백만은 사회의 인정이자 자신의 가치 증명이라 할 수 있다. 이런 실력을 갖춘다면 돈은 계속해서 따라올 것이고 가치도 계속 높아질 것이다. 사람은 자신의 미래를 분명하게 인식하고 있어야 한다. 그렇지 않으면 인생의 과정에서 잘못된 길에 빠질 수 있다. 시대라는 거대한 흐름 속을 열심히 헤쳐 나가면서도 정확한 방향은 찾을 수 없어 헤매게 되는 것이다.

부지런히 노력하는 것도 중요하지만 꾸준히 자신에게 투자하는 건 더 중요하다. 나는 이 점을 줄곧 실천해 왔다. 만약 방송 분야가 쇠퇴하리라는 걸 알아차리지 못했다면, 나는 지금도 방송국 기자로 있으면서 하루가 다르게 떨어지는 시청률과 빠르게 성장하는 뉴미디어를 보며 불안에 떨고 있을 것이다. 다행히 나는 배움을 게을리 하지 않고 끊임없이 자의식을 향상시킨 덕분에 상황을 빠르게 파악하고 위기에서 벗어날 수 있었다.

빠르게 변화하는 시대에 맞서 부지런히 견문을 넓혀야 한다. 그래야만 단기적인 이익에 속지 않고 인생을 결정한 기회를 놓치지 않으며 나날이 새로워지는 시대의 흐름 속에서 도태되지 않는다.

이런 점에서 나는 금융 분야를 이해하고, 금융 지식을 꾸준히 익혀 부를 일구는 방식을 다원화시켰다. 개인 재테크, 투자를 통해 수익을 올렸을 뿐만 아니라 자산 관리 서비스를 통해 수익을 올렸다. 지금도 꾸준히 베이징, 상하이(上海), 톈진(天津), 난징(南京) 같은 대도시에서 강의나 행사 초청을 받고 있다.

살다 보면 누구나 인생의 갈림길을 만나게 된다. 이때 우리는 기회를 보고 방향을 결정한다. 예를 들어 나는 비즈니스 활동이나 강의에 초청 많이 받지만, 가고 싶지 않으면 완곡하게 거절해 왔다. 그 결과 유명한 활동가나 강사가 되지는 못했지만, 덕분에 글을 쓰는 데 많은 시간을 투자할 수 있었다.

청년들에게 가장 중요한 투자는 자신에 대한 투자다. 특히 직장에 들어간 뒤 10년 동안이 가장 중요하다. 저축하거나 집을 사거나 펀드, 주식에 투자할 생각보다는 최대한 빨리 수입을 향상하는 방법, 최대한 빨리 업계에서 최고가 되는 방법, 인생의 첫 목돈을 모으는 방법을 고민해야 한다.

현재의 물가로 계산해 보면 청년들의 첫 목돈은 최소한 1백만 위안(한화로 약 1억 8,000만 원)은 되어야 한다. 여기서 첫 목돈은 월급과 기타 수입만 포함한 것으로 집을 팔아 얻은 돈이나 복권 당첨금 같은 건 포함되지 않는다. 만약 1백만 위안을 벌 수 없다면, 몇 배로 노력해서 가진 돈으로 기술을 배우고 직업 훈련을 하는 데 투자해 최대한 빠르게 돈 버는 능력을 향상해야 한다.

간단하게 돈 버는 능력을 향상하는 방법으로는 머릿속으로 창업을 상상하면서 자문하는 방법이 있다.

무슨 일을 해서 돈을 벌어야 할까?

현금 수입을 높이려면 어떻게 해야 할까?

업계 선두가 되려면 어떻게 해야 할까?

몇 가지 질문을 통해 자신의 위치와 발전 방향을 빠르게 정할 수 있다. 그리고 자신에게 투자해 지식을 배우는 것도 도움이 된다. 문제를 보는 법과 업무 능력을 발전시키고 견문을 넓혀 자신의 인생을 통제하는 능력을 길러야 한다. 만일 자신이 꿈꾸는 인생을 누군가가 이미 이루었다면 그 방법을 본받으려 해야 한다.

물론 개인의 성장 환경도 소홀히 할 수 없다. 예를 들어서 왕쓰총(王思聰)은 완다그룹 회장 왕젠린(王健林)을 아버지로 둔 덕분에 다른 사람이 평생 노력해서 얻은 것보다 더 높은 위치에서 인생을 시작했다. 그리고 베이징, 상하이, 광저우(廣州)의 중산층 가정에서 태어난 아이는 빈곤 농촌 가정에서 태어난 아이보다 성공 확률이 높다. 하지만 다행스러운 건 많은 사람이 인생의 대부분을 게으르게 보낸다는 것이다. 이건 인생을 바꾸고 싶어 하는 사람들에게 역습할 시간과 기회를 준다.

운이 중요하다고 생각하는 사람이 많지만 나는 동의할 수 없다. 우쥔(吳軍)의 『식견(識見)』에서는 행운은 잠시나마 당신을 기쁘게 할 수 있다는 점에서 중요하지만, 장기적으로 보면 아무 쓸모가 없다는 구절이 나온다. 평생 행운이 따르는 사람도 없고 평생 불운한 사람도 없다. 그러니 행운으로 인생 전체가 바뀌는 일은 거의 없다. 오히려 '노력할수록 행운이 따르고, 게으를수록 나쁜 일이 따르는 법'이다. 이것은 맹목적인 믿음이 아니라 세상의 섭리다. 세상은 갈수록 빠르게 변화하고 있고, 변화할 때마다 일부는 유리한 상황이 되기도 하고 일부는 불리한 상황이 되기도 한다. 하지만 항상 하위권에 있으면 모든 변화가 불행으로 다가올 테니, 상위권에 있는 사람들처럼 행운을 느낄 여력도 없다.

사람의 사고와 의식 속에는 항상 한계성과 돌파구가 공존한다. 한계성에 주목하는 사람은 항상 우물쭈물하며 앞으로 나가지 못하지만, 돌파구에 주목하는 사람은 저항을 물리치고 꾸준히 앞으로 나아간다. 그러니 인생에 있어서 가장 큰 적은 자신인 것이다.

마지막으로 한 억만장자가 내게 했던 말을 들려주고자 한다.

돈으로 지식을 살 수 있다면 반드시 사야 하고,
돈으로 시간을 살 수 있다면 반드시 사야 하고,
돈으로 건강을 살 수 있다면 반드시 사야 한다.

나는 10년 전에 이 말을 듣자마자 그 중요성을 알아챘다. 세상에는 지식, 시간, 건강에 투자하는 게 인생 경쟁에서 뒤처진다고 생각하는 사람들이 많다.

하지만 기억해라! 젊은 시절의 자신에 대한 투자는 가장 큰 수익을 낼 수 있는 투자 방법이다.

인생의 극한을 탐색해라
능력의 경계를 넘어

츠젠창 池建強

츠젠창은 지커방 과학기술(極客邦科技) 총재로 지커시간(極客時間)을 만들었다. 공식 계정 'MacTalk'에서 다양한 글을 쓰고 있다. 과거 홍언(洪恩) 소프트웨어, 융여우(用友) 그룹, 스마티잔(Smartisan)에서 근무한 경력이 있다.

『손오공』에는 다음과 같은 대화가 등장한다.
"네가 이 세계를 벗어나지 못하는 건 이 세계가 얼마나 큰지 모르기 때문이야. 일단 경계를 알면 벗어날 수 있을 거야."
"어떻게 하면 경계를 알 수 있지? 나는 아무리 용을 써도 이곳을 나갈 수 없는데, 너는 두 발로 걸어 나갈 수 있다는 거야?"
"경계가 항상 멀리 있는 건 아니거든."

대학교를 졸업한 뒤 보통 사람인 나는 계속해서 자신의 경계와 한계를 탐색하고 넘어서야 한다는 걸 깨달았다.
1970년대에 작은 시골 마을에서 태어난 나는 평범한 대학교에 진학해 기계전자공학을 공부했지만, 전공과 무관한 프로그래머가 되어 여러 가지 프로그램을 만들었다. 그리고 공식 계정 'MacTalk'에서 글을 쓰면서 두 권의 책을 출판한 작가이자 창업자가 되었다. 나는 지커시간을 세상에 선보였고, 즈스싱추에서 별지기로 활동하며 많은 사람과 정보를 공유하고 교류하고 있다.
여러 가지 직업과 경력을 거친 나의 인생은 무엇에서 시작되었을까?

프로그래밍의 매력에 빠져 인생의 방향을 바꾸다

이전에 『아웃라이어(outliers)』라는 책을 읽은 적 있다. 그 책에는 컴퓨터 관련 분야에서 큰 획을 그은 사람들이 소개되어 있었는데, 대부분 1950년에 출생한 사람들이었다. 스티브 잡스(Steve Jobs), 스티브 워즈니악((Steve Wozniak), 빌 게이츠(Bill Gates), 폴 앨런(Paul Allen), 빌 조이(William Joy) 등. 이들이 개인용 컴퓨터를 설계하거나 운영 체제나 프로그래밍언어를 개발하기 시작했던 1970년대에 나는 출생했다.

1980년대에 애플이 이미 시장에 등장했음에도 중국 사람 중 대부분은 컴퓨터에 대한 개념조차 없었다. 농촌에서 태어나 지방 도시에서 성장한 나 역시 어린 시절에는 컴퓨터를 접할 기회가 없었기에 아주 오랜 시간이 지나서야 프로그래밍을 알게 되었다. 프로그래밍 천재나 신동들의 경력과 비교한다면 시작은 매우 초라했다.

1990년대 여느 대학생들처럼 나 역시 대학에 들어와서야 프로그래밍을 제대로 접할 수 있었다. 고등학교 시절 성적은 꽤 괜찮은 편이었지만, 대학 진학 시험을 잘 보지 못해 원하는 대학에 들어가지 못했고 결국 허베이에 있는 한 대학에 들어가게 되었다. 진학한 대학교 환경이 별로인데다가 집안 형편도 좋지 않아서 '사회에 불만이 아주 많은 학생'이 되었다. 자연스레 전공인 기계전자공학에 대한 열정도 식어버렸지만, 컴퓨터공학에는 큰 흥미를 느꼈다. C, 포트란(Fortran), 폭스베이스(FoxBase) 등 컴퓨터 관련 과목을 배우는 게 재미있었다. 당시 사용한 컴퓨터는 검은색과 흰색뿐인 '얼굴'에 펜티엄이 없는 '마음'을 가진 386/486이었다.

평상시 나는 친구와 함께 기계실에서 컴퓨터를 조작했다. 당시 기계실은 개방 시간이 정해져 있었고, 돈도 내야 했다. 이에 우리는 컴퓨터를 조작하기 전에 많은 공부를 하고 플로피 디스켓도 준비했으며, 프로그래밍 과정을 상세하게 종이에 기록해 두었다. 이렇게 해야 컴퓨터를 조작할 때 쉽게 프로그램을 입력하고 디버그와 트레이스(trace)를 진행할 수 있었다. 그 당시 흥미를 느꼈던 부분은 각종 프로그램과 방법을 이용해 플로피 디스켓 공간을 최적화하고 소프트웨어가 차지한 메모리 용량을 최적화해 우리의 프로그램을 더 빠르게 운행하게 하는 것이었다. 종합해서 말하자면 나는 대학교에서 컴퓨터 지식을 체계적으로 습득하지 못했다. 지금 대학생들은 학교 안에서 유용한 전문지식을 많이 배울 수 있지만, 당시에는 그렇지 못했다.

대학을 졸업하고 베이징(北京)에서 살고 싶었지만, 뜻하지 않게 허베이에 본사를 둔 회사에 입사하게 되었다. 다만 이 회사가 베이징 린허 공업단지에 공장과 연구센터를 두고 있는 덕분에 결국 베이징에 가게 되었으니 어쨌거나 바라던 바를 이룰 수는 있었다. 회사에서 주로 생산하는 제품은 직류 전원이었는데, 실험실은 근무 조건이 좋아서 사람들에게 컴퓨터를 한 대씩 제공해 주었다. 하지만 유명 대학 간판이나 뛰어난 집안 배경이 없는 나를 비롯한 사람들은 실험실이 아닌 작업 현장에 파견되었다.

작업 현장에 와서 처음 한 일은 라디에이터를 닦는 것이었다. 어떻게 닦았는지는 잘 기억나지 않지만, 기름이 많았던 건 기억이 난다. 3개월 동안 라디에이터를 닦은 뒤에 '플러그인'을 시작할 수 있었다. 각자 작업 위치에서 할당된 이극관, 삼극관, 콘덴서 등 부속품을 인쇄 회로 기판에 꽂는 일이었다. 이후 경험이 쌓이자 우리는 '테스트'에 배정되어 설계도에 따라 공장으로 돌아온 인쇄 회로 기판과 직류 전원을 수리하는 일을 맡았다.

작업 현장에는 컴퓨터가 한 대밖에 없는 데다가 저녁이 되어서야 컴퓨터를 사용할 시간이 났다. 나는 중관춘(中關村;용산 전자 상가와 비슷한 곳으로 중국의 실리콘밸리라 불림 – 역주)에 가서 하드디스크를 하나 구입했다. 그런 뒤 다른 직원들이 식사하고 숙소에서 TV를 보거나 대화를 나누는 시간에 작업 현장으로 돌아가 회사의 하드디스크를 떼고 내 하드디스크를 설치했다. 매일 밤 그곳에서 등

불 하나에 의지해 책을 들고 프로그래밍 지식을 공부했다. 당시에는 이미 HTML4 버전이 출시되어 자바스크립트(JavaScript)를 이용해 액티브 웹페이지를 만들 수 있었다. 나는 새로운 지식을 배우면서 한편으로는 이전에 배웠던 프로그래밍언어를 다시 복습했다. 이후 반년 뒤, 그러니까 1999년 연말에 나는 '진짜' 베이징에서 일하기 위해 회사를 떠나 '우주 중심'이라 불리는 우다오코우(五道口)로 향했다.

면접을 보면서 내가 만든 프로그램이 담겨 있는 플로피 디스켓을 면접관에게 보여주었다. 당시에는 인터넷이 주목받기 시작할 때라 내가 설계한 액티브 웹페이지는 당시 주류였던 웹사이트보다 새롭고, 참신해 보였다. 나는 아직도 타이타닉호를 주제로 만들었던 웹사이트를 기억한다. 바다, 빙하, 침몰한 선박 등 영화 안에서 등장한 요소를 사용해 움직이는 화면을 만들고 주제곡까지 흘러나오게 했었다. 면접관은 그것을 보고는 더는 질문하지 않고 이렇게 말했다. "내일부터 출근하게." 그렇게 나는 홍언에 입사했다.

홍언은 우다오코우 둥성상에 있는 3층 건물에 있었다. 그리고 그 건물 맞은편에는 내가 학창 시절 자나 깨나 합격을 기원했던 칭화대학이 있었다. 회사 건물에서 나와 고개를 들면 바로 대학을 볼 수 있을 정도로 가까웠다.

팀과 함께 성장하다

홍언에서 보낸 3년 6개월은 인생을 통틀어 가장 즐거웠던 시간이었다. 홍언의 창업자 츠위펑(池宇峰)과 나는 똑같이 '츠(池)' 씨였는데, 아주 희귀한 성씨라서 대부분이 먼 친척 관계였다. 그래서 몇몇 사람들은 나에게 츠위펑 사장과 친척 관계냐고 물어보았고, 나는 그때마다 단호히 아니라고 대답했다.

내가 입사했을 때 마침 회사에서는 홍언 온라인과 포럼을 진행하고 있었다. 이에 상사는 나에게 두 가지 일 중 하나를 선택하라고 말했는데, 하나는 프론트엔드 개발자로 가서 웹페이지의 사용자 인터페이스를 디자인하는 일이었고, 다른 하나는 백엔드 개발자로 가서 서버 프로그램을 개발하는 일이었다. 나는 주저 없이 백엔드 개발자를 선택했다.

당시 홍언에는 직원이 백 명 정도 있었는데, 대부분이 칭화대학과 베이징대학을 막 졸업한 사람들이었다. 츠위펑 본인도 칭화 졸업생이었기 때문에 회사에는 대학 분위기가 물씬 풍겼다. 대부분 회사에서 밤을 지새우고 다음 날 오전 11시에 슬리퍼를 질질 끌면서 출근해 오후 2시쯤에 프로그래밍을 시작해 해가 질 때까지 작업을 이어갔다. 그리고 저녁을 먹은 뒤에도 계속 프로그래밍 작업을 하다가 자정에 웹사이트를 업데이트하고 프로그램을 배포했다. 이후에는 각자 공부를 하거나 일을 했고, 게임을 하며 시간을 보내기도 했다. 그리고 오전 4, 5시쯤에 숙소로 돌아가서 쉬었다.

공장 현장 출신인 나는 홍언의 개방적이고 열정적인 분위기에 압도되었다. 더구나 모든 직원에게 컴퓨터가 제공된다는 점이 너무나도 행복했다. 회사에는 뛰어난 인재들이 많았고, 나는 그들에게 많은 것들을 배울 수 있었다. 돌이켜 보면 그 시간이 내가 가장 빠르게 성장한 시기였다.

회사에 야근 수당을 요청하지는 않았지만, 나는 매일 늦은 밤까지 일했다. 츠위펑의 경영 방식은 독특했는데, 좀처럼 자신의 자리에 앉아 있는 법이 없었다. 항상 회사 이곳저곳을 돌아다니면서 직원들과 잡담을 나누었다. 그래서 자주 그와 대화를 나눴는데, 츠위펑은 주로 작업 진행 상황과 의견을 물었고, 나는 회사 미래 계획 등을 물었다. 가끔은 세상일을 주제로 대화를 나누기도 했다. 생각해 보면 츠위펑은 현장경영(MBWA) 방식으로 회사를 운영했던 것이다.

츠위펑은 항상 프로젝트를 진행하는 팀을 방문해 대화를 나누고 진행 상황을 파악했다. 그리고 직원들에게 회사의 전략을 설명하고, 지금의 일과 앞으로 하는 일이 필요한 이유를 이해시켰다. 오픈소스 커뮤니티처럼 숨김없이 투명하고 솔직한 츠위펑의 경영 방식은 일방적이고 주입식인 기업문화보다 훨씬 효과적이었다.

츠위펑은 낮이든 밤이든 내가 모니터 앞에 얼굴을 바짝 들이대고 키보드를 쉴 새 없이 두드리며 코드들과 싸우는 모습을 지켜보았다. 그리고 한 달 뒤 월급을 올려주었다. 그해 나의 월급은 총 세

번 인상되었다. 모든 사장이 그러하듯이 츠위펑 역시 밤낮없이 열심히 일하는 직원을 좋아했다.

작은 일에 집착하다 큰 기회를 놓치다

프로그래머라고 하면 잘나가는 직업이라 생각하기 쉽지만 사실 때에 따라서 다르다. 홍언 온라인의 경우 그 자체로는 수입이 없어서 주로 교육 프로그램을 팔아서 수입을 냈다. 이후 닷컴 버블이 꺼졌고, 대규모 투자를 받기가 힘들어졌다. 이전처럼 대규모 사업을 하면 늦든 이르든 현금 흐름에 문제가 생길 게 분명했다. 그래서 부서에는 적은 사람만 남게 되었고, 다른 부서에서 차출해 온 사람은 다시 되돌려 보내졌다. 회사는 일 없이 노는 직원이 많은데도 능력이 아까워 해고하기를 꺼렸다. 그래서 이들을 위해 최신 기술 자바(Java)를 사용한 디지털 스쿨이라는 새로운 프로젝트가 시작되었다.

디지털 스쿨은 B/S(Browser/Server) 구조를 기반으로 한 캠퍼스 정보화 플랫폼이었다. 기능 대부분을 웹브라우저를 사용해 다루었고, 소수의 강의 시간표를 기준으로 클라이언트를 설치했다. 주요 기술 구성은 현재 JavaEE라고 부르는 J2EE였고, 윈도우(Windows), 리눅스(Linux), 유닉스(UNIX)를 지원했다.

당시의 첨단기술로 만든 제품이었음에도 시대를 너무 앞서간 탓에 많은 호응을 얻지는 못했다. 홍언은 제품을 홍보하고 판매해 본 경험이 부족했고, 당시 학교들은 아직 정보화 시스템이 필요하다고 생각하지 않았다. 하지만 당시 회사 운영진과 개발팀은 제품에 엄청난 기대를 품으며 세상에만 나오면 전국 학교를 장악할 수 있을 거라고 확신했다. 이처럼 엄청난 기대에서 만들어진 이 제품은 1년 뒤 방치되었고, 몇 명이 겨우 관리만 하게 되었다.

모두 '어떻게 또 실패할 수 있지?'라고 답답해했고, 몇몇은 떠나는 걸 선택했다. 당시 나는 이미 기술 관리자가 되어 코드를 작성하면서 팀을 이끌고 있었다. 기술면에서 남보다 뛰어날 게 없는 내가 팀장이 될 수 있었던 건 사장이 나의 협력 능력과 관리 능력을 높이 평가했고, 또 성격이 원만했기 때문이었다.

어느 날 츠위펑은 나를 찾아와 말했다. "자네는 기술 쪽 사람은 아니야. 기술 쪽 사람들은 대학을 졸업했을 때 이미 두각을 드러내거든. 그러니 자네는 업무와 관리 쪽을 맡아야 해." 당시에는 무척 상심해서 계속 기술 쪽 일을 하고 싶다고 고집을 부렸다. 그러자 츠위펑은 화를 내면서 그렇게 기술 일을 하고 싶다면 기술부에 가서 일해보라고 했다.

그렇게 기술부에서 일하고 있을 때 어느 날 츠위펑이 팀원들을 불러 말했다. "우리 영어 강의를 해보자. 내가 컴퓨터를 배웠을 때부터 생각해 둔 일이니까 이번에는 분명 성공할 거야!" 우리는 '어떻게 강의를 한다는 거지?'라고 생각하면서도 다시 .net을 이용한 소프트웨어를 만들었다. 학생 정보, 학습 진도, 과목 내용을 기록할 수 있었을 뿐만 아니라 동영상에서 대화와 연습을 할 수 있었고, 강사가 학생들의 문장 과제와 동영상 과제에 점수를 매길 수도 있었다. 다행히 이 상품은 우리가 원했던 호응을 얻을 수 있었다. 제1기 학습반에서 좋은 반응을 얻자 우리는 바로 제2기 학습반을 모집하려 했다. 그리고 그때 사스(SARS)가 터졌다. 이후에, 아니 '이후'는 없었다. 사업이 망했기 때문이다. 츠위펑의 말처럼 기술 쪽에 적합한 사람이 아니었던 나 역시 망했다.

츠위펑은 나를 아동사업부로 파견했다. 주로 아동을 위한 전자제품, 전자책, 편집디자인 등을 제공하는 부서였기에 기술이 별로 필요하지 않았다. 부서 직원들은 손으로 데이터를 입력하고 통계를 분석하고 문서를 분류하고 있었다. 그 모습을 보고 자동화 프로그램을 몇 개 설계해 업무 과정을 새롭게 정리한 뒤 프로젝트 소통 효율을 높이고 진행 과정을 쉽게 파악할 수 있게 했다. 업무는 무척 재미있었지만, 프로그래머가 기술 쪽 일을 하지 않는다는 사실에 마음이 불편했다. 이대로 고강도 프로그래밍을 하지 않는다면 지금까지 노력해 얻은 것들을 잃게 될 거라는 생각에 결국 회사를 떠나기로 결정했다.

지금 생각해 보면 근시안적인 선택이었다. 당시 멀리 내다보지 못한 채 눈앞의 상황만 보았기에 제대로 된 판단을 내릴 수 없었다. 나는 사람들 대부분이 저지르는 실수를 저질렀다. 바로 일과 삶의 아주 사소한 부분만 고려한 채 결정을 내린 거였다.

최근에 대화를 나누던 중 친구가 1990년부터 2020년까지 30년은 중국이 비약적인 경제 성장을 한 시기였다고 말했다. 거대한 기업이 탄생했고 성장한 뒤 쓰러졌다. 많은 사람이 사업에 뛰어들고 부동산 시장에 진출했다. 인터넷은 정보 흐름을 바꾸었고, 이동통신은 생활 방식을 완전히 뒤바꾸어 놓았다. 정보 혁신, 클라우드 컴퓨팅(Cloud Computing), 인공지능, 산업혁명이 차례로 도래했다. 그 과정에서 중국의 GDP가 몇 배나 성장했다. 우리는 어째서 멍하니 놓친 것 같은 기분이 드는 걸까?

사실 우리는 이룬 게 많다. 집과 차와 적지 않은 재산도 가지게 되었으니 말이다. 아마도 집마다 빚이 있겠지만, 저축도 해두었을 거고 자신의 회사를 운영하는 사람도 있다. 아주 대단한 발전을 하지 못해도 중국인 중 80%가 성과를 얻었다. 그런데도 무언가 놓친 것 같은 기분이 드는 건 높은 자리에 있는 사람과 자신을 비교하고, 큰 회사와 자신의 회사를 비교하고, 정상에 서 있는 팀과 자신의 팀을 비교하기 때문이다.

우리 중 대부분은 거대한 발전의 흐름에 속해 있으면서도 기회를 포착하지 못한다. 소수만이 미래를 생각하고, 아주 극소수의 사람만이 미래를 내다볼 줄 안다. 대부분은 큰 흐름 속에서 이리저리 휩쓸려 다닐 뿐이다. 그리고 미래를 내다본 극소수의 사람 모두 성공했던 것도 아니다. 능력이 부족했거나 추진력이 부족한 사람은 모든 걸 걸고 뛰어들었음에도 처참하게 실패했다.

우리 세대는 30년 고속 성장의 바람을 타고 100년에 한 번 올까

말까 한 행운을 거머쥐었다. 그 과정에서 최정상에 오르는 사람도 있었고, 성장 동력이 떨어져 무참히 무너지는 사람도 있었다. 20년 동안 이 과정을 지켜보면서 최근에야 비로소 안목을 가질 수 있게 되었다. 멀리 내다보지 못할 때는 발밑의 기반을 다지고 높은 곳에서 바라봐야 한다. 그리고 멀리 내다볼 수 있게 되면 뭐가 보이든 자신만의 생각으로 행동해야 한다.

이런 깨달음은 뛰어난 창업자 밑에서 일한다고 배울 수 있는 건 아니다. 나는 홍언에 있을 때 기술력을 향상해 팀을 이끌어야 한다는 생각에만 빠져 있었을 뿐 창업이나 제품과 산업순환의 각도에서 문제를 고려할 줄은 몰랐다. 아무 생각 없이 조류에만 휩쓸렸던 탓에 인터넷 붐이 일어났을 때 아무런 행동도 하지 못했다.

서른다섯 살이 되었을 때야 비로소 내가 가진 장점을 돌아봤고 어떤 제품을 만들어야 할지 고민하기 시작했다. 아마도 너무 늦었다고 생각하는 사람도 있을 것이다. 사실 늦었다면 늦었고, 이르다면 일렀던 때였다. 사람마다 성장하는 시간과 성숙해지는 때가 다르다. 전장을 떠나지 않는다면 기회는 항상 있다. 그저 실패하느냐 작은 성공을 거두느냐 크게 성공하느냐의 차이가 있을 뿐이다. 나는 자신의 입지를 다지면서 능력을 공고히 쌓아가라고 조언하고 싶다. 성실하게 일을 하면서 동시에 미래를 내다볼 수 있어야 한다.

작은 일에만 집착하면 큰 기회를 포착할 수 없다.

자발적인 탐색으로 미로에서 벗어나다

홍언은 내가 처음 몸을 담았던 닷컴기업이었지만, 나는 더 넓은 세상을 경험해 보고 싶었다. 츠위펑은 떠나려는 내게 말했다. "가지 말게. 우리 곧 게임을 만들 거야." 하지만 내가 언제냐고 물었을 때는 확실하게 대답하지 못했다. 연이은 실패로 자신감을 잃어버린 나는 결국 떠나기로 했다.

이후 츠위펑은 완메이스콩(完美時空)을 창업했다. 완메이스콩의 온라인 게임 기술은 쭈롱(祖龍) 스튜디오와 홍언 온라인 기술 구성원이 만들어낸 것으로 쭈롱 스튜디오가 홍언에 있었을 때 PC버전 대결 게임인 '대진 전사'와 '자유와 영광'을 제작했다. 하지만 수익모델을 찾지 못했고, 화가 난 츠위펑은 게임을 출품하지 않고 보관해 두었다. 그러던 중 기술 천재들이 실력을 발휘할 때가 오자 츠위펑은 기다렸다는 듯 재빨리 움직였다. 계속해서 실패했음에도 계속 도전했고 결국에는 성공했다.

내가 홍언을 떠난 걸 후회했을까? 사실 이 질문에 답은 없다. 인생에서 후회란 없다. 매번 큰 선택을 할 때마다 인생 궤적은 바뀌게 된다. 인생은 계속되는 선택과 상황과 운에 따라 바뀐다. 만약 다시 선택한다고 해도 나는 홍언을 떠나는 선택을 할 것이다. 왜냐하면 당시에는 떠나는 게 제일 나은 선택이라고 생각했기 때문이다.

2003년 하반기는 바이두(百度), 알리바바, 텐센트 같은 기업이 성장하기 전이었고, 기업 관리 소프트웨어 분야에 돈이 몰리면서 외국 기업들이 발전하던 시기였다. 당시 기업 관리 소프트웨어 영역에서 황금기를 맞이한 융여우는 시장 가치 200억 위안의 소프트웨어 기업이 되었다. 그리고 20년 뒤 융여우의 시장 가치는 1,000억 위안으로 성장했지만, 인터넷 거물들의 시장 가치는 대부분 푼돈으로 전락했다. 나는 융여우와 다른 외국 기업에서 10년 동안 일했다. 융여우에 면접을 보러 갔을 때 그동안 내가 해온 것들을 보여주었고, 바로 합격했다. 융여우 소프트웨어 엔지니어링 회사는 주로 국제 시장과 국내 대기업을 상대로 기술 제품과 서비스를 제공하고 있었다. 나를 포함해서 그 시기 기술부에 들어온 사람은 일곱 명이었고, 우리의 주요 업무는 기업 관리 소프트웨어 개발 플랫폼을 연구 개발해 내는 거였다. 아직 발달하지 못한 기술을 사용해 주 사용자층인 프로그래머들을 상대해야 했는데, 아주 까다로운 집단이었다.

1년 뒤 다른 동료와 함께 직장을 떠나 로켓 소프트웨어(Rocket Software)란 이름의 외국 기업에 들어갔다. 그곳에서 아주 귀중한 자산을 얻을 수 있었다. 바로 분포식 개발 플랫폼을 알게 된 것이다. 그들의 플랫폼 기술 구조는 경력이 많은 중년 프로그래머가 개발한 거였다. 그들은 하위층에는 C를 사용하고, 중간층에는 파이썬(Python)을 사용하고 상위층에는 자바를 사용했다. 그리고 각 부분의 서비스에서 자신의 통신 프로토콜과 운영을 세워 완전한 시스템을 만들어냈다. 정말 코드가 간결하고 우아했다. 나는 아름다운 시를 읽는 것처럼 그들의 코드를 읽으면서 평생 노력해도 이렇게 아름다운 코드는 만들어낼 수는 없을 거라는 생각에 절망했다. 이 플랫폼을 사용하면서 책을 통해서는 배울 수 없는 것들을 배웠다. 물론 그 속에 있는 수많은 버그(bug)를 수정해야 했지만 말이다.

경력이 풍부한 프로그래머와 교류를 하면서 문제를 제기하는 방법도 배웠다. 버그를 발견했을 때는 먼저 어떤 상황에서 버그가 출현했는지를 설명하고 버그를 해결하려 시도해 봤는지 물어본 뒤 버그가 생기는 원인이 무엇인지 알려줘야 한다. 그리고 이 외에도 로그(log), 충돌(crash), 덤프(dump) 관련 자료도 제공해 주어야 한다. 만약 이런 절차 없이 직설적으로 버그를 어떻게 해결할 거냐고 물어보는 건 좋은 방법이 아니다. 그 회사에 있으면서 외국 기업에는 경험 많은 중년 프로그래머가 많다는 걸 알게 되었다. 프로그래머 중 4, 50대인 사람들도 많았고, 일부는 직급이 VP(Vice President, 부회장) 만큼 높은 데도 여전히 프로그래밍을 하고 있었다. 그들은 프로그래밍, 자문, 집필 등 다양한 영역에서 활약하고 있었다.

그 사이 츠위펑이 연락해 돌아오라고 설득했다. 하지만 나는 온라인 게임의 전망을 확신하지 못했고, 게임을 만드는 일에도 흥미가 없어 그의 요구를 완곡히 거절했다. 이후 츠위펑과 직원들은 아주 힘든 시기를 이겨내고 번개처럼 빠르게 성장해 3년 만에 나스닥에 상장되었다.

성공한 회사의 열매를 먹으려면 성장 과정에서 확실한 역할을 해야 한다. 성공한 뒤에 가는 건 아무 소용이 없다. 내가 용여우를 떠난 지 2년이 되었을 때 용여우 창업자 사오카이(邵凱)가 나에게 돌아오라고 제안했다. 홍언에 돌아가지 않은 나는 외국 기업에서 견문을 넓혔으니 이번에는 돌아가야겠다고 생각했다. 그래서 '루이여우(瑞友) 과학기술'로 이름을 바꾼 옛 회사로 돌아갔다.

막 돌아갔을 때는 한동안 무척 힘들었다. 당시 플랫폼 부서에는 직원이 겨우 세 명만 남아 있었는데 그마저도 떠날 생각을 품고 있었다. 나는 프로그래밍을 하면서 직원을 모집해 팀을 중건해야 했다. 그리고 프로젝트팀이 문제를 해결할 수 있도록 도와줘야 했다. 회사 프로젝트 모두 우리 부서에서 연구 개발한 소프트웨어 개발 플랫폼을 사용했기 때문에 압박이 엄청났다.

플랫폼 부서는 기술력은 좋았지만, 다른 프로젝트팀과 소통을 제대로 하지 못했다. 기술자들은 자신이 만든 개발 플랫폼을 프로젝트팀이 사용하든 말든 상관없다는 식이었다. 그 결과 프로젝트팀에서는 항상 불만이 쏟아졌고, 악순환이 반복되었다. 내가 입사했을 때 부서에는 해결되지 않은 기술 문제가 산적해 있었다. 예를 들어 실시간 업무 시스템의 경우 매일 새벽에 수동으로 재부팅을 해주지 않으면 다음 날 다운되는 문제가 있었는데, 해결 방법은 아주 간단했다. 스레드 풀(Thread Pool)의 사용에 문제가 발생한 것인 만큼 살짝만 고치면 됐다.

나는 천천히 소통을 개선하고 산적한 기술 문제를 해결한 뒤 줄곧 만들어보고 싶었던 플랫폼 제품을 만들기 시작했다. 이후 회사가 IT 애플리케이션 연구소를 설립하자 회사의 기술 발전을 고려해 계획을 시작했다. 2006년부터 2014년까지 내가 연구 개발을 주도한 제품인 GAP(Global Application Platform;글로벌 애플리케이션 플랫폼)는 수백 수천 기업에 서비스했다. 지금도 내가 개발한 코드가 고객 서버를 돌아다니고 있다고 생각하면 기분이 좋다.

정보를 공유하는 데 몰두하면 수익은 알아서 생긴다

사람들은 나에게 학습 효과가 높은 방법이 뭐냐고 자주 물어본다. 가장 좋은 방법은 배운 걸 공유하면서 다시 학습하는 것이다. 나는 이전부터 블로그에 글을 쓰거나 기술 회의에 참석해 생각을 공유하거나 합동 진행자로 활동하는 등 여러 방식을 통해 지식을 공유했다. 하지만 효과적으로 정보를 공유하는 데 한계가 있었고, 위챗 공식 계정에 흥미를 느끼게 되었다.

01. 모든 건 Mac에서부터 시작되었다

흔히 맥(Mac)이라 부르는 애플 컴퓨터는 초기 시스템 호환이 잘되지 않아 중국에서는 사용하는 사람이 별로 없었다. 2007년 이후 아이폰의 유행과 앱 개발 요구에 따라 점차 맥이 보급되었다. 홍언과 외국 기업에 있을 때는 주로 유닉스와 리눅스 시스템을 사용했고 컴퓨터에 관한 관심이 높아지면서 2008년 맥북 프로를 구매했다. 맥과 함께하는 인생 여정의 시작이었다.

자동차를 좋아하는 사람들은 슈퍼카를 '전투기'처럼 개조하는 걸 좋아한다. 맥은 컴퓨터에서의 '슈퍼카'라 할 수 있다. '전투기'로 개조가 가능하다는 말이다. 나는 컴퓨터를 때 소프트웨어 환경에 대한 요구가 높은 편인데도 맥은 사용하기 편하고 안정적이다. 프로그래머에게 필요한 환경과 도구도 MacOS에는 기본적으로 설치되어 있다. 프로그래밍언어 환경, 빌드 도구, 버전 관리 도구, 명령행 도구, 셸 스트립트 등 필요한 건 모두 있다. 이에 맥과 관련된 글을 쓰기 시작했고, 여러 사람에게 영향을 주었다.

2012년 위챗 공식 계정 플랫폼이 세상에 모습을 드러냈다. 위챗은 IM(Instant Messaging;실시간 메시지 전송) 도구와 소셜 소프트웨어에 글쓰기와 미디어 속성을 추가했다. 나는 펑다후이의 공식 계정인 '항간의 소문'에서 사용법을 배운 뒤 계정을 만들었고, '맥의 기술'이라고 이름을 지었다. 단순하게 맥과 iOS 관련 기술을 소개해야겠다고 생각해서 그렇게 이름을 지은 것이다.

그렇게 글을 쓰다 보니 점점 문장 앞에 내 생각이나 짧은 이야기를 적게 되었다. 글을 쓰기 시작하자 십여 년 동안 누적된 것들이 마치 출구를 찾은 것마냥 쏟아져 나왔다. 책에서 봤던 지식과 학습해 얻은 기술들, 그동안 만난 사람들과 경험들이 전부 머릿속에 떠올랐고 손가락, 키보드, 위챗을 통해 공유했다. 그래서 나는 공식 계정의 이름을 'MacTalk'로 바꾸었다.

02. 수익과 동력

2012년 12월부터 지금까지 위챗 공식 계정에서 1,600개의 정보를 업데이트했고, 200만 자에 달하는 글을 썼다. 그리고 이를 바탕으로 두 권의 책을 출간했다. 글쓰기에는 일일이 거론할 수 없을 만큼 좋은 점이 많다. 재미있는 사람들을 만날 수 있고, 좋은 자원을 얻을 수 있다. 약간의 영향력을 가질 수 있고, 더 다양한 생각과 행동을 할 수 있다. 알고 있는 지식을 공유하면서 더 많은 이득을 얻을 수 있었고, 마침내 내가 좋아하는 일을 할 수 있었다.

아마 글쓰기의 장점을 어떻게 알게 되었는지 궁금할 것이다. 솔직하게 말하자면 나도 알지 못했다. 원래 일을 시작하면 끈기 있게 하는 성격이다 보니 글도 꾸준히 썼던 것뿐이다. 가장 간단한 성장 방법은 무슨 일이든 끈기 있게 해나가는 것이다. 인내심을 가지고 꾸준히 해나가다 보면 생각하지 못한 놀라운 결과가 만들어진다. 세상에는 능력을 발전시킬 수 있는 길이 분명 존재한다. 다만 그 길이 길고 힘든 탓에 소수의 사람들만 걸어간다. 그래서 세상에 뛰어난 사람이 늘 소수인 것이다.

글을 쓰다 보니 작문 관련 책을 읽기 시작했고, 문학작품을 볼 때도 다른 사람과는 다르게 문장의 구조, 문법, 단어, 운율에 더욱 주의를 기울이게 되었다. 운율을 더 풍부하게 만드는 방법, 짧은 문장과 긴 문장을 결합하는 방법, 단어를 나열하고 문장구조를 구성하는 방법, 재미있게 글을 쓰는 방법에는 다양한 견해가 있다. 천부적인 재능이 있으면 글을 쓰는 데 유리하지만, 후천적인 노력으로도 가능하다. 천부적인 재능이 있는 사람이 노력까지 한다면 대단한 인물이 될 수 있고, 평범한 재능을 가진 사람이 노력한다면 뛰어난 장인이 될 수 있다.

꾸준히 정보를 공유하려면 많은 시간과 공을 들여야 한다. 초기에 위챗 활동을 한 작가 중에서 꾸준히 계속하는 사람이 거의 없는 이유이기도 하다. 새로 온 작가들은 의욕적으로 많은 글을 쓰다가 금방 지치고 만다. 나 역시 처음 시작했을 때는 매일 한 편씩 글을 썼다. 하지만 이 방식으로는 꾸준히 해나갈 수 없다는 걸 알게 되면서 매주 3, 4편을 쓰는 걸로 바꾸었다. 그리고 이 방식을 지금까지 유지하고 있다. 글을 써서 좋은 점은 무엇일까? 바로 기록할 수 있다는 것이다. 글로 기록하지 않는 일은 인생에서 사라져버리고 만다. 그리고 글을 쓰다 보면 새로운 관점이 생긴다. 이전에는 가지지 못했던 생각과 관점을 가지게 되는 게 무척 좋다. 또 공유하는 즐거움도 있다. 나는 글을 쓸 때 재미있는 화제와 말하고자 하는 기술을 함께 언급하는데, 이렇게 하면 쉽게 읽을 수 있다. 사람들이 재미있어서 몰입하며 읽었다고 말하면 무척 뿌듯하다. 프로그래밍처럼 글을 쓰는 것도 재미있는 일이다.

03. 주제와 구독자

글의 주제를 정하는 건 아주 재미있는 일이다. 글을 처음 쓰기 시작했을 때는 매일 다룰 화제가 있었다. 하지만 글 수백 편에 달하자 텅 비어버린 것 같은 기분이 들었다. 게다가 매일 구독자들에게 기술 이야기만 할 수도 없는 노릇이고, 재미있게 글을 써야 하니 소재가 필요했다. 지금은 매일 보고 느끼는 사물에서 얻은 영감으로 글을 쓴다. 그리고 새로운 주제가 생각나면 소재가 떨어질 때를 대비해서 To Do List에 기록해 둔다.

내 문장은 대략 계획적인 것과 계획적이지 않은 것으로 나눌 수 있다. 계획적인 문장은 예를 들어서 매킨토시(Macintosh)의 역사 시리즈, 직장 시리즈, 기술 성장 시리즈처럼 이어지는 글이나 특정 주제를 다룬 글이다. 반면 계획적이지 않은 문장은 뉴스를 보고 갑자기 떠오른 주제로 쓴 글이다.

내 글을 읽는 구독자 중에는 프로그래머, 제품 담당 책임자, 대학생이 특히 많고, 동료나 출판업계 지인들도 있다. 이 밖에도 여러 분야에서 일하는 사람들이 나의 잡담을 읽으러 찾아온다. 더구나 내 구독자들은 충성도가 높은 편이다. 처음 매일 글을 썼을 때는 구독자들과 항상 소통을 했다. 저녁마다 글이 올라오기를 기다렸고, 다 읽을 때까지 잠을 자지 않았다. 대학에 입학하거나 직장 생활을 시작한 청년층 구독자들은 경험이 많지 않기에 힘든 일을 겪을 때면 자주 질문을 했다. 나는 그들이 문제를 해결할 수 있도록 도와주고 격려해 주었고, 그중에 몇몇은 문제를 극복해 냈다. 내 글이 구독자들에게 도움이 될 때면 정말 기쁘고 보람을 느낀다.

과감히 경계를 넘다

스마티잔에 입사한 건 예상치 못한 일이었다. 그동안 내가 휴대폰 회사에 입사할 거라고는 생각해 본 적 없었다. 인생이란 계획대로 흘러가지 않는 법이다. 세상의 풍파 속에서 비틀비틀 걸어가다 보면 우연히 새로운 기회를 만나게 된다. 그럼 이기든 지든 팔을 걷어붙이고 칼날을 갈며 앞으로 계속 전진해 나가야 한다.

2012년부터 기업 관리 소프트웨어 시장에 흥미를 잃었고 내가 가진 능력과 자원이 인터넷 개인 소비자 분야에 부합할 수 있다는 생각이 들었다. 하지만 익숙한 분야를 떠나는 건 쉬운 일이 아니었다. 소프트웨어 분야에서 오랜 시간 일을 해서 모든 일에 정통했고, 소프트웨어 플랫폼 코드에 깊은 애정을 품고 있었다. 그곳에는 오랫동안 호흡을 맞춰온 상사와 부하들이 있었고, 일정 범위에서 원하는 시도를 해볼 수도 있었다. 그럼에도 오랜 시간 풍파를 겪으며 열정을 쏟은 그곳을 떠났다.

폭신한 소파에 앉아 안락한 삶을 누리고 있던 상황에서 인생의 궤도를 바꾸고 싶다면 격렬한 방법을 선택할 수밖에 없다. 나는 창업을 준비했고, 바로 그때 스마티잔 창업자 뤄융하오(羅永浩)가 지인들을 수소문해서 나에게 연락해 왔다. 겨울 햇살이 비치는 점심 식사 자리에서 처음 뤄융하오를 만났고 밥을 먹으면서 그를 관찰했다. 큰 체격에 편한 옷차림을 한 뤄융하오는 눈빛이 단호했고 강인한 분위기를 풍겼다. 보기만 해도 위압감이 느껴졌기 때문에 조금이라도 편하게 대화를 나누려고 옆자리에 앉았다.

스마티잔 TI 휴대폰을 주제로 시작된 대화는 과거 뤄융하오가 운영했던 사이트 뉴보왕(牛博網)에 대한 이야기로 이어졌고, 학교 교육에 대한 주제는 과거 뤄융하오가 일했던 교육 회사인 신둥팡(新東方)으로 이어졌으며, 디자인 설계는 미래 상품에 관한 대화로 이어졌다. 뤄융하오는 언변이 날카롭고 거침이 없었으며 논리도 빈틈없이 공고했다.

그 만남을 계기로 새로운 도전을 하기로 마음을 먹었다. 삶에 격렬한 변화가 일어나길 바라고 있던 나는 스마티잔의 하드웨어 설계와 제품에 대한 관점이 마음에 들었다. 그래서 2015년 3월부터 천천히 스마티잔 클라우드 컴퓨팅 플랫폼의 업무를 받아들였다.

뤄융하오의 스마티잔은 모바일 분야에서 극심한 경쟁에 시달려야 했다. 나 역시 스마티잔에 있던 2년 동안 줄곧 칼날 위를 걷는 것처럼 긴장하며 지냈다. 이처럼 변화무쌍하고 도전이 가득한 환경 속에서 마치 생명이 연장되는 것 같은 기분이 들었다. 사람들은 격렬하고 위험한 도전에 뛰어들었던 시간이 나중에 삶에 생기를 불어 넣어주는 추억이 된다고 말한다. 나에게 스마티잔에 있었던 몇 년의 시간이 바로 그랬다.

스마티잔은 정말 독특한 회사였다. 사람과 제품 모두 독특한 면이 있었다. 그리고 롤러코스터를 타듯이 최절정과 슬럼프를 왔다 갔다 하는 정상적이지 않은 벤처기업이었다. 나는 입사한 뒤 너트, 스마티잔 T2, 스마티잔 M1 등 신제품 발표회와 너트 휴대폰의 소형 발표회에 참여했다. 매번 발표회는 전쟁터 같았는데, 더욱이 2015년 8월 너트 휴대폰 발표회가 그러했다. 입사한 지 얼마 되지 않았던 나는 갑작스러운 DDoS(Distributed Denial of Service;분산식 서비스 거부) 공격에 무너질 뻔했지만 팀원들의 지원에 힘입어 임무를 완수할 수 있었다.

2016년에는 스마티잔에 적응하기 위해 노력했다. 그해 봄 창업 4년 만에 처음으로 연례회의를 열었고, 인재와 자본을 모두 확보한 뤄융하오는 무척이나 자신만만했다. 당시 회사에는 인재가 모여들었고 투지로 가득했다. 시리즈 D 투자 유치는 사인만 하면 체결되는 상태였기에 마지막 관문만 넘으면 회사에 곧 자금이 들어오게 되어 있었다. 하지만 1년 뒤 온갖 풍파를 겪으면서 인원 변동이 있었고, 신제품을 발표해도 판매량에는 큰 변화가 없었다. 회사 경영에 믿음을 잃은 나는 창업해서 내 제품을 만들고 싶다는 마음이 생겼다. 그래서 2017년 새로운 기회를 찾기 위해 스마티잔를 떠났다. 그리고 2년 뒤 스마티잔은 바이트댄스(ByteDance)에 인수되었다. 스마티잔에 대한 평가는 후세 사람들의 몫이라 생각한다.

개인적으로는 스마티잔에 있던 시간은 새로운 변화를 이룬 시기였다. 스마티잔에서 일하면서 팀원들과 함께 스마티잔 클라우드 컴퓨팅 플랫폼과 기타 서비스 서버를 연구 개발했을 뿐만 아니라 공식 사이트, 쇼핑몰, 내부 운영 시스템과 안드로이드를 제외한 소프트웨어 연구 개발을 진행했다. iOS 버전 스마티잔 메모, 스마티잔 독서, HandShaker(macOS 버전과 Windows 버전) 등 다른 회사 관련된 소프트웨어 개발도 우리 팀에서 진행했다.

스마티잔에서 제품, 설계, 기술, 인터넷 이용자에 대해 깊이 이해하게 되었다. 이런 경험을 쌓고 드디어 '창업을 해서 내 제품을 만들 때가 되었어'라고 생각했다.

제품의 초심,
열정의 시간

오랜 시간 일하면서 나 자신이 지극히 평범한 사람이라는 걸 깨달았다. 기대했던 것만큼 총명하지도 않았고, 일을 빨리 처리하는 지름길을 찾을 줄도 몰랐다. 다른 사람은 쉽고 빠르게 이루는 목표를 어렵고 힘들게 이뤄야 했다. 우물을 만들려면 단단한 암석이 나오더라도 포기하지 말고 부지런히 땅을 파 내려가야 한다. 나는 끈기와 성실함이 내가 가진 장점이라는 걸 잘 알고 있다. 운동선수와 비교한다면 장거리 마라톤 선수였다.

이런 특징이 꼭 좋은 것만은 아니다. 끈기가 있다고 반드시 성공하는 건 아니기 때문이다. 실패하기도 한다. 더구나 소프트웨어 분야에 십여 년 가까이 있으면서 융통성이 부족했던 탓에 시간을 많이 낭비했다. 물론 좋은 점도 있다. 십여 년 동안 꾸준히 했던 배드민턴과 글쓰기처럼 일련의 과정들이 기술자, 제품 경영자, 창업자의 특색을 두루 갖춘 지금의 나를 만들어냈으니 말이다.

나는 여러 사람과 화합해 어떤 일을 만들어 나가려면 일정한 규모의 시간과 공간이 필요하다고 생각한다. 비행기 활주로가 길고 평탄해야 하는 것처럼 말이다.

01. 제품 출하의 꿈

사람은 누구나 무언가를 만들고 싶은 마음을 가지고 있다. 2017년 창업을 결심하고 10년 안에 사람들을 위해 가치를 창조하면서 수입도 낼 수 있는 제품을 만들기로 마음을 먹었다. 지인들 또한 많은 지지를 해주었다. 그리고 지커방 과학기술 창업자 훠타이원(霍泰穩)이 나를 찾아와서는 같이 해보자고 제안했다. 그렇게 2017년 3월 나는 지커방 과학기술 총재에 임명되었고 지커시간이란 제품을 구상하기 시작했다.

지커시간과 나의 글쓰기 경력은 아주 밀접한 관련이 있다. 지금은 누구나 브랜드 가치를 만들어낼 수 있는 만큼 재미있게 글을 쓰거나 이야기할 수 있는 건 엄청난 자산이다. 정신적인 방면과 물질적인 방면 모두에서 말이다. 지적 재산을 담는 용기라 할 수 있는 지커시간은 그 안에 있는 시나리오에 기대 성장했다.

오랜 시간 기술 방면에서 일을 해왔던 만큼 기술 커뮤니티를 제작하는 데 상당히 유리했다. 일을 하면서 이룬 성과 모두 도움이 되었다. 스티브 잡스는 좋은 제품을 만드는 게 세상에 고마움을 전달하는 가장 확실한 방법이라고 말한 바 있다.

"당신은 그들을 본 적도 없고 그들과 악수를 해본 적도 없으며,

그들의 이야기를 들어보거나 그들에게 자신의 경력을 이야기해 본 적도 없다. 하지만, 당신은 심혈을 들여 만든 제품을 통해 이런 것을 사용자에게 전달했다."

아무것도 없는 상태에서 제품을 만드는 건 쉬운 일이 아니다.

02. 정립과 진화

제품 계획, 팀 구성, MVP(Minimum Viable Product;최소 기능 제품) 실험 진행, 이정표 설치…. 모든 과정이 힘들면서도 한편으로는 즐거웠다. 나는 종종 프로그래머, 제품 책임자, 디자이너들의 자리를 왔다 갔다 하며 그들이 키보드를 두드리며 코드를 작성하는 모습이나 설계의 사소한 부분을 두고 얼굴이 벌겋게 달아오를 정도로 논쟁을 벌이는 모습을 지켜보았다. 직원들이 제품에 열정을 쏟는 모습을 볼 때마다 프론트엔트 책임 프로그래머가 "모든 걸 파악하겠다"라고 말했던 게 떠올랐다.

이후 한정된 시간 안에 많은 업무를 처리해야 하는 데다가 기술과 업무가 복잡해지자 프론트엔트 책임 프로그래머는 "모든 걸 빠르게 파악할 수 없겠다"라고 말을 바꿨다. 하지만 나는 걱정하지 않았다. 왜냐하면 그가 모든 걸 파악해야 한다는 뜻에서 그 말을 했다는 걸 알고 있었기 때문이다.

2017년 10월 우리는 지커시간 앱 1.0버전을 발표했다. IT 영역의 지식 서비스 제품인 지커시간은 좋은 내용, 품질, 서비스를 제공해 사용자들이 더욱 쉽고 효율적으로 학습하도록 도와주고자

하는 취지에서 만들어졌다. 사용자들은 지커시간을 학습 도구로 사용할 수도 있고, 전자책으로 사용할 수도 있으며 친구들과 함께 학습하는 기술 커뮤니티로 사용할 수도 있었다.

이것은 단지 시작일 뿐이었다. 제품 발전과 사용자 증가는 제품의 교체 속도와 업데이트 빈도에 따라 결정된다. 얼마나 좋은 음질과 선명한 이미지를 제공할 수 있는지, 기존 동영상 강의와 차별화되는 부분이 있는지, 강사와 사용자가 교류할 수 있는 환경인지, 사용자에게 알맞은 내용을 추천하고 품질을 관리할 수 있는지, 효율적인 구독 프로그램을 만들어 낼 수 있는지, 사용자의 학습 과정을 완성해 낼 수 있는지, 더 많은 내용 형식을 탑재할 수 있는지 등 아주 광범위한 부분에서 혁신을 이뤄야만 한다. 이 밖에도 제품을 통해 사용자가 자아를 드러낼 수 있는지, 사용자가 제품과 내용을 다른 지인에게 추천할 수 있는지도 고려해야 했다.

03. 단계적 복기

2년 동안 지커시간은 150여 편의 과목 800여 편의 핵심 과목을 제공했으며 이 밖에도 트레이닝 캠프, 무료 공개 강의, QCon+사례 연구 커뮤니티 등 다양한 서비스를 제공했다. 또 무료 팟캐스트와 소셜 서비스도 만들었다. 제품 책임자, 프론트엔트 프로그래머, 자바 개발자, 시스템 아키텍트, 테스트 영역 개발자, 파이썬 개발자, 모바일 개발자 모두 지커시간을 통해 성장할 방법을 찾을 수 있었다. 지금은 백만 명에 달하는 프로그래머들이 지커시간을 이용해 학습하고 성장하고 있다.

지커시간은 시작에 불과하다. 인생에서 가장 가치 있는 순간은 성공해 유명해지는 때가 아니라 불확실한 미래에 기대를 품을 때다. 기술이 더 향상된다면 사용자들에게 더욱 좋은 제품과 서비스를 제공해 줄 수 있을 거라 믿는다.

사람은 누구나 살면서 여러 경계에 부딪히게 된다. 그 경계를 돌파하는 사람도 있고, 돌파하지 못하는 사람도 있다. 돌파하지 못하면 경계는 한계가 되고, 경계를 그은 기준은 '한계치'가 된다. 그리고 만일 경계를 돌파한다면 인생 궤적은 격렬한 변화를 겪게 되고 그 과정에서 자신의 극한을 찾을 때까지 끊임없이 고민하고 결정을 내려야 한다.

이 세상에 태어난 이상 쳇바퀴 도는 것처럼 먹고 자고 일하는 것만 반복하며 살 수는 없다. 우리는 이 세계를 이해하고 자아를 탐색하고 세계와 관계를 맺어야 한다. 그리고 그 과정에서 계속 자신의 경계를 넘어야 한다. 처음 '공장'에서 일했던 나는 경계를 넘어 '프로그래머'가 되었다. 여기서 멈추지 않고 다시 경계를 넘어 '기술자'에서 '창업자'가 되어 나만의 제품을 제작했다. 나는 경계를 넘고 길을 탐색하기 위해 내가 가진 장점인 끈기와 글쓰기를 활용했다. 우리는 자신의 장점을 이용해 계속 발전해 나가야 한다.

선택해라
아무도 가지 않는 길을

류펑 劉鵬

류펑은 칭화대학에서 박사 학위를 취득했으며, 현재 음성인식 기술 기업인 아이플라이텍(Iflytek) 부사장이다. 위챗 공식 계정 '알고리즘 광고'를 운영하고 있으며 즈스싱추 '알고리즘 광고'의 별지기다. 과거 치후(奇虎) 360, 마이크로소프트 리서치 아시아, 야후 베이징 연구원, MediaV 데이터 담당 과학자 등을 역임했으며 여러 닷컴기업에서 사업 고문으로 활동하고 있다.

나는 뼛속부터 자아를 숭상하는 사람이다. 한마디로 말해 강요하는 사람을 싫어하고 겉으로는 점잖은 척하면서 속으로는 리더가 되고 싶어 하는 사람도 싫어한다. 또 사람들이 나를 '현금화의 고수'라고 부르는 것도 반갑지 않고, 스스로 무언가 업계의 거물이라고 생각하지도 않는다. 나는 수년 동안 한결같이 자신이 하고 싶은 일만 하며 살아온 사람이며 단순한 '명성'이 아닌 진정으로 가치 있는 삶을 살고 싶을 뿐이다.

자신만의 독립된 생각을 가지다

나는 성적은 좋지만 제멋대로인 소년이었다. 어렸을 때부터 집단에 동조하는 걸 본능적으로 싫어했고, 주류의 생각을 따르지 않으려는 경향이 강했다. 이러한 경향은 성인이 된 뒤에도 변하지 않아서 회사의 가치관에 진정으로 동의를 해본 적이 없다. 물론 그렇다고 해서 주류의 생각이나 가치관을 깎아내리는 건 아니다. 그저 항상 자신만의 생각과 가치관을 가져야 한다는 나의 인생관을 지키려는 것뿐이다.

나는 성적이 좋은 편이었다. 수업을 제대로 듣지 않아도 시험 점수는 항상 높았다. 서북쪽 작은 산골 마을에서 초등학교 3학년 때 베이징으로 전학을 간 뒤에도 성적은 그대로였고, 고등학교 입학시험에서는 시(市) 수석을 차지하기도 했다. 고등학교 입학시험 점수가 나왔을 때 모두 놀랐다고 한다. 왜냐하면 그전까지는 내 이름을 한 번도 들어본 적 없었기 때문이었다. 이에 여러 말들이 돌았고, 심지어 내가 불굴의 의지를 가진 장애인이라는 소문까지 났다.

선생님들에게 나는 애증이 교차하는 학생이었다. 지덕체를 모두 겸비한 모범생이 아니라는 걸 알면서도 선생님들은 나를 변화시킬 방법을 찾으려고 애를 썼다. 중고등학교 시절 담임선생님은 매일 나에게 반성문을 쓰게 했는데, 매일 잘못한 일이 있었기에 쓰는 게 어렵지는 않았다. 더구나 반성문을 쓰면서 오히려 글쓰기에 대한 열정을 가질 수 있었다.

학업 성적은 좋지만 제멋대로 행동하는 건 박사 과정을 수료할 때까지도 계속되었다. 원래는 대기업에 들어갈 생각이 전혀 없었다. 얽매이길 싫어하는 내가 회사에 들어간다면, 나와 회사 모두 힘들어질 거라고 생각했기 때문이다. 그래서 졸업 전에 2년 동안 창업에 뛰어들었고, 몇백만 위안을 융자받기도 했다. 하지만 창업은 실패했고, 방향을 잃어버린 나는 자포자기하는 심정으로 취업 전선에 뛰어들었다.

최종적으로 MSRA(마이크로소프트 리서치 아시아)에 입사했다. 훗날 왜 이곳을 선택했냐는 질문에 나는 솔직하게 답했다. "들어오라는 연락을 받은 게 이곳뿐이었으니까요." 물론 고집이 세고 자기주장이 강한 성격과도 관련이 있다. 한번은 한 기업에 면접을 보러 갔는데, 면접관이 잠시 회의가 있다고 하면서 시험지를 꺼내 풀게 했다. 그 모습에 나는 곧장 자리를 박차고 나갔다. 이런 나에게 연락해 준 건 MSRA의 쑹(宋) 선생이 유일했다. 그는 상냥한 목소리로 이렇게 물어봤다. "이력서에 지멘스사(Siemens AG)에 관심이 있다고 쓰여 있는데, 왜 MSRA에 응시한 거예요?" 그 말에 나는 어색하게 웃을 뿐이었다. 사실 그 이력서는 잘못 보낸 거였다.

평온한 환경에 잠자고 있던 천성이 깨어나다

당시 MSRA에는 두 가지 큰 특징이 있었다. 첫 번째는 무리보다 뛰어난 '군계일학' 직원을 대우해 주는 거였다. 2004년 MSRA에서는 졸업생에게 연봉 약 20만 위안을 주었고, 상여금과 주식은 별도였다. 두 번째는 면접시험이 엄격하다는 거였다. 후보자는 먼저 보고서를 작성한 뒤 일대일 면접에 참여했다. 전체 면접 과정에서 모든 면접관은 한 장의 거부권은 가지고 있었는데, 익명으로 거부 의사를 제시하기 때문에 사정을 호소하고 싶어도 누구에게 해야 하는지 알 수 없었다. 사실 나는 면접에 통과할 거라고는 예상하지 못했었다. 왜냐하면 영어 실력이 형편없어서 보고서를 작성할 때 외워둔 말만 썼기 때문이었다.

이렇게 중국 인공지능의 '황푸사관학교'라 불리는 연구 기관에 들어가게 되었고 박사 시절 연구했던 음성인식 관련 업무를 진행했다. 음성인식 역시 인공지능 영역이었지만, 그 당시 우리는 인공지능을 만든다고 말할 수 없었다. 당시에는 인공지능 분야가 잘 알려지지 않은 탓에 학술계나 산업계에서 인공지능을 만든다고 말을 한다는 건 이마에 '사기꾼'이라고 붙이고 다니는 것과 같았기 때문이다.

중국의 닷컴기업과 비교하면 MSRA의 업무 환경은 좋은 편이었다. 논문을 발표하면 '도랑 치고 가재 잡는 식'으로 회사 제품을 골라 자신이 연구하고 있는 인공지능 기술을 사용해 볼 수 있었다. MSRA는 뛰어난 인재들이 바글바글했고, 그 속에서 두각을 드러낸 적은 없었지만, 뒤처져본 적도 없었다.

MSRA는 적게 일하면서 돈은 많이 받을 수 있는 이상적인 직장이었다. 그래서 이곳에서 계속 일하면서 경쟁자들을 물리쳐 천천히 승진할 수 있으면 좋겠다는 환상을 품었다. '성적은 좋으나 제멋대로였던' 나는 회사 문화에 물들어 완전히 다른 사람으로 변해 있었다.

하지만 MSRA에서 근무한 지 2년이 넘었을 때 인생을 뒤흔드는 엄청난 사건을 겪으면서 삶에 대해서 다시 생각해 보게 되었다. 이전부터 목에 혹이 있었는데, 검사를 해보니 단순한 멍울로 나왔다. 그러던 중 2007년 여름 목에 있는 혹이 딱딱하게 변한 게 느껴져서 베이징 협화의원에 있는 동창을 찾아갔다. 그가 내 혹을 만져보더니 심각한 얼굴로 말했다. "내가 봤을 때는 심상치 않아. 얼른 검사받아야 해." 곧장 입원해 온갖 검사를 받았다. 지금도 B형 초음파 검사를 할 때 의사가 진료기록표를 적는 보조에게 했던 말을 기억하고 있다. "종양에 석회화된 부분이 있고, 주위에 출혈이 드문드문 보임." 그러고는 나를 바라보며 말했다. "좋지 않아요. 얼른 수술해야 합니다!"

'좋지 않다'라는 말의 의미는 이해했지만, 상태가 얼마나 심각한지 어떻게 치료할지는 전혀 아는 게 없었다. 마치 갑작스럽게 미지의 세계로 빠져드는 기분이었다. 나는 검사를 받으면서도 아무 문제없이 곧 끝날 거라는 생각이 들었다. 이상하게도 조금도 두렵지 않았다. 거품처럼 마음이 붕 떠서 모든 일이 남의 일처럼 느껴졌다.

소식을 듣고 병원으로 온 아버지가 오랜 시간 의사와 대화하는 모습을 보며 수술실로 들어가는 내 모습을 상상했다. 백발이 성성한 아버지의 얼굴에는 수심이 가득했다. 5시간 정도 수술하고 마취에서 깨어났을 때 처음 본 건 병상 앞으로 걸어오는 친구였다. 그가 나를 내려다보며 안심하라는 표정으로 말했다. "잘 끝났어. 반회신경은 무사하니까 앞으로도 노래 부를 수 있을 거야."

수술이 끝나고 한동안은 아무 이상이 없었다. 하지만 3일째 저녁이 되자 갑자기 손발이 살짝 마비되는 느낌을 들더니 경련이 일면서 심장이 빨리 뛰고 온몸이 땀으로 흠뻑 젖었다. 나는 재빨리 당직 의사를 불렀다. 의사는 침착하게 혈액검사를 해보더니 칼슘이 부족하다는 진단을 내놓았다. 과연 정맥주사로 칼슘을 보충하니 경련이 진정되었다. 며칠 뒤 종양 검사 결과가 나왔는데, 다행스럽게도 가벼운 유두암이었다. 의사는 나에게 티록신과 칼시트리올 종류의 약물을 꾸준히 복용하면 오래 살 거라고 말했다.

이후 치료 과정에서 힘든 부분은 없었다. 사실 이건 험난한 인생을 알리는 전주곡에 지나지 않았다. 몸이 회복되는 속도는 느렸다. 아마도 내분비를 새로 조정하는 시기라서 그런지 1년이 넘도록 건강 상태가 나빴다. 먼저 심각한 비염에 걸려서 레이저 수술을 받아야 했는데, 이어서 혈압과 심박수에 문제가 생겼다.

그 기간에는 거의 정상적으로 일을 할 수가 없었다. 이와 동시에 줄곧 머릿속을 떠돌던 생각이 갑자기 분명해졌다. 지금 하는 일이 내가 가고 싶어 하는 길과 맞지 않다는 거였다. 개인의 가치가 집단생활에 휩쓸려 좌우되는 건 나에게는 견디기 힘든 일이었다. 그때 느꼈던 강렬한 거부감을 지금도 생생히 떠올릴 수 있다.

사회적 가치를 증가시킬 수 있는 일에 몰두하다

MSRA에서 연구를 할 때 쑹 선생이 일을 잘할 수 있는 원칙을 알려주었다. 문제를 잘 해결하고 싶다면 먼저 문제를 확실히 정의하라는 거였다. 이를 바탕으로 현재의 문제점을 분석했다. 그리고 예측할 수 없는 미래를 신중하게 고민해 새로운 결심과 인생의 목표를 설정했다.

당시 내린 결심 중 첫 번째는 최소한 10년 동안은 야근을 하지 않겠다는 거였다. 당시 며칠만 야근해도 쓰러질 정도로 몸 상태가 좋지 않기 때문이기도 했지만, 무엇보다 이전의 건강한 몸을 되찾아야 했기 때문이었다. 이 결심은 당시 중국 닷컴기업의 '996(오전 9시부터 밤 9시까지 주 6일 일하는 것 – 역주)'과는 맞지 않았기에 당분간 창업 생각을 접어야 했다.

물론 이런 결심을 내릴 수 있었던 건 직장 생활에서의 경험 덕분이었다. 직장에서 매일 바쁘게 일하는 사람들을 보면 오히려 일을 처리하는 속도가 느리거나 비효율적인 경우가 많았다. 시간을 낭비하며 잘못된 방법으로 일하는 사람은 야근이 필요하지만, 효율을 중시하며 정확한 방법으로 일하는 사람은 야근할 필요가 없다.

두 번째 결심은 40세가 되기 전에 출근하지 않아도 생계 걱정을 하지 않을 수 있는 재정 능력을 갖추겠다는 거였다. 이런 결심을 한 첫 번째 이유는 40세가 넘으면 기력이 부족해져서 제대로 일을 해내지 못할지도 모른다는 걱정 때문이었고, 두 번째 이유는 40세가 넘으면 직장에서 헌신짝처럼 버려질 수 있는 만큼 사장이 말에 더욱 순종해야 하는데, 내 성격과는 맞지 않기 때문이었다. 물론 내가 이루고 싶은 '생계 걱정하지 않을 수 있는 재정 능력'은 거창한 게 아니었다. 다른 사람들이 사는 걸 모두 사려면 충분한 자산을 갖춰야 하겠지만, 나는 그럴 필요가 없었다. 소비지상주의에 구속받는 걸 싫어했기에 내가 필요로 하고, 원하는 걸 할 수 있는 재정 능력만 갖추면 그걸로 충분했다.

브랜드를 신경 쓰지 않는 나에게 소비는 그저 사회가 개인에게 붙이는 신분 표식에 지나지 않았다. 가난한 학생일 때는 맥도날드 쿠폰만 있어도 좋아했지만, 이제는 그렇지 않은 건 소비의 함정에 빠졌기 때문이다. 소비지상주의의 늪에 빠진다면 수입이 아무리 많아도 쇼핑을 아무리 많이 해도 학창 시절 맥도날드 쿠폰 하나로 느꼈던 기쁨을 느끼지 못하고, 심지어는 행복감까지 잃어버리고 만다.

지금껏 한 번도 양복이나 가죽 구두를 사본 적이 없다. 옷장 안에는 마이크로소프트와 야후 로고가 박힌 옷뿐이다. 먹는 것도 마찬가지다. 뷔페에서 접시에 음식을 가득 쌓아 담는 아이들처럼 다양하게 요리를 갖추고 먹으려 하는 사람이 많은데, 사실 그중에서 다 먹는 음식은 한두 가지뿐이다. 나의 경우 두유 말고는 굳이 먹고 싶은 음식이 없다. 또 나는 자동차도 별로 좋아하지 않고 운전도 하지 않는다. 한두 번 운전을 배워보려고 시도했는데, 가만히 앉아서 운전하는 게 지루해 몸부림치다가 결국 포기했다. 소비가 중심이 되는 삶을 살면서 직장에 다니지 않고 생계를 유지한다는 건 설사 자기 집을 가지고 있더라도 이루기 힘든 일이다.

마지막으로 세운 인생의 목표는 스스로 만족할 수 있도록 사회 가치를 늘리는 일을 하겠다는 거였다. 이 세계에서 의미 있는 일은 두 가지 종류가 있다. 하나는 대세의 흐름을 따르는 일로, 당장 하지 않으면 다른 사람이 기회를 가로챌 수 있고, 경쟁자도 무척 많다. 성인은 이를 공훈과 업적이란 뜻의 '사공(事功)'이라 불렀다. 온라인에서 주목받는 일을 하는 경우 여기에 속한다고 할 수 있다. 다른 하나는 모두에게 도움이 되는 일이지만 수익이 나쁘거나 힘들어서 하려는 사람이 없는 일을 말한다. 성인은 이런 일을 '덕업(德業)'이라고 불렀다. 덕업의 경우 뚜렷한 수입이 없을 수 있지만, 그럼에도 인정은 받을 수 있는 일이다. 게다가 막상 해보니 생각보다 힘들지도 않았고 상당한 성취감도 얻을 수 있었다. 더구나 무엇보다도 매력적이었던 건 다른 사람과 경쟁할 필요가 없어 당시 몸 상태가 나빴던 나에게 적합한 일이라는 거였다.

나는 수입이 적고 경쟁력이 없는 일이 어떤 건지 알고 있었다. 경극을 무척 좋아했던 나는 이전에 칭화대학에서 공부할 때 행위예술 같은 대형 프로젝트를 해본 적이 있었다. 찾을 수 있는 경극 카세트를 모두 찾아 MP3 형식으로 복사하고, FTP 서버를 구축해 누구나 내려받을 수 있게 했다. 그 당시 온라인에는 경극 관련 자료가 너무 적어서 중국 전역에 있는 경극을 좋아하는 사람들이 모두 이 서버에 모여들었다.

이 일을 하면서 워크맨 대여섯 개가 망가졌고 서버 하드디스크도 여러 번 교체했을 뿐만 아니라 시간 중 대부분은 이 일에 투자해야 했다. 하지만 단 한 번도 사람들에게 돈을 받아야겠다는 생각은 하지 않았다. 진심이 담긴 감사를 받는 것만으로도 충분했다. 더구나 무대에서 공연하는 청년 만담가를 포함해서 같은 취향을 가진 사람들을 많이 알게 되어서 좋았다. 이런 만족감은 직접 경험해보지 않는 이상 알 수 없다. 그중에는 미국에서 사는 사람도 있었는데, 미국에서는 다운로드 속도가 너무 느려 중국에 왔을 때 하드디스크를 가지고 나를 찾아왔었다. 나는 군말하지 않고 MP3에 있는 자료를 모두 복사해 주었다. 만약 내가 끈질기게 이 일을 하지 않았다면 중국 희곡 예술 자료가 디지털화되는 건 최소한 몇 년은 늦어졌을 것이다. 이것이 바로 전형적인 '덕업'이라고 할 수 있다.

당시 나는 음성인식을 연구하고 있었다. 음성인식 기술이 출현한 지는 몇십 년이 되었지만, 실용화의 길은 여전히 멀고도 멀었다. 나는 음성인식 연구가 생각이나 방법에서 이미 벽에 부딪쳤다고 생각했다. 내가 보기에 연구자는 대대로 전해져 내려온 기술을 지키는 장인처럼 장인정신이 필요했다. 그러던 중 구글에서 인터넷을 사용해 대규모 언어 데이터를 수집한 뒤 그것을 토대로 음성인식 기술 시스템을 내놓았을 때 곧 있으면 온라인 학습 사업과 제품이 도태되고 말거라는 생각이 들었다. 더욱이 중요한 건 이 연구에 흥미를 잃어 더는 열심히 하고 싶지 않았다는 데 있다.

그래서 나는 MSRA를 떠나기로 결심했다. 마침 야후에서 베이징에 연구원을 설립한 덕분에 연구원으로 취직할 수 있었다. 현재 야후는 별로 주목받지 못하는 회사지만 당시에는 뛰어난 기술력을 가진 닷컴기업이었다. 특히 그곳의 연구원들은 업계에 적지 않은 공헌을 했다. 우리는 온라인광고를 연구했다.

당시 야후 광고 부서의 수석 과학자 안드레이 브로더(Andrei Broder)는 디지털과 알고리즘을 바탕으로 하는 온라인광고 모델을 '알고리즘 광고'라고 불렀다. 현재 알고리즘 광고는 이미 인터넷 관련 유명 이론이 되어 여러 닷컴기업의 핵심 제품이 되었다.

알고리즘 광고 방면에서 일을 할 수 있다는 것에 살짝 흥분되었다. 우리는 새로운 모델을 게시할 때 직접 코드를 만들 필요는 없었지만, 특정 시장의 광고 연 수입을 빠르게 억 단위로 증가시켜야 했다. 그야말로 무에서 유를 창조하는 마술과 같았다. 고리타분한 기술로 돈을 만들어내는 일이었으니 말이다. 과거에는 별로 중요하지 않다고 생각했던 머신러닝 알고리즘과 필요 없다고 여겼던 게임 이론이 디지털 광고 분야에서는 상당히 중요하다는 걸 발견했다. 기본적으로 혁신과 전략이 중요했던 광고산업은 인터넷 시대가 되자 엔지니어, 제품 담당 책임자, 경제학자가 활약하는 영역이 되었다.

하지만 어떤 분야든 문제는 존재하는 법이다. 업계 사람들은 돈벌이에만 급급할 뿐 기술을 공개하고 싶어 하지는 않았다. 디지털 광고 업계는 인재가 귀했음에도 후배들이 참고할 자료를 정리하려는 사람은 없었다. 그 모습을 보며 '알고리즘 광고를 배우려는 사람에게 도움이 되도록 관련 지식을 체계적으로 정리하면 어떨까?' 하는 생각이 들었다.

물론 이런 생각을 한 이유는 이 일이 분명 사회 가치를 늘리는 일이었기 때문이었다.

가치는 있지만,
수익은 없는 일에 몰두하다

나는 각각 흩어져 있는 지식을 공부하고, 그것들을 정리하기 시작했다. 당시 온라인광고 유형은 주로 검색 광고, 디스플레이 광고와 이후에 출현한 소셜 광고, 뉴스피드 광고가 있었다. 단순히 소개만 하는 건 아무 의미가 없었다. 내 목표는 모든 걸 꿰뚫어 볼 수 있도록 간단하고 완벽한 구조를 만들어 흩어진 지식의 파편을 정리하는 거였다. 물론 쉬운 일이 아니었다.

야후 베이징 연구원에서 일하면서 중국 국내 광고 시장의 상황을 이해할 기회를 가질 수 있었다. 몇 가지 광고 연구 개발 프로젝트에 참여하고 각종 광고 모델을 접하면서 많은 양의 문헌자료를 열람했다. 이후 야후가 마이크로소프트와 치욕스러운 검색 광고 합병 조약을 체결함에 따라 야후를 떠나 중국 벤처기업에 들어갔다. 광고 기술을 중국 국내 시장에 사용하는 과정에서 점차 중국과 미국 시장이 다르다는 것과 기업가들에게 알고리즘 광고가 점차 알려지고 있다는 걸 파악했다.

하지만 아는 게 많아질수록 오히려 손을 대기가 쉽지 않았다. 시장의 제품과 사업 모델의 변화가 너무 빨랐기 때문이었다. 중국의 온라인광고 시장 규모는 10년 동안 20여 배 성장했다. 지식을 파악하려면 먼저 핵심 원리와 방법을 파악해야 하는데, 배울수록 부족한 부분을 알게 되고 가르칠수록 어려움을 깨닫게 되었다. 내가 아는 걸 설명한 뒤 질문을 받으면 내가 정말 제대로 알고 있는지, 핵심을 파악하고 있는지가 드러났다. 마치 거울을 들여다보는 것처럼 내 수준이 그대로 드러났다.

그러던 중 후배가 나에게 칭화대학교에서 개설한 공개 강의에서 '알고리즘 광고'에 대해 강의를 해달라고 요청해 왔다. 무척 좋은 기회였다. 주말을 활용해 7주 동안 3시간씩 강의를 했다. 업계 사람들이 소문을 듣고 찾아왔고, 한번은 너무 많은 사람이 몰려 자리가 부족한 적도 있었다. 배움에 가득 찬 사람들의 모습을 보면서 지금 하는 일이 사회 가치를 늘리는 일이라는 걸 확신했고, 더욱더 자신감을 가지게 되었다.

이처럼 엄청난 호응을 얻었음에도 더욱 조심스러워졌다. 한 분야의 지식을 종합해 정리하는 일인 만큼 대충 하고 싶지 않았다. 지식을 깨우치는 데 도움이 되어야 하는 건 물론이었고, 지식 체계를 완성하는 데 오류가 있어서도 안 됐다. 그래서 이전에 동료였던 왕차오(王超)를 찾아가 이 일을 같이하자고 청했다. 우리는 되도록 많은 기술의 이론과 예시를 원고에 담으려 했다. 꼬박 3년 동안 업무 외의 시간을 이용해 내용을 다듬고 선별한 뒤 견해와 지원을 얻고자 BAT* 등 여러 대기업 임원들에게 초고를 보냈다.

그렇게 몇 년 동안 집필과 정리를 거친 『알고리즘 광고』가 2015년 하반기에 세상에 나왔고 시장의 반응은 기대를 훨씬 넘어섰다.

* BAT는 중국 3대 닷컴 기업인 바이두, 알리바바, 텐센트를 줄여 부르는 말이다.

일부는 이 책이 빅데이터와 디지털 광고 분야의 필수 교재라고까지 말했다.

베이징 대학 명예교수인 지셴린(季羨林) 선생은 대다수 사람에게 인생은 무의미하고 가치 없다고 말했다. 이 말은 귀에 거슬리기는 하지만, 우리에게 깨달음을 주기도 한다. 우리는 집단, 사회, 국가, 더 나아가 전 인류를 위해서 가치를 창조해야 한다. 다른 사람이 이미 창조한 가치가 아닌 새로운 가치를 창조하면서 그 가치 안에서 자신의 몫을 챙기려 해서는 안 된다. 만일 여러 업계 인재들이 힘을 쏟는다면 내가 한 것보다 훨씬 잘할 수 있을 것이다. 하지만 안타깝게도 능력 있는 사람은 힘이 많이 들고 돈이 되지 않는 일에 흥미가 없고, 흥미가 있는 사람은 능력이 부족하다.

나는 가치 있는 일에 최선을 다하면 비록 돈을 많이 벌지 못해도 진심 어린 칭찬과 존중을 받을 수 있다고 믿는다. 게다가 수익이 없는 일이어도 힘든 건 아니다. 단지 시도하려는 사람이 없을 뿐이다.

영향력을 현실화해야 비로소 돈이 들어온다

전문 서적이라 수입이 많지는 않았지만 출근하지 않아도 생계를 걱정하지 않을 만큼의 재정 능력을 갖출 수 있었다. 이때부터 '가치와 장래가 있는 일만 하겠다'라는 신념을 지키며 살게 되었다. 그렇게 작은 영역에서 '덕업'을 하며 이름을 알리기 시작했고, 이렇게 얻은 영향력은 자연스럽게 돈이 되었다.

발전된 소셜미디어와 인터넷 덕분에 누구든지 수백 명에게 영향을 미칠 수 있고, 기회만 있으면 이를 활용해 막대한 수입을 거둘 수 있다. 물론 나는 주목받는 걸 좋아하지 않고, 그것이 사회 가치를 늘리는 데 도움이 된다고 생각하지도 않는다.

누구든지 가치를 늘리는 일을 하며 영향력을 키우고, 각종 사례를 접함으로써 업무 경험을 쌓을 수 있다. 그리고 그 경험들은 업계 종사자들의 시행착오를 줄일 수 있다. 특히 알고리즘 광고 영역에서는 지식 가치의 지렛대 효과가 아주 두드러진다.

몇몇 사람들은 알고리즘 광고 현장에 직접 나가면 돈방석에 앉을 수 있을 텐데 왜 그러지 않냐고 물어보기도 한다. 내 생각에 현장에서의 일은 두 가지 종류가 있다. 하나는 사용자들이 좋아하는 상품을 만든 뒤 광고로 돈을 버는 일이고, 다른 하나는 본전 이상 수입을 올릴 수 있는 거래처럼 꾸미거나 심지어 부당한 방법을 이용해 거액의 이윤을 챙기는 것이다. 전자의 경우에는 광고 영역의 전문 지식만 가지고는 할 수 없는 일이고, 후자는 속임수를 써서 폭리를 취하는 것이기에 내가 하고자 하는 방향과 맞지 않는다. 나는 대기업에서 일하거나 창업해 회사를 운영하는 데는 관심이 없다. 원채 다른 사람의 눈치 보길 싫어하는 데다가 마음에도 없으면서 아첨 떠는 일도 못 한다. 하지만 승진해 부자가 되거나 기회를 포착해 큰돈을 벌고 싶은 생각이 드는 건 어쩔 수 없었다.

10년 동안 거의 야근을 하지 않았고, 아주 부자가 되지는 못했지만, 의식주를 걱정하며 살지도 않으니 목표를 이룬 셈이었다. 비록 이런 인생 관점과 진취적 태도를 대다수 기업은 싫어하겠지만, 나는 자랑스럽게 생각한다. 목표를 이루려고 노력하면서 재미있는 일을 할 수 있었고, 다음 인생 목표를 고민하는 데도 도움이 되었다. 나에게 있어 인생의 가장 큰 의미는 자신을 돌아보고 자아를 향상하는 데 있었다.

어느덧 인생의 전반기를 지난 나는 인생의 가장 아름다운 부분은 이후에 있다고 믿는다. 그러니 계속해서 보잘것없는 작은 일이라도 사회 가치를 늘릴 수 있다면 도전할 생각이다. 가치를 늘리는 일을 제외한 직장과 사회가 나에게 붙인 각종 꼬리표에 관해서는 관심도 없고 말하고 싶지도 않다.

돈을 벌겠다는 생각이 돈 버는 기술이 된다

이런 亦仁

이런은 창업가이자 즈스싱추 '돈 버는 기술'의 창시자다. 그는 '평범한 사람도 돈을 벌 수 있다'라는 사명을 가지고 돈을 번 사례와 방식을 구체적으로 설명해 사람들이 가치를 창조하는 과정에서 더 많은 수익을 낼 수 있게 도와주고 있다.

처음 즈스싱추에서 '돈 버는 기술'이란 커뮤니티를 만들었을 때는 평범한 사람도 쉽게 돈을 버는 방법을 알려줘야겠다고 생각했다. 그리고 지난 3년 동안 커뮤니티를 운영하면서 이 생각을 사명처럼 지켜왔다. 정보력 향상, 사고력 발달, 사례 연구, 인맥 관리, 기회 제공 등 여러 방법을 통해 1만 5천여 명의 커뮤니티 회원들에게 도움을 주려 했다. 특별한 커뮤니티를 운영 방식이 있는 건 아니다. 그저 경험과 사례를 공유하고 확실한 데이터를 제공해 최대한 많은 사람에게 도움을 주고 싶다는 소박한 바람을 이루려 노력했을 뿐이다.

돈을 버는 건 절대 운에만 맡겨서는 안 된다. 성공 확률을 계산하고 치밀하게 계획해야 한다. 돈을 벌기 위해서 하는 노력은 모두 성공 확률을 높이기 위한 것이다. 높은 성공 확률에 충분히 긴 시간을 투자하면 돈은 필연적으로 따라온다. 여기서 더 필요한 건 생각의 폭을 넓히는 일이다.

작은 성과는
큰 성과를 부른다

사람들은 내가 즈스싱추에서 '돈 버는 기술'을 만들 때 맨 처음 고민한 문제가 '한 명의 창업자에게 돈을 버는 기술을 알려주는 방법'이었다는 사실을 믿지 못한다. 내가 고민한 이유는 간단하다. 커뮤니티를 지속해 나가기 위해서는 일단 0에서 1까지 질적 변화를 이뤄내야 했기 때문이다. 그렇게 되면 1이 다시 100이 되고, 100이 다시 10000이 되는 질적 변화를 이룰 수 있다.

돈을 버는 것도 마찬가지다. 올바른 피드백을 받아 생각해 낸 아이디어를 돈으로 바꿀 수 있어야 한다. 내 주변에는 창업한 친구들이 많은데 그중 창업이 힘들었다고 말하는 사람은 없다. 오히려 그들은 창업이 재미있다고 입을 모은다.

우리 조상들은 굶주림에 시달리며 비참한 세월을 살았다. 그 시대에는 인내하고 견디고 버티며 불굴의 정신을 잃지 않는 자세를 중시했다. 예를 들어 이웃집 벽을 뚫어 흘러나오는 불빛에 의지해 책을 읽었다는 뜻의 착벽투광(鑿壁偸光), 머리카락을 대들보에 매달고 송곳으로 허벅지를 찌르며 졸음을 참고 책을 읽었다는 뜻의 두현량추자고(頭懸梁錐刺股), 거절에도 포기하지 않고 초가집을 세 번이나 방문해 승낙을 받아냈다는 뜻의 삼고초려(三顧草廬), 반딧불이를 모아 그 불빛으로 공부를 했다는 뜻의 낭형영설(囊螢映雪), 눈을 맞으며 스승에게 가르침을 구했다는 뜻의 정문입설(程門立雪) 등의 고사가 대표적이다. 이런 고사들은 선조의 역사와 정신을 보여주면서 극한까지 인내하는 만족지연(Delay of Gratification)을 보여준다.

하지만 만족지연은 아무나 실현할 수 있는 게 아니다. 이전 커뮤니티 회원 중 한 명이 커뮤니티 안에서 거론된 성공 사례를 그대로 시도하려다가 실패한 경우가 있었다. 실패에 의기소침해진 회원은 자신이 선천적으로 돈을 버는 능력이 부족한 거냐고 물었다. 상황을 들여다보니 그는 더우인을 통해 10만 회원을 만들겠다거나 쯔후의 추천 방식을 이용해 월수입 3천 위안을 이루겠다는 등의 목표만 가지고 있을 뿐 확실한 실행 방법이 없었다. 이런 목표를 이루려면 0에서 10을 만드는 '초고속 성장'을 해야 한다. 먼저 더우인을 통해 10만 회원을 만들겠다는 목표의 경우 더우인에서 '폭발적인 유행'을 끌 수 있는 동영상을 계획하고, 제작 방법을 고민해야 한다. 또 쯔후의 추천 방식을 이용해 월수입 3천 위안을 이루겠다는 목표는 먼저 쯔후 추천 방식을 통해서 수익을 내는 법을 고려한 뒤 상한선을 점진적으로 올려 장기적으로 수익을 쌓아야 한다. 이렇게 해야만 지속적으로 성장할 수 있는 모델이라 할 수 있다.

확실한 실행 방법이 없는 목적은 현실과 동떨어져 성과를 내지 못하거나 실패하기 쉽다. 확실한 계획을 세워 꾸준히 작은 성과를 쌓아 올리다 보면 큰 성과를 거둘 수 있다.

내가 가진 아이디어는 궁극적으로 돈이 되거나 돈을 버는 방법을 지도하는 데 초점이 맞춰져 있다. 그래서 새로운 생각, 아이디어를 고민하는 게 즐겁고, 항상 두뇌를 활발하게 움직이려 한다. 동시에 스스로에게 지나친 스트레스를 주지 않으려 한다. 나의 모든 업무는 '첫 수입을 내는 것'을 출발점으로 하고 있으며, 이것은 프로젝트가 원활하게 돌아갈 수 있는 기반이기도 하다. 우리 팀원들은 매번 프로젝트를 탐색할 때 '첫 수입을 내는 것'을 처음 목표로 삼아야 하며 '업무 구조를 바꾸는' 거대한 목표를 세우려 해서는 안 된다는 말을 귀가 따갑도록 들어왔다.

결과 지향적인 건 좋은 일이다. 첫 수입을 내서 자신의 아이디어로 돈을 만들고, 팀원들에게 올바른 피드백을 받으면 자발적으로 더 탐색하게 된다. 그렇게 되면 생각이 더욱 넓어져서 스스로 문제 해결 방법까지 찾아낼 수 있다. 물론 목표가 돈이 아닌 일들도 있다. 좋은 아이디어를 SNS나 '돈 버는 기술' 커뮤니티에 자랑해 다른 사람의 칭찬과 호응을 받으면서 올바른 피드백을 받기도 한다.

만족지연은 원대한 목표를 이루기 위한 선택이다. 우리처럼 평범한 사람들이 자신감을 가지고 작은 성과에서부터 시작해 큰 성과를 만들어 가기 위한 필수요소다.

자신의 이익은 뒤에 놓고
타인의 이익은 앞에 두어라

많은 사람이 돈 버는 방법을 생각할 때 얼마만큼 벌 수 있을지, 얼마만큼의 수량을 얻을 수 있을지와 같이 자신의 목표와 이익을 먼저 고려한다. 그다음에는 목표를 이루기 위해 필요한 사람들과 그들에게 제공해야 하는 자원을 고민한다. 하지만 막상 계획을 실현하면 곳곳에서 난관이 생기고, 결국에는 예상했던 결과를 만들지 못한다.

계획에 참여하는 사람들이 충분한 이익을 얻지 못한다면, 그 계획은 필연적으로 실패할 수밖에 없다. 그래서 나는 계획을 세울 때 애초에 내가 뭘 얻을 수 있을지는 고려하지 않는다. 오히려 참여하는 사람들이 얼마만큼의 가치를 얻을 수 있는지, 충분히 만족하고 즐거워할 만한 가치인지를 먼저 고려한다.

'영원한 적도, 영원한 친구도 없다. 오로지 영원한 이익만 있을 뿐이다'라는 말이 있다. 냉혹한 말처럼 들리지만, 진지하게 이 말에 담긴 뜻을 생각해야 한다. 꾸준히 발전하는 관계는 서로의 이익을 바탕에 두고 있고, 계속 수익이 나는 프로젝트는 협력하는 사람들이 이익을 계속 얻을 수 있느냐에 달려 있기 마련이다. 물론 이런 이익이 꼭 돈을 말하는 건 아니다. 동질감이나 자부심, 장기적 가치일 수도 있다.

나의 팀원들은 프로젝트를 할 때 다른 사람들보다 훨씬 적극적으로 나선다. 팀원들이 나와 내가 세운 계획을 신뢰하고 있기 때문이며, 나를 위해서 일하는 게 아니라 자신의 이익을 위해서 일을 하기 때문이다. 나는 프로젝트를 진행하는 직원들을 채찍질하기보다는 동기를 제공해 주려 노력한다. 아이디어와 자원을 제공해 그들이 돈을 벌 수 있도록 돕고, 팀이 장기적으로 발전할 수 있도록 도와준다.

이와 관련해서 한 가지 사례가 있다. 매달 18일은 '돈 버는 기술' 회원의 날이다. 나는 몇몇 협찬사를 찾아가 각종 혜택을 제공해 달라고 요청한다. 예를 들면 데이터 사이트의 회원, 커뮤니티 창업 제품, 새로운 친구를 만들 수 있는 서비스 등등. 이러한 혜택은 시장에서 비싼 돈을 주고 구매해야 하는 것들이다. 나는 협찬사에 '돈 버는 기술' 커뮤니티 회원들에게 혜택을 달라고 요청하는 동시에 커뮤니티 안에서 이런 협찬사들이 홍보할 수 있도록 도와준다.

매달 회원의 날이 되면 커뮤니티가 가장 활동적으로 움직인다. 회원들은 혜택을 받아서 즐겁고 협찬사는 커뮤니티를 통해 대대적인 광고 효과를 거둘 수 있어 좋다. 이렇게 모두가 즐거워하는 걸 보면 수입은 생각하지 않게 된다.

이 일은 각도를 바꿔서 생각해 보면 더욱 쉽게 이해할 수 있다. 당신은 돈을 나눠주는 사람과 함께하고 싶은가? 아니면 돈을 나누지 않으려는 사람과 함께하고 싶은가? 진정한 가치를 제공해 주면 돈은 들어오게 되어 있다는 신념을 가질 필요가 있다. 자신의 이익을 뒤에 놓는다면 아이디어는 더욱 다양해지고 생각은 더욱 넓어지며, 규모도 점점 커질 것이다.

가치관의 틀을 부숴라

돈을 벌고 싶지만 계획한 일의 원가가 너무 높다거나 기술력이 부족하다거나 모델이 너무 평범하다는 등 여러 한계를 부딪힌다. 아니면 자신의 가치관에 부합하는 정보만 들으려 하는 경우가 있다. "이런 일은 성장가능성이 적어서 하고 싶지 않아" 같은 말을 하는 사람을 분명 한 번쯤을 봤을 것이다. 또는 기술력이 높지 않다거나 경계가 확실하지 않다거나 혁신이 없다거나 지속가능성이 없다거나 누군가 이미 하는 일이라는 등의 말들을 하기도 한다. 몇 년 전 나 역시 이런 생각을 가졌다. 하지만 여러 시행착오를 겪은 뒤 옳지 않은 생각이라는 걸 깨닫게 되었다. 하지만 아직 첫 수입을 내지 못한 사람들은 이런 생각에 휘둘릴 수밖에 없다.

나는 성장가능성이 낮고 수입도 적은 일에 연연하지 말고 '가치 있는' 일을 하겠다고 다짐했다. 그래서 돈 버는 일에서 벗어나 더 가치 있고 성장가능성이 있는 일이 무엇일지 고민했다. 이후 1년 넘는 시간 동안 노력했지만, 성과를 내지 못했다. 결국 원래 하던 일이 가장 돈이 되고 나에게 적합한 일이라는 걸 깨달았다.

큰 성공을 이룬 사람의 눈에는 적은 돈은 벌 가치가 없어 보인다. 그들은 기회비용이 너무 높아서 한 가지 일에만 시간을 쏟아야 하는 탓에 다른 일을 할 수가 없다. 그러니 그들에게는 1년 동안 몇 백만 위안밖에 벌지 못하는 일은 성장가능성이 낮은 일로 보일 것이다. 하지만 일반 사람은 그렇지 않다. 평범한 사람에게는 1년에 몇백만 위안의 수입을 올린다는 건 엄청난 성공이다. 이렇듯 사람마다 기준이 다른 만큼 타인의 말에 휘둘릴 필요가 없다.

7, 8세 어린아이들을 대상으로 한 장난감 리뷰 영상을 만든다면 얼마만큼의 수익을 올릴 수 있을까? 아마 수익을 올릴 수 있을지부터가 의심스러울 것이다. 2018년 유튜브(YouTube)에서 연간 수입이 가장 높은 채널은 라이언(Ryan)이라는 7세 아이가 운영하는 채널이었다. 이 채널은 누적 조회수가 260억 뷰를 넘으며 2천만 달러의 수익을 올렸다. 그렇다고 대단한 내용이 있는 것도 아니다. 아이가 각종 장난감을 가지고 놀며 자신의 솔직한 생각과 느낌을 말하는 게 전부였다.

어떤 분야든 시장이나 수요를 보면 연 수입 100만 위안(한화로 약 1억 7천)을 벌 수 있는 기회는 찾을 수 있다. 일반 사람들에게는 그들만의 삶의 방식이 있고 돈을 버는 방법이 있다. 큰돈을 만지는 기업가들에게는 가능성이 낮은 일도 일반 사람들에게는 큰 가능성을 가진 일이 될 수 있다.

보험 같은 전통 업종이나 전자상거래, 소셜미디어 마케팅과 같은 새로운 업종이나 모두 관찰할 가치가 있다. 이런 업종을 잘 모른다고 해서 그 배후에 있는 돈 버는 방법까지 이해할 수 없는 건 아니다.

다양한 경로를 통해 정보를 받아들여라

돈을 벌려면 우선 안목을 키워야 한다. 그렇다면 안목은 어떻게 키울 수 있을까? 바로 많이 보고 듣고 말하고 생각해야 한다. '돈 버는 기술'에 올라오는 주제와 비평을 보면 정보량이 상당한 걸 알 수 있다. 매월 몇십만 자에 달하는 글이 올라오는데 대부분 여과를 거친 질이 좋은 정보들이다.

나는 구독하는 계정이 1천 개 정도여서 꽤 많은 돈을 즈스싱추에 지불하고 있다. 매일 위챗 모멘트에 공유되는 소식들을 보기 때문에 즐겨찾기는 꽉 차 있다. 평소 광고를 보면 비용이 많이 들지 않는 경우 약간의 돈을 들여 체험해 본다.

아마도 '그 많은 내용을 전부 읽는단 말이야?'라고 생각할 것이다. 사실 굳이 많은 시간을 들여 모든 내용을 읽을 필요는 없다. 어느 정도 안목이 쌓이면 대충 훑어보는 것만으로도 무슨 내용인지 알 수 있다. 마음이 움직이는 정보가 있을 때만 시간을 들여 찬찬히 들여다보면 된다. '사람'을 활용해 정보를 취득할 수도 있다. 여러 사람과 교제해 더 넓은 세계를 경험한다면 자신만의 돈 버는 방법을 개척할 수 있다. 이렇게 충분한 정보를 얻으면 자연스레 생각이 활발해지는 만큼 '수만 권의 책을 읽어 붓을 대기만 해도 문장이 나오는 경지'에 이르게 된다.

자신만의 비즈니스 사고를 만들어라

정보를 얻어도 자신만의 비즈니스 사고를 만들어내지 못한다면 정보는 가치를 상실한다. 자신만의 비즈니스 사고를 만들어 배운 것들을 시스템화해야 한다. 가장 쉽게 자신만의 비즈니스 사고를 만드는 방법은 유동량, 제품, 현금화를 통해 구성하는 것이다.

- **유동량** 어떤 유동량일까? 자본금은 어떻게 해야 할까? 효율을 높이려면 어떻게 해야 할까? 가능성은 얼마나 될까? 어떤 위험이 존재할까? 지속해서 얻을 수 있을까?
- **제품** 넓은 의미에서 제품과 좁은 의미에서 제품은 어떤 차이가 있을까? 제품의 가치는 어떻게 정할 수 있을까? 어떤 표현 방식이 있을까? 어떤

공식이 있을까? 보존 수단을 높일 방법은 뭘까?

- **현금화** 구매 횟수가 낮은 고정 수요 제품을 현금화시킬 수 있을까? 구매 횟수가 높은 고정 수요가 제품을 현금화시킬 수 있을까? 구매 횟수가 낮고 고정 수요도 없는 제품을 현금화시킬 수 있을까? 구매 횟수가 높지만, 고정 수요가 아닌 제품을 현금화 시킬 수 있을까? 참고할 사례가 있을까? 사용자 ARPU(Average Revenue Per User;사용자 평균 수익)는 어떻게 계산할까? 시간적 요소와 공간적 요소는 어떻게 고려해야 할까?

자신만의 비즈니스 사고를 만드는 건 나무를 그리려 하는데 이미 나무줄기가 그려져 있는 것과 같다. 그렇다면 이제 완전히 아는 지식이나 단편적으로 아는 지식으로 나무줄기에 가지와 잎을 채워 넣으면 된다. 학습한 정보로 자신만의 비즈니스 사고를 더 체계적으로 완성할 수 있다. 자신만의 비즈니스 사고를 계속 보충하고 수정해 어느 단계까지 발전시켜 나간다면 단단하고 안정된 생각을 가질 수 있다.

2019년 하반기에 커뮤니티 회원 500명과 함께 '돈 버는 달력' 만들기 프로젝트를 시작했다. '돈 버는 기술'에 있는 8천 편의 문장에서 366개의 정보를 선별해 2020년 달력 페이지에 어록을 적었다. 매일 어록 한 가지를 볼 수 있도록 말이다. 당시 보름 정도 시간을 투자해 어록을 선발한 이유는 돈을 벌고 싶은 사람들에게 도움을 주기 위해서였다.

달력이 만들어진 뒤 몇몇 사람들이 366개 어록 중에서 몇몇은 가치가 없는 것 같다고 말했다. 하지만 시간이 흐르자 다들 아무 의미가 없는 것 같던 어록도 실은 의미가 있었다는 걸 알게 되었다고 말했다.

그 이유는 비즈니스 사고가 더 넓어졌기 때문이다. 어떤 정보든 폐쇄적인 사고의 틀을 넓혀 비즈니스 사고를 더욱 풍부하게 만들어주고, 더 나아가 자신의 비즈니스를 반영해 줄 수 있다. 자신만의 생각이 있어야 비로소 돈을 버는 방법도 알 수 있다. 반대로 자신만의 생각이 없다면 눈에 보이는 산을 보고 산이라 하고 물을 물이라 할 뿐 가치 있는 정보를 보고도 알아차리지 못한다.

자신만의 비즈니스 사고를 만들기 위해서는 '정보를 온전히 얻으려 노력'해야 한다. 우리는 적은 시간을 활용해 단편적인 정보를 습득하는 데 익숙해져 있다. 하지만 자신만의 생각이 없다면 단편적인 정보는 오히려 생각을 혼란스럽게 만든다. 이것저것 들은 정보가 많아 말은 번지르르하게 하면서 정작 수익은 내지 못하는 친구들에게 나는 한 가지 정보를 완전하게 습득하기 위해 노력하고 단편적인 정보는 되도록 접하지 말라고 조언한다. 왜냐하면 단편적인 정보를 얻으면 보통 그 전후 상황이나 인과관계는 알려고 하지 않은 채 전체를 판단하기 때문이다. 이처럼 우물 안 개구리처럼 정보를 취득하면 "이후에는 어떻게 되는데" 같은 질문에 제대로 대답하지 못한다.

자신의 영역과 관련된 온전한 정보를 많이 알아야만 기초를 제대로 세울 수 있다. 전체적이고 구체적인 사례를 통해 학습하면 자신만의 사고를 더 쉽게 만들 수 있다. 창업 전후의 전체 과정을 정리해 파악하는 사고를 기르기 위해서 나는 『덩샤오핑 평전』을 너덜너덜해질 때까지 읽었다. 덩샤오핑이 개혁개방을 구상하는 과정을 읽은 뒤 나는 창업 방법론을 수정했다. 이를 통해 매번 창업 정보를 접할 때마다 어느 단계의 어느 모델을 반영한 건지 생각해 본다. 그럼 단숨에 창업자의 의도를 알아차릴 수 있다.

일단 자신만의 비즈니스 사고를 만든다면 어떤 정보를 접하든 효율적으로 정리해 내용을 파악하고 그 안에 담긴 돈 버는 기회를 포착해 낼 수 있다.

뜻밖의 일을 위해 기발한 생각을 길러라

위챗에서 검색하다 보면 인터넷에서는 특정 키워드와 관련된 글이 조회수가 높은데도 위챗 공식 계정에서는 해당 키워드와 관련된 글이 주목받지 못하는 경우가 있다. 이것은 해당 키워드가 SEO(Search Engine Optimization;검색엔진 최적화)의 기회가 있다는 걸 의미한다. 왜냐하면 진짜 실력으로 순위에 오른 게 아니라 이상치(Outlier)에 의한 것이기 때문이다. 이상치는 기회를 의미한다. 조금씩 확실하게 기반을 쌓아가는 것과는 다른 기회를 의미한다. 물론 조금씩 확실하게 기반을 쌓는 것이 좋겠지만, 이와 동시에 발전 속도를 높이는 것도 필요하다. 발전 속도를 높이기 위해서는 이상치를 찾고 그것을 이용해야 한다.

유명하지 않은 강사가 생소한 분야를 강의한 내용이 갑자기 커뮤니티에서 관심을 받는다면 무슨 일인지 의아하게 생각할 것이다. 이것이 이상치다. 이상치는 많은 사람이 해당 분야에 기대를 품고 있다는 걸 의미한다.

어째서 짧은 동영상을 올리는 계정 중 몇몇은 정상적인 논리와 맞지 않는 운영 궤적을 보이는 걸까? 내용을 창작하거나 '조회수를 조작'하지 않고 단순히 몇 개의 동영상을 올린 것만으로 순식간에 좋아요를 수백 개 받고 수천만 조회수를 올릴 수 있는 걸까? 이것이 바로 이상치란 걸까? 그렇다면 이상치가 생기는 이유는 뭘까? 이 점을 면밀하게 관찰한다면 자신이 아는 범위 밖에서 돈을 벌 수 있는 기회를 포착해 낼 수 있다.

이전에 누군가가 "사업 기회를 발견하고 데이터 뒤에 숨겨져 있는 거래를 포착해 내는 법을 알고 싶다"고 질문했다. 그러자 친구가 아주 가치 있는 관점을 제시해 주었다.

"광고 차단 도구를 없앤 뒤 매일 등장하는 광고를 살펴보십시오. 여러 플랫폼에서 자주 등장하는 광고가 있다면 그 뒤에 돈을 벌 수 있는 사업이 숨겨져 있을 겁니다."

여러 플랫폼에서 대규모 광고를 진행할 수 있다는 건 돈을 많이 버는 회사라는 의미다. 이처럼 이상치를 찾아 숨겨진 원인을 분석하면 새로운 기회를 찾을 수 있다.

아이디어를 조합하는 방법을 연습해라

스티브 잡스는 피카소의 말을 인용해 혁신에 관해 다음과 같이 말했다.

Good artists copy, great artists steal.
전문 예술가는 작품을 모방하고, 위대한 예술가는 영혼을 훔친다.

바꿔 말하면 혁신은 '기존의 내용을 새롭게 꾸미는 것'에 불과하다는 의미다. 이것은 혁신을 깎아내리는 말이 아니라 새로운 시대에 혁신을 어떻게 생각해야 하는지를 보여주는 말이다.

혁신은 사람들의 바람이자 노력해 나아가야 할 방향이다. 그리고 한 사람의 혁신을 모두가 모방하는 건 대다수 일반인이 받아들여 할 현상이다. 문제는 모방을 원래의 모습을 그대로 베끼는 거라 생각한다는 것이다. 모방하는 과정에서 새롭게 발전하지 않는다면 융통성을 발휘할 수 없다.

나는 과거 웹페이지 도구를 개발해 구글 검색 키워드를 통한 '인스타그램 이미지 다운로드' 수요를 만족시켜야 한다는 아이디어를 제시한 적 있다. 당시에는 돈을 벌기 쉬운 아이디어였지만, 점점 널리 알려지면서 인스타그램 이미지 다운로드 도구가 많이 생겨났고 경쟁이 치열해졌다. 이럴 때는 아이디어를 조합해 자신의 기회 범위를 넓혀야 한다.

- **사용자 확장**: 다른 국가의 사용자 수요를 만족시킬 수 있는지 살펴보고 다른 언어의 사이트를 만드는 걸 고려할 수 있지 않을까? 검색 키워드를 영어 외에 다른 언어로 번역했을 때의 유입량과 경쟁력을 고려해 본다.
- **범위 확장**: 다른 플랫폼으로 확장시킬 수는 없을까? 검색엔진 외에 안드로이드 구글플레이, 애플 앱스토어를 고려해 보거나 웹브라우저 플러그인 상점, 타오바오, 웨이보, 더우인, 콰이서우(快手;중국 동영상 공유 플랫폼-역주)와 위챗 공식 계정 등을 고려해 본다.
- **수요 확장**: 인스타그램, picture, download 세 가지 키워드를 각각 기타 비슷한 키워드로 교체해 본다.
  대략 계산해 보면 세 가지 키워드에는 최소한 수백 종류의 조합이 있으며, 그중 몇 가지 조합은 웹사이트의 월 방문자 수를 1천만 회 정도 높인 걸로 데이터 검증이 이루어졌다.

'돈 버는 방법' 커뮤니티 회원이자 쯔숴(字說;문장 애니메이션 동영상 앱-역주) 창립자인 옌화페이(嚴華培)는 다음과 같은 말을 한 적 있다. 나는 이 말을 '2020년 돈 버는 달력'에도 기재하기도 했다.

"쯔숴에서 제작된 문장 애니메이션은 사실 재미있는 말이나 감동적인 글귀를 형식만 바꿔 만든 겁니다. 어디서나 볼 수 있는 유머나 문구들을 다른 형식으로 연출한 거죠. 저희 앱 사용자 중 대부분은 책의 핵심 문구를 정리한 것만으로 수백만 명의 팔로우를 얻게 되었습니다."

동영상 제작은 혁신이 아니라 기존의 것을 다른 형식으로 연출해 내는 게 필요하다. 왜냐하면 기존에 알고 있는 내용을 활용해야 사용자들을 더 쉽게 이해시킬 수 있기 때문이다.

국내 인터넷 문학을 영어로 번역하면 어떨까? 조미료를 팔던 걸 조리법을 파는 걸로 바꾸면 어떨까? 기존의 내용을 새로운 형식으로 꾸미면 종류도 더 다양해지고 생각도 넓어진다. 이런 아이디어 조합을 통해 자신의 비즈니스 사고를 확장할 수도 있다.

올바른 피드백 받기, 타인의 이익을 우선시하기, 한계를 두지 말기, 정보를 온전히 파악하기, 자신만의 비즈니스 사고를 만들기, 이상치에 숨겨진 원인을 파악하기, 아이디어를 조합하기는 돈 버는 사고의 폭을 넓힐 수 있는 일곱 가지 방법이다. 돈을 벌기 위해서는 절대 운에만 맡겨서는 안 된다. 선천적으로 타고난 재능보다는 환경, 인식, 능력, 생각, 경험, 성격, 문화 등 다양한 요소가 결합하여야 한다. 계속해서 발전하고 경험을 쌓아간다면 시간은 당신을 향해 웃어줄 것이다.

아름다운 인생을 촬영하자
치밀한 복기로

장첸리 張千里

창첸리는 게티 이미지 계약 사진작가이자 PPOC(캐다나 사진가 협회)의 회원이며, Gitzo 글로벌 홍보대사다. 소니, 핫셀블라드, 프로포토와도 장기적으로 합작해 왔다. 또 데이터컬러(Datacolor) 글로벌 인증 컬러 관리 전문가이기도 하다. 미국 내셔널지오그래픽(National Geographic) 사진 대회에서 1등을 했고사진 올림피아드에서 금메달을 받았다. 사진과 관련된 여러 책을 출판해 베스트셀러에 올랐으며, 사진 관련 프로그램 〈원래는 이렇게 찍는 거야〉를 만들었다.

사진을 좋아하던 중학생이 금융을 전공하는 대학생이 되고 우연한 기회로 아마추어 사진작가 동호회에 들어갔다. 프리랜서 전문 사진작가가 되기까지 나의 인생 궤적은 첸리(千里)라는 이름만큼이나 길고 어려운 과정이었다.

여행하며 찍은 사진이 자연스레 주목받으면서 졸지에 KOL(Key Opinion Leader; 영향력을 가지고 있어 대중의 결정에 영향을 줄 수 있는 사람)이 되었고, 1인 미디어를 시작하게 되었다. 좋아하는 취미와 기술로 먹고살 수 있게 되었다. 이런 삶을 이룰 수 있었던 건 좋은 기회를 만난 덕분이자 포기하지 않고 끈질기게 해나간 덕분이었다. 나는 초등학교 6년 동안 무려 여섯 차례를 전학하느라 고향에 대한 추억이 없다. 그래서인지 알지 못하는 먼 곳으로 나가고 싶었다. 그리고 성인이 된 뒤에는 계속 여행하고 가본 적 없는 장소를 탐색하며 눈앞에 보이는 세계, 내면의 독백, 시대의 모습을 기록해 왔다. 나는 항상 내면의 목소리를 들을 수 있었다. 그 목소리는 사진작가라는 직업을 선택하게 하고, 십여 년의 세월을 한결같이 살 수 있게 했다.

지칠 줄 모르는 발걸음,
사그라지지 않는 초심

나는 고등학생 때 처음 사진기를 가지게 되었고 사용 방법을 익힌 뒤 직접 찍은 사진으로 교정에서 사진전을 열었다. 이를 통해 그동안 느껴보지 못한 성취감과 믿음을 가지게 되었다. 하지만 그때는 학업을 포기하고 전문 사진작가가 되는 사람은 거의 없었다. 그래서 취업을 고려해 부모님의 바람대로 사진과는 완전히 동떨어진 금융을 전공으로 선택했다. 하지만 대학교 4년 동안 모든 시간을 사진 촬영에 쏟으며 전공인 금융은 공부하지 않았다. 날씨가 좋은 날에는 자전거를 타며 사진을 찍었고, 날씨가 안 좋은 날에는 도서관에 틀어박혀 촬영 자료를 연구했다. 더욱이 운이 좋았던 건 동호회에서 뜻이 맞는 친구들과 사진작가의 길을 갈 수 있도록 도와준 스승을 만난 것이다.

대학을 졸업한 뒤에는 언론 업계에 대한 동경으로 한 신문사의 인턴 사진기자 모집에 응시했다. 당시 지원자는 32명이었는데, 나를 제외한 다른 사람들은 모두 전문적인 촬영 경험이 있었다. 하지만 튼튼한 기본기와 약간의 타고난 재능 덕분에 나는 최종 두 명의 명단에 들 수 있었다. 그렇게 세상을 다 얻은 것처럼 득의양양해져서 인턴 사진기자의 삶을 시작하려 했을 때 내 자리가 다른 사람으로 대체되었다.

2000년이 막 시작되었을 때 우연찮은 기회로 디지털 웹사이트를 통해 촬영 장비를 테스트해서 평가하는 일을 하게 되었고, 그 일을 6년 동안 계속했다. 당시 촬영 장비를 평가하는 일은 새로운 분야라서 중국에는 전문적으로 촬영 장비를 테스트할 수 있는 실험실이 없었다. 하는 수 없이 해외 인터넷 사이트를 검색해 관련 장비를 알아본 뒤 해당 장비들을 직접 구입해 실험실을 꾸렸다. 그렇게 실험실이 생긴 뒤에는 전문가의 도움을 받아 팀원들을 훈련하고, 해외 유명한 사진작가들과 연락해 그들을 취재한 뒤 원고를 웹사이트에 발표했다. 이렇게 당시 중국에서 가장 뛰어난 촬영 장비 테스트 평가 실험실을 만들어냈다. 그 기간 동안 디지털카메라 국가 표준(이 표준은 우리 실험실의 데이터를 참고해 이뤄졌다)을 제정하는 일에도 참여했고, 심지어 잡지를 출판하기도 했다. 이렇게 세상을 모르는 대학생이었던 나는 촬영 장비 테스트 평가와 편집 경력을 쌓으며 디지털 웹사이트 편집장이 되었다.

당시 출퇴근 버스 안에서 두꺼운 해외 자료를 읽었던 게 지금도 생각난다. 배우는 데 열중하며 뭐든 가장 빨리 습득했던 시절이었다. 사진 촬영을 좋아하는 나에게 아직 발표되지 않은 카메라 렌즈를 누구보다 빨리 얻을 수 있고, 무료로 최신 촬영 장비를 사용할 수 있는 건 크나큰 매력이었다. 그때가 내 인생의 황금기였다. 돈을 많이 벌지는 못했지만, 미지의 영역에서 일하며 신중하게 경험을 쌓았고 마침내 필요한 기술과 정신을 갖추게 되었다.

나는 지금도 매일 사진을 촬영하는 습관을 유지하고 있다. 튼튼한 기술력과 안정적인 표현력 등의 기본기는 촬영 시간과 셔터 수로 쌓이기 때문이다. 더구나 독특한 미적 감각을 키우기 위해서도 노력은 필수다. 호기심과 열정은 내가 매일 꾸준히 나아갈 수 있는 원동력이다.

프리랜서가 일약
유명인이 되기까지

촬영 장비를 테스트하고 평가하는 일을 계속하면서 업무도 순조로웠고 지식도 쌓였지만, 무언가 잘못되었다는 생각을 떨칠 수 없었다. 그 시기에 나는 매일 저녁 침대에 누워 자신에게 물어봤다. '내가 진짜 좋아하는 건 촬영 장비인 걸까? 아니면 사진을 촬영하는 일인 걸까?' 질문에 답을 찾는 건 어렵지 않았지만, 안정적인 삶을 포기하는 건 쉽지 않았다. 일단 가진 걸 포기하고 새로 시작해야 할 때는 외부의 힘을 빌릴 필요가 있다.

2006년 나는 미국 잡지 『내셔널지오그래픽』에서 개최한 사진 대회에 도전했고, 1등이라는 예상치 못한 성과를 올렸다. 시상식에 갔을 때 비로소 최후 후보에 올랐던 두 장의 사진이 모두 내 작품이었다는 걸 알게 되었다. 수상자로 초대를 받아 미국 내셔널지오그래픽 협회의 워싱턴 본부에 가게 된 건 굉장히 색다른 경험이었다. 당시 협회 부사장이었던 롭 에르난데스(Rob Hernandez)는 나에게 사진작가로 일하고 있냐고 물었고, 나는 지금은 아니지만, 앞으로는 그럴 생각이라고 대답했다. 그 순간 반드시 사진작가가 되겠다는 결심을 했다.

부양할 가족이 있는 사람은 불확실하고 불안정한 삶을 두려워한다. 그래서 수입이 일정하지 않은 프리랜서를 직업으로 선택할 용기를 내지 못한다. 하지만 나는 중국으로 돌아오자마자 바로 직장을 그만두고 정식으로 프리랜서 사진작가가 되었다. 고객이 만족할 수 있는 사진을 찍을 능력을 갖추었다는 확신이 있었기 때문이다. 그때 내가 결단을 내리지 않았다면 이후에 아무런 기회도 얻지 못했을 것이다. 믿음, 끈기, 능력은 안정적인 삶을 포기하고 새로운 삶을 시작할 때 반드시 갖추어야 할 요소다. 다음으로는 생계를 유지할 능력이 있어야 생계에 짓눌리지 않는다.

글을 쓰는 작가나 사진작가처럼 프리랜서 일을 하고 싶어 하는 친구들이 점점 많아지고 있다. 이런 친구들이 의견을 물어보면 나는 최대한 격려하고 응원해 주면서도, 막무가내로 직장을 그만두거나 프리랜서를 '자유롭게 생활하는 직업'으로만 바라보지 말라고 조언한다. 생계를 이어가는 건 정말 중요하다. 그러니 직장을 그만두기 전에 자신이 가진 것과 앞으로 얻을 수 있는 자원을 계산해 볼 필요가 있다. 프리랜서라는 건 생계 위험을 부담해야 하는 만큼 절대 '농땡이'를 부리며 돈을 벌 수 있는 직업이 아니기 때문이다.

물론 천부적인 능력을 갖추고 있는 데다가 부지런하다면 미래를 걱정할 필요는 없다. 나는 직장을 그만두기 전에 이미 여러 언론에서 연재를 하고 있었다. 비록 원고료가 높지는 않았고 결제도 제때 해주지 않았지만, 한 달 받는 원고료를 합치면 당시 일반 직장인 월급 수준은 되었다. 이 덕분에 안정적으로 최소한의 수입을 유지할 수 있었다. 동시에 나와 아내는 사진 스튜디오를 운영했는데, 여행 기간에 잠깐 쉬는 걸 제외하면 평소에는 계속 주문을 받았다.

직장을 그만둔 뒤 처음 받은 일은 독일 회사의 저녁 만찬을 촬영하는 거였다. 고객은 현상한 사진을 정말 마음에 들어 하며, 80%의 요금을 더 냈다. 이 일을 계기로 비즈니스 합작 사업에 자신감을 가지게 되었다. 이후 유명 브랜드와 합작할 기회가 점점 더 많아졌다. 특히 소니와는 14년 동안 합작하며 새로운 촬영 장비 공식 홍보 영상을 촬영했고, 이로써 가장 오랫동안 합작을 진행한 중국 사진작가가 되었다.

이처럼 생계를 꾸려나가는 것도 중요하지만, 나와 아내는 좋아하는 일을 하고 싶다는 욕구도 강했다. 돈을 버는 데 모든 시간과 정력을 쏟고 싶지는 않았다. 2004년부터는 일하는 시간 외에는 세계 일주라는 꿈을 실현하려 노력했다. 직장 생활을 할 때는 시간과 자금이 매우 제한적이었지만, 프리랜서로 활동한 뒤에는 상황이 나아져서 가고 싶으면 바로 여행을 갈 수도 있었다. 집을 사고 결혼할 때 사용한 돈을 제외한 모든 돈을 여행에 썼다고 해도 과언이 아닐 정도다. 우리는 여행 과정에서 찍은 사진과 글을 언론에 공개했고, 많은 관심을 받았다.

지명도가 높아지자 사진 촬영 방법을 물어보는 사람들도 점점 많아졌다. 그 과정에서 질문에 중복되는 내용이 많다는 걸 발견한 나는 하나씩 답변해 주기보다는 한꺼번에 답변하는 게 낫겠다고 생각했다. 그 답을 모아 2011년에 책을 출간했다. 독자에게 좋은 반응을 받을 수 있을지 무척이나 걱정했다. 하지만 이런 걱정이 무색하게 책은 시장에 나오자마자 인기를 끌었고, 순식간에 징둥 사진 분야 순위에서 선두에 올랐다. 그리고 2014년 두 번째 책도 독자들에게 큰 호응을 얻었다.

2012년에 웨이보가 유행하기 시작하면서 오랜 시간 콘텐츠를 올려오던 나도 순식간에 60만 명의 팔로우가 생겼다. 우리의 여행 이야기를 기록한 아내의 웨이보는 더 인기를 끌었다. 꾸준히 해외 여행을 하는 사람이 드물던 시기였고, 여행을 하면서 돈을 버는 '직업 여행가'는 이목을 끄는 생소한 개념이었다. 게다가 부부가 손을 잡고 여행을 하는 모습이 호응을 얻으면서 중국 중앙 텔레비전, 펑황 위성 텔레비전 등 여러 매체에서 우리 이야기를 보도했고 캐나다, 싱가포르 등의 현지 여행 대사가 되었다.

자신이 가장 잘하는 일을 해야 한다

해외 여행이 유행하기 시작하자 여행 관련 KOL이 대량으로 출현했고, 수요도 계속해서 증가했다. 이런 흐름에서 나 역시 변화를 시도해 보기로 했다. 혼자 하던 일을 팀 합작으로 키우고 여러 경로를 활용해 콘텐츠를 올리던 걸 사진 관련 1인 미디어에만 올리기로 한 것이다. 나의 최종 목적은 꾸준히 발전할 수 있는 수입 모델을 구축하는 거였다.

1인 미디어 분야가 발전함에 따라서 웨이보와 위챗 공식 계정 등 사용할 수 있는 플랫폼도 많아졌다. 더구나 여행에서 찍은 사진과 글을 활용해 만든 우리의 작품은 단숨에 대중의 시선을 사로잡았고, 많은 주목을 받을 수 있었다. 이렇게 주목을 받게 되자 광고 수입이 들어왔고, 상업적 가치도 높아졌다. 물론 지나친 경쟁은 데이터 조작과 지명도 과장 등 여러 부정적인 결과도 가져왔다.

하루가 다르게 변화하는 시장 상황을 바라보며 스스로에게 물었다. '치열한 경쟁 속, 심지어 부정 경쟁까지 일어나는 상황에서 어떻게 해야 살아남을 수 있을까? 우리만이 가진 장점은 무엇일까? 계속 선두를 유지할 수 있을까? 5년, 심지어 10년 뒤에도 구독자와 우리에게 진정으로 가치 있는 것들이 얼마나 남아 있을 수 있을까? 우리가 앞으로 나아가야 할 방향은 어디일까? 사진을 촬영하는 일일까? 아니면 여행하는 일일까? 계속 개인 콘텐츠를 만들고 1인 미디어 플랫폼을 운영해야 할까? 아니면 더 큰 비즈니스 모델을 찾아야 할까?'

이전에는 내키는 대로 웨이보에 사진을 게시하고 원고를 썼을 뿐 냉정하게 계획을 세우지는 않았다. 오랜 고민을 한 끝에 우리는 콘텐츠를 1인 미디어에만 올리고 촬영 영역에만 집중하기로 했다. 우리가 다루는 콘텐츠에는 여행사진 기술 전수, 촬영용품 추천이 포함되어 있었고, 이후에는 촬영 문화도 추가했다.

KOL의 삶을 버린 이유는 우리의 초심과 관련이 있다. 개인의 가치를 실현하는 건 생존과 발전보다 더 가치 있는 일이고, 사람을 끌어들이는 이야기는 처음에는 폭발적인 반응을 얻을 수는 있어도 장기간 지속될 수는 없다. 게다가 우리는 가상의 세계 안에서 친분을 쌓은 팬과 구독자들이 계속 성장할 수 있도록 도와줄 수 있는 콘텐츠를 만들고 싶었다.

촬영 기술, 특히 상업 촬영 기술은 경험을 공유하는 걸 많이 꺼리는 편이다. 하지만 나는 지식과 경험을 많은 사람과 공유하고 싶다. 왜냐하면 나 역시 처음 촬영을 공부했을 때 여러 선생님, 선배, 동창들의 도움을 받았기 때문이다. 그래서 도움을 준 사람에게 직접 보답하지는 못하더라도 공유하는 마음은 이어가고 싶다.

물론 기회나 수입 면에서는 여행 콘텐츠를 다루는 게 사진 촬영 기술 콘텐츠를 다루는 것보다 더 유리할 거라고 말하는 사람들도 있다. 하지만 모든 일에는 장점과 단점이 있는 법이다. 여행은 진입 문턱이 낮아서 누구나 '유명인'이 되기는 쉽지만, 자신만의 가치를 만들어내기는 어렵다. 다른 사람들보다 훨씬 많은 자원을 투자해야만 자신만의 가치를 만들어낼 수 있다. 반면 사진 촬영은 관심도가 여행보다는 낮지만 그만큼 경쟁도 치열하지 않고, 진정으로 사진을 잘 찍는 사람도 많지 않다. 한마디로 말해서 우리에게 가장 알맞은 자리를 찾은 것이다.

2015년 무료 사진 촬영 관련 프로그램 〈원래는 이렇게 찍는 거야〉를 제작했다. 세계 각지를 여행하며 찍은 사진과 경험을 공유하고, 최신 촬영 장비를 소개했다. 당시에는 웨이보나 기타 플랫폼이 유행하던 때라서 동영상이라 하면 사무실 탁자 앞에 앉아서 지겨운 설명을 하는 내용이 전부였다. 그래서 직접 현장 촬영을 하면서 구도를 설정하는 방법, 장비 사용하는 방법, 주의해야 할 부분을 설명하고, 현장 연출과 이후 방법들까지 설명하는 우리 프로그램은 무척 독창적이었다. 동시에 반드시 일선에서 일을 하고 있는 사진작가만 프로그램에 출현시켰다. 이 원칙은 프로그램에서 줄곧 지켜온 제작 이념이었다.

"원래 이렇게 찍는 거야, 그러니 당신도 할 수 있어!" 영상에 등장하는 이 슬로건은 우리가 대중에게 전달하고 싶은 생각이었다. 세계 각지의 사진 애호가들이 동영상을 본 뒤에 촬영지에 와서 똑 같은 방법으로 사진을 찍었다. 5년 동안 프로그램을 제작하면서 200여 편을 제작했고, 300만여 명의 팔로우를 얻게 되었다. 또 재생 수는 누적 1억 회를 넘겨 중국에서 가장 인지도 있는 사진 관련 프로그램이 되었다.

물론 프로그램을 제작하는 데 스트레스도 상당했다. 촬영 비용이 넉넉하지 않다는 것이 가장 큰 문제였다. 우리는 프로그램을 소규모로 유지할 생각이었기에 융자를 받지 않았다. 하지만 촬영에는 생각보다 돈이 많이 들었다. 틱톡처럼 짧은 길이의 동영상을 찍는 게 아니었고, 품질에 대한 요구도 높았다. 처음 시작할 때는 세 명이 팀을 이뤄 진행했는데, 동영상을 촬영해 본 경험이 없고 촬영과 편집 기술이 전문적이지 않았다. 게다가 나는 대사마저 외우질 못했다. 평소에는 말을 잘하는 편이었지만 카메라 앞에만 서면 버벅거리는 바람에 여러 번 재촬영을 해야 했다. 다행히도 촬영하면서 조금씩 익숙해졌고, 부족한 팀원도 보충되면서 나중에는 완벽하게 운영되었다.

다른 사람이 아이디어와 콘텐츠를 표절할까 두려워할 필요가 없다. 초보일 때는 모방을 해도 뛰어나게 연출할 수가 없기 때문이다. 나는 핵심 경쟁력을 유지하기 위해서 끊임없이 발전하려 노력했다. 기존의 브랜드를 바탕으로 지속적으로 콘텐츠를 게시하고 개인 능력을 강화해 왔다. 이 밖에도 다른 전문가들과 연합하는 시스템을 만들어 내가 잘하지 못하는 부분의 능력을 보충했고, 외부 환경 변화에 맞춰 계속해서 탐색하고 혁신하려 했다. 이제는 이전과 달리 대중들이 좋아하는 짧은 동영상 제작을 시도해 보려고 한다. 전문성을 잃지 않으면서 내용이 알차고 재미도 있는 작품을 만들려고 노력하고 있다.

1인 미디어를 통한 수익 모델

상업화는 프로젝트가 지속적이고 건강하게 발전할 수 있는 방법 중 하나다. 아무런 수익 없이 창작자의 재미에만 기대 운영되는 1인 미디어는 지속적으로 고품질 콘텐츠를 제공하기 힘들다. 그 때문에 프로그램이 고품질의 콘텐츠를 유지한다는 전제하에 어떻게 하면 동영상 1인 미디어를 상업화해서 수익을 창출할 수 있을지 고민했다. 1일 미디어를 상업화해서 수익을 창출하는 방식으로는 제품 리뷰, 간접 광고, 제품 홍보 판매, 유료화 콘텐츠, 유료 커뮤니티 등이 있는데 선택할 수 있는 폭이 넓지 않았다. 그래서 우리는 여러 가지 방법을 시도해 보았다.

01. 제품 리뷰와 간접 광고

제품 리뷰와 간접 광고는 우리에게 가장 중요한 수입이다. 이 방면에서 계속 합작 기회가 있었다. 동영상은 문장이나 그림보다 제품을 생생하게 표현할 수 있었고 기업의 요구를 맞추기 쉬웠다. 여행을 결합한 사진 촬영 프로그램이라서 의류, 야외제품, 자동차, 디지털 제품, 촬영 장비 등 다양한 제품을 소개할 수 있었다. 더구나 관광청, 여행사들도 우리의 합작 대상이었다.

동영상을 볼 때 광고가 나오면 댓글창에 "또 광고야!"라고 비꼬는 경우가 많다. 나는 좋은 지식 공유하기 위해서라도 제품 광고가 필요하다고 생각한다. 너무 이익만을 좇아서도 안 되지만, 프로그램 유지를 위해 광고하는 것은 문제가 되지 않는다. 그렇기에 시청자에게 촬영 관련 지식을 무료로 제공해 주는 대신에 제품 전시와 브랜드 노출 광고를 거부감이 느껴지지 않는 선에서 진행했고, 팀을 발전시킬 수 있는 자금을 확보할 수 있었다.

02. 제품 홍보 판매

시청자들은 '촬영 장비 테스트'를 주제로 한 동영상을 '촬영 기술'을 소개하는 동영상보다 더 재미있어 했다. 이런 시청자들의 요구를 바탕으로 촬영 장비만 전문적으로 이야기하는 〈원래 이렇게 쓰는 거야〉라는 제목의 시리즈를 제작했고, 2020년 상반기를 기준으로 50편이 동영상이 게시되었다. 많지는 않았지만 시청자들이 프로그램을 보고 우리가 운영하는 타오바오 온라인 매장에 방문해 제품을 구매하기도 했다. 프로그램의 슬로건 "정직하게 추천한다"에 걸맞게 내가 먼저 사용해 본 뒤 괜찮다고 판단된 제품만 추천하고 타오바오 온라인 매장에 게시했다. 하지만 이런 운영 방식으로는 많은 사람을 끌어들일 수 없기에 타오바오 온라인 매장 판매액은 얼마 되지 않는다. 다른 KOL의 상품 판매 능력과 비교하면 우리에게는 아직 많은 발전 가능성이 있는 셈이다. 나는 타오바오 온라인 매장 판매도 계속 탐색해 나갈 가치가 있다고 생각한다.

03. 유료화 콘텐츠

어떤 학습 방법이든 모든 수요를 만족시킬 수는 없다. 더욱이 동영상을 참고하는 것만으로는 촬영 기술 발전에 한계가 있는 게 사실이다. 동영상은 어느 구체적인 한 가지 문제에 대해서 직관적이고 확실하게 설명해 줄 수 있지만, 전면적이고 체계적인 지식을 전달해 주지는 못한다. 그래서 기본기가 약한 아마추어들은 동영상만 봐서는 실제 촬영할 때 등장하는 각종 문제를 해결하지 못할 수 있다. 이런 이유에서 우리는 온라인과 오프라인에 초급에서 중고급까지 다양한 촬영 강좌를 개설해 최대한 다양한 수준의 사람들을 커버할 수 있게 했다.

04. 유료 커뮤니티

1인 미디어에서 커뮤니티는 중요한 역할을 한다. 우리도 커뮤니티에서 다양한 시도를 했다. 여러 가지 커뮤니티를 경험한 뒤 '장첸리·타산지석'이라는 유료 커뮤니티를 개설했다. 이곳에서는 전문적으로 촬영을 배우는 과정에서 부딪치는 각종 문제와 어려움을 해결해 준다.

이로써 우리는 동영상→강의(온라인 강의, 오프라인 강의, 온라인 개인 강의) → 커뮤니티(오프라인 촬영 실습 커뮤니티, 즈스싱추 커뮤니티)로 이어지는 비교적 체계적인 학습 시스템을 구축할 수 있었다.

- **동영상** 무료로 정보를 취득할 수 있고, 언제든지 원할 때 학습할 수 있다는 장점이 있지만, 내용이 체계적이지 않고 맞춤형 지도를 받을 수 없다.
- **온라인 강의** 지식을 체계적으로 배울 수 있고 강의 비용이 저렴한 장점이 있다. 쉽게 접근할 수 있고, 언제든 원하는 시간에 학습할 수 있다. 강사가 동시에 수백 명을 상대로 수업하기 때문에 모든 사람에게 신경을 쓸 수가 없다.
- **오프라인 강의** 직접 만나서 진행하는 소규모 강의인 만큼 맞춤형 지도를 해줄 수 있어 학습 효과가 좋다. 하지만 정해진 시간이 정해진 장소에서 강의가 진행되며 강의료가 비싼 편이다.
- **온라인 개인 강의** 코로나19가 유행하면서 안전하게 강의하기 위해 개설한 강좌다. 오프라인 강의를 할 수 없는 상황에서도 배우고자 하는 의욕이 강한 수강생들에게 알맞은 강의를 제공해 줄 수 있다. 일반적인 온라인 강의와 달리 일대일로 이뤄지기 때문에 맞춤형 수업을 진행할 수 있고 오프라인 대면 수업보다 시간과 비용이 절약된다.
- **오프라인 촬영 실습 커뮤니티** 고강도 학습 분위기에서 일대일 지도가 이뤄져 학습 효과가 높다. 하지만 시간과 비용이 가장 많이 든다.
- **즈스싱추 커뮤니티** 봉쇄된 환경에서 학습과 교류가 이뤄져 방해가 적고, 질의응답과 지도가 즉시 이뤄지는 특징이 있다. 커뮤니티 안에 토론과 사교도 빈번하게 이뤄진다.

'장첸리 · 타산지석'의 치밀한 복기(復碁)

오랫동안 촬영 기술을 학습해 온 사람 중에서도 자신의 촬영 능력이 좋은지, 어떤 부분이 부족한지 모르는 사람이 많고 심지어는 자신이 만족한 작품의 어느 부분이 좋은 건지 말하지 못하기도 한다. 그래서 나는 이런 사람들에게 복기의 개념을 사용해 새로운 촬영 학습 방식을 제공했다. '장첸리 · 타산지석'에서는 많은 사람이 복기를 통해 자신의 장점과 단점을 명확히 파악하고 핵심 문제를 해결해 정체기에서 벗어나 더욱 높은 단계로 도약했다.

구체적으로 어떻게 복기해야 할까? 나는 이따금 '장첸리 · 타산지석'에 작품을 개시한 뒤 숨겨진 비밀을 파헤친다는 심정으로 계속해서 질문을 던진다.

당시 나는 무슨 감정으로 이 사진을 찍게 된 거지?
어떤 모습을 찍으려 했던 걸까?
어떤 준비를 했지?
어떤 장비를 사용했지?
어떤 촬영 기술을 사용했지?
구도를 어떻게 구성했지?
어떤 식으로 현장을 조정하고 대응했지?
후속 작업은 뭘 했지?

작품의 연출을 어떻게 했지?
부족한 부분을 채우려면 어떻게 해야 할까?
계속 발전하려면 어떻게 해야 할까?

복기는 일종의 학습이다. 이런 질문을 통해서 이성을 활용해 감정적인 예술 표현을 분석하는 법을 배웠고, 다른 사람들 역시 같은 효과를 얻을 수 있었다. 게시물을 올리는 것도 복기라 할 수 있다. 아래의 글은 '장첸리·타산지석'에 있는 '새로운 가입자 필독 사항'으로 커뮤니티의 취지와 요구가 명확히 적혀 있다.

저는 막 촬영을 배웠을 때 필름을 살 돈이 없었습니다. 그래서 항상 학교 도서관에서 잡지에 실린 사진 작품을 보며 빛을 어떻게 했고, 구도를 어떻게 했고, 초점 거리는 어떻게 했고, 조리개는 얼마나 사용했고, 어떤 촬영 기술을 사용했는지를 반복해서 분석했습니다. 오랜 시간 이렇게 공부를 했더니 이제는 사진을 보면 한눈에 작가가 어떤 방식으로 사진을 촬영했는지 알 수 있습니다. 저는 이렇게 저렴하게 학습하는 방식을 '복기'라고 부릅니다. 현장에 있지 않아도 머릿속으로 현장의 상황을 묘사해 보는 겁니다.
저는 모두 일정한 양식에 따라 자신이 촬영한 사진과 기술을 공유하기를 바랍니다. 잘 촬영된 사진이든 아니든 이를 통해 경험과 가르침을 얻을 수 있고, 사진을 보내지 않은 사람은 다른 사람의 사진과 선생님의 평가를 통해 가치 있는 정보를 얻을 수 있습니다.

다른 사람의 성공과 실패를 통해서 경험을 얻는 것은 복기의 핵심이자 이곳의 이름이 '장첸리·타산지석'인 이유입니다.

"제 사진을 평가하고, 부족한 부분을 알려주실 수 있나요?" 매일 수많은 사람이 비밀 쪽지로 이런 요구를 하고, 심지어 위챗 개인 채팅방을 통해 문의하기도 한다. 그들은 선별도 없이 몇십 장의 사진을 통째로 준 뒤 몇 마디 말로 사진을 환골탈태 수준으로 바꿔주기를 바란다. 아무런 선별 없이 완성도가 제각각인 사진들을 통째로 보내는 행동을 격려하고 싶지 않다.

좋은 사진을 선별해 내지 못하는 이유는 제대로 촬영한 건지 아닌지 알지 못하기 때문이다. 그리고 이와 같은 난관에 부딪친 사람들은 세밀하고 꼼꼼한 평가를 통해서 도와주어야 한다. 그래서 나는 사람들에게 사진을 보낼 때 카메라 세팅 값, 사용한 장비, 촬영할 때의 생각, 희망 효과, 후속 작업에 관한 생각 및 촬영 과정에서 겪은 난관을 상세하게 적어서 보내달라고 요청한다. 그리고 정보를 토대로 대표되는 사진 몇 장을 선별해서 자세한 평가를 해준다.

유료로 운영을 시작하자 커뮤니티의 문턱이 높아지면서 회원들을 선별해 낼 수 있었다. 이렇게 사진 촬영을 진지하게 대하지 않은 사람을 걸러내면서 시간을 더욱 가치 있게 사용할 수 있게 되었다. 물론 돈을 지불한다고 해서 촬영 능력이 향상되지는 않는다. 다행히도 UGC를 보고 회원들이 댓글과 평가를 많이 올려줘서 유익한 경험을 나누는 환경이 조성되었다. 게다가 커뮤니티에 올라오는 학습 어려움이나 조작 오류는 누구나 겪을 수 있는 문제들이다.

언론인에서 프리랜서 사진작가가 되었지만 여기서 멈추지 않고 커뮤니티를 만들고 1인 미디어를 꾸려나갔다. 그리고 마침내 커뮤니티 회원들을 위한 체계적인 촬영 학습 시스템을 만들어냈다. 이 과정에서 모든 일이 어렵고 힘들었지만, 또 모든 일이 가치 있었다. 앞으로도 계속 촬영하면서 작은 회사를 경영하고 팀을 효과적으로 관리해 꿈과 사업 사이에서 균형을 찾으려 노력할 것이다.

나를 팔로우한 사람들과 이 책을 읽는 독자들도 삶의 의미는 다른 사람과 경쟁이 아니라 어제의 나를 이기는 데 있다는 걸 깨달았으면 좋겠다.

stormzhang의 본명은 장치(張奇)다. 학창 시절 공부에 흥미가 없었던 그는 독학으로 프로그래머가 되었다. 5년 동안 프로그래머로 일하고, 2년 동안 제품 담당 책임자로 일하며 순조롭게 승진을 거듭했고 제품 책임자로서 회사 임원에까지 올랐다. 그가 관리했던 제품은 여러 차례 애플 스토어 다운로드 순위표에 게시되었다. 이후 사직한 뒤에는 프리랜서, 1인 미디어 운영자가 되어 위챗 공식 계정 'stormzhang'란 이름으로 활동하고 있다.

인생 역전
노력으로 일궈낸

stormzhang

나는 1989년 안후이성(安徽省)에 있는 농촌에서 태어났고 2011년 대학을 졸업한 뒤 상하이로 갔다. 처음에는 소프트웨어 테스트를 하다가 나중에 소프트웨어 개발과 제품 개발 연구를 하면서 회사의 핵심 경영진이 되었다. 2019년 1인 미디어 분야에 발을 디뎠고 창업을 시작해, 현재는 온라인 영역에서 적지 않은 영향력을 가지게 되었다.

나는 특별히 뛰어난 학력이나 경력도 없고, 자랑할 만한 타이틀도 얻지 못했지만, 내가 걸어온 길은 인생을 개척하기 위해 분투하며 땀 흘리고 있는 사람들의 축소판이라 할 수 있다. 그러니 나의 경험이 본보기가 될 수 있을 거라 생각한다. 나의 성공 경험을 보고 더 쉬운 길을 찾거나 나의 실패 경험을 교훈 삼아 더 나은 길을 찾을 수 있기를 바란다.

이류 대학 졸업생의 판타지 같은 인생 역전

2007년부터 2011년까지 나는 이름도 알려지지 않은 대학에서 공부했다. 대학 시절을 간략하게 말하자면 무단결석, 낙제, 데이트, 농구, 게임 이렇게 몇 개 단어로 요약할 수 있다.

대학을 졸업한 뒤 방황기를 거치다가 우연한 기회로 교육센터를 알게 되었고, 될 대로 되라는 심정으로 상하이로 갔다. 이곳에서 소프트웨어 테스트 기술을 배웠고 일을 찾게 되었다. 당시 매월 3,500위안을 받아 생활비와 월세를 지불한 뒤 남은 돈은 교육센터 교육비 대출을 갚는 데 사용했다. 집안 형편이 여유롭지 않았기에 대학을 졸업한 뒤에는 집에 손을 벌릴 수가 없었다. 그래서 이 시기는 내 인생에서 가장 힘들고 고단했던 시기였다. 그중에서도 가장 힘들었던 건 배고픔이었다. 저렴하게 배를 채우기 위해 며칠 동안 만터우(饅頭;중국에서 주식으로 먹는 찐빵으로 속에 아무것도 들어 있지 않다-역주)와 짠지만 먹고 버틴 적도 있었다.

이처럼 가난을 뼈저리게 경험한 덕분에 돈의 중요성을 알게 되었다. 소프트웨어 개발을 이해하면서 더 많은 돈을 벌 수 있게 되자 곧장 안드로이드 프로그래밍을 독학했다. 마침 모바일 인터넷이 주목받기 시작했을 때라 3개월 독학한 뒤 곧바로 작은 벤처 기업에 취직할 수 있었다. 하지만 나의 기술 실력은 형편없었기에 입사하자마자 회사에서 쫓겨날 지경에 처했다. 회사에 남기 위해서 다른 사람보다 더 노력했고 매일 막차를 타고 집에 갔다. 그리고 자발적으로 컴퓨터 수리, 전화선 설치 같은 잡일을 도맡아 처리했다. 아마도 이러한 노력 덕분이었는지, CTO도 내가 회사의 정직원이 되는 데 동의했다.

'노력'이란 두 글자가 가진 힘을 믿지 않는 사람들이 많다. 하지만 내 경험에 따르면 노력을 통해 다른 사람에게 최선을 다하는 모습을 보여줄 수 있을 뿐만 아니라 성공의 기회도 얻을 수 있다. 정직원이 된 뒤에도 많은 우여곡절이 있었다. 하지만 좌절하지 않고 오로지 노력해서 능력을 조금씩 쌓아나갔다. 그렇게 혼자 힘으로 3개월 만에 iOS 개발자 세 명이 1년을 투자해야 해낼 수 있는 제품 기능을 실현했을 때 회사의 인정을 받아 기술 책임자로 승진할 수 있었다.

나는 거의 초창기부터 블로그를 쓰고 있었는데, 아주 사소한 동기에서 시작했다. 일하면서 부딪친 문제들을 기록해 다른 사람이 같은 실패를 겪지 않게 하려는 것이었다. 그렇게 7년 동안 블로그를 썼다. 초기에는 모바일 개발 기술과 관련된 자료가 별로 없었지만, 꾸준히 업데이트하고 공유하면서 새로운 기술을 알리게 되었고 점점 영향력이 생기기 시작했다.

무엇보다 중요한 것 스스로의 기술 실력을 정확하게 파악할 수 있다는 데 있었다. 2017년에는 초청을 받아 구글 I/O 개발자 회의에 참석해 작은 꿈을 이룰 수도 있었다. 페이스북과 몇몇 대기업에서 면접을 보러 오라는 요청도 받았지만, 나를 정직원으로 채용해 준 CTO의 호의를 저버릴 수 없어 6년 동안 한 회사에서 일했다.

하지만 평생 한 가지 일만 하는 건 적성에 맞지 않았다. 괴로움에 고민을 거듭하다가 제품 관련 지식을 배우기 시작했고, 제품 담당 책임자 업무로 옮길 수 있었다. 그럭저럭 일을 잘한 덕분에 회사에서 핵심 제품을 책임지기 시작했고, 임원진으로 승진해 회사 최고위직의 비즈니스 결정에 참여하게 되었다. 융자를 포함해 제품 개발과 관련된 일에서 회사 CEO와 CTO 다음으로 발언권을 가지게 되었다. 애물단지 프로그래머였던 나는 노력 하나로 기술 책임자와 제품 담당 책임자를 거쳐 임원까지 올랐다.

묵묵히 일하니 저절로 수입이 높아진다

2014년 'stormzhang'이란 이름으로 위챗 공식 계정을 만들었다. 당시에는 그저 블로그에 쓴 문장을 링크하기만 했다. 그러던 중 2016년 연초, 위챗 공식 계정에 '좋아요' 기능이 출현했고 좀 더 제대로 운영해야겠다는 생각이 들었다. 커피값이라도 벌겠다는 생각에 블로그와 같이 위챗 공식 계정에도 글을 쓰기 시작한 것이다.

한번 하기로 하면 꾸준히 해나가는 성격이기에 아무리 바빠도 매주 위챗 글을 올렸다. 매일 새벽 1, 2시에 잠자리에 들면서도 집요하게 글을 썼고 구독자 수가 5천에서 순식간에 1만으로 증가했다. 나중에는 5만, 10만으로 오르더니 지금은 50만 명이 구독하고 있다. 직책, 관점이 바뀌고 접촉하는 영역이 다양해지면서 위챗 공식 계정에서 다루는 내용도 전문 기술 영역에만 국한되지 않고 직장에서의 일이나 인터넷에 관한 견해를 다루는 등 다양해졌다.

본업은 기술팀을 이끌고 제품 연구 개발을 책임지는 것이었기에 업무 외의 시간에 글을 써야 해서 많은 힘을 쏟을 수 없었다. 하지만 1인 미디어 수입이 내 본래 수입의 다섯 배 정도였고, 직장을 관두고 개인 사업을 시작해야 하지 않을까 하는 생각이 들었다. 그러던 중 2019년 연초에 상하이에서 선배를 만나 이런 생각을 이야기했고, 선배는 창업을 추천했다. 이를 계기로 결심을 굳히고 바로 행동에 옮겼다. 1인 미디어를 전업으로 하는 창업자는 회사의 월급과 옵션을 포기해야 하고 이는 적지 않은 희생이었지만 흔들리지 않았다.

2017년 2월 펑다후이를 통해 즈스싱추를 알게 되었고 새로운 시도를 위해 계정을 개설했다. 처음 시작했을 때는 무척 힘들었다. 사람들은 내가 돈을 벌려고 혈안이 되어 있다고 욕했지만, 내가 하는 일이 옳다는 확신이 있었다. 즈스싱추를 운영하는 과정에서 사용자들을 위한 가치를 만들어낼 수 있다는 생각을 가지고 이를 악물고 꾸준히 노력했다. 포기하지 않고 열심히 노력하는 과정에서 약간의 행운이 따라준 덕분에 성과를 거둘 수 있었다.

직장에서 성장할 수 있는 비결

나는 모든 영역을 아우르는 인재가 되고 싶다는 마음에 기술, 제품, 글쓰기, 운영, 데이터, 투자, 사업 등 넓은 영역을 공부했다. 또 프로그래머와 제품 담당 책임자 출신이기에 줄곧 제품과 관련된 창업 기회도 주목해 왔다. 직장에서의 경험은 다양한 분야를 학습하고 경험한 것과 비교하면 보잘것없는 수준이다.

01. 전문 능력을 길러라

어떤 분야에 있든 어떤 일을 하든 누구나 5년 정도는 전문 능력을 발전시키기 위해 노력했을 것이다. 사실 충분한 경험, 기술, 지식을 쌓기 위해서는 한 회사에서 3~5년 정도 일을 해야만 한다. 물론 그 기간에도 이직이 불가능한 건 아니지만, 작은 이익을 위해 자주 직장을 바꾸는 걸 추천하고 싶지는 않다.

대학을 졸업하고 몇 년 동안 내 월급은 다른 사람과 몇백 위안, 심지어는 천 위안이나 차이가 났지만 몇 년 지난 뒤 이런 차이는 별것 아니었다. 진정한 격차는 3년이 되어서야 드러나고, 5년이 지나면 두각을 드러낸 사람이 같이 출발한 사람들보다 배는 많은 연봉을 받게 된다. 이러한 격차는 전문 능력을 얼마나 길렀느냐에 따라 결정된다. 전문 능력을 기르는 걸로는 재정적 독립을 실현하기 어렵다고 말하는 사람도 있다. 하지만 자신의 전문 영역에서 상위 10%에 들 수 있다면 설사 재정적 독립을 이루지 못한다고 하더라도 여유로운 삶을 살 수 있다.

02. 성장은 양적 변화의 결과다

매일 꾸준히 공부하지만 자신의 발전을 체감하지 못하는 사람도 있다. 그 이유는 학습이 정체되어 있기 때문이다. 오늘 공부한 지식이 내일 가치를 발휘하길 바라는 건 희망일 뿐이다. 내가 성공을 거둘 수 있었던 건 지금의 노력이 아니라 훨씬 오래전부터 꾸준히 해온 공부와 노력 덕분이었다. 일단 지식이 쌓여 '임계점'에 이르면 폭발하듯이 놀랄 만한 가치를 만들어낸다. 그렇다면 '임계점'은 언제 오는 걸까? 그건 사람마다 달라서 예측할 수 없다. 그저 임계점이 올 때까지 꾸준히 공부하는 수밖에 없다.

03. 일찍 영향력을 쌓아라

영향력의 의미를 몰라서 중요하지 않다고 생각하는 사람들이 많다. 예를 들어 두 명의 응시자가 있다. 전문 능력에서 차이가 없더라도 한 사람이 업계에서 약간의 인지도를 가지고 있다면, 회사가 누구를 뽑을 것 같은가? 또 회사가 인원 조정할 때도 영향력 있는 직원은 다른 직원보다 유리하기 마련이다. 왜냐하면, 영향력이 있는 직원은 직장에서 쫓겨날 가능성이 적고, 설사 쫓겨난다고 하더라도 다른 직장에 쉽게 취업할 수 있기 때문이다.

웨이보, 블로그, 위챗 공식 계정에서 대량의 구독자를 두고 있는 것만이 영향력이라고 잘못 생각하는 사람들이 있다. 물론 플랫폼에서 글을 쓰는 걸로 영향력을 쌓을 수는 있지만, 여기에만 국한해서 생각하면 안 된다. 업계 행사에서 강연해 얼굴을 알리는 걸로도 같은 효과를 볼 수 있다. 특히 바이두, 알리바바, 텐센트 같은 대기업은 다양한 사람들과 함께 회의를 진행하는 경우가 많다. 설사 대기업에서 근무하지 않더라도 내부 모임을 통해 영향력을 쌓을 수 있다. 더구나 이런 내부 모임은 직장에서 성장하는 데 상당한 역할을 한다.

영향력을 쌓는 건 하루아침에 할 수 있는 일이 아니다. 하지만 단시간에 성과를 거둘 수 없다는 이유로 게을리했다가는 기회를 놓치게 된다.

04. 다양한 커뮤니티에 접촉해라

커뮤니티와 소셜네트워크에 가입하는 사람 중에는 귀인

을 만나거나 부자가 될 기회를 얻기를 바라는 사람들이 많다. 하지만 다양한 커뮤니티에 가입해 얻을 수 있는 가장 가치 있는 것은 더 넓은 시야와 생각이다. 하나의 커뮤니티만으로는 세상의 전체적인 모습을 알기 힘들다. 1인 미디어 쪽에서는 어떤 화제로 무슨 글을 쓸지 고민할 거고, 비즈니스 쪽에서는 돈을 벌 기회가 있을지 생각할 것이고, 기술 쪽에서는 어떤 기술을 썼을지 고민할 것이다. 한마디로 말해 어떤 분야를 다루느냐에 따라 바라보는 시각도 다른 것이다. 그러므로 여러 커뮤니티의 시각과 관점을 참고한다면 문제를 좁고 경직된 관점으로만 보지 않을 수 있다. 나는 다양한 커뮤니티를 이용해 시야와 생각의 폭을 더 넓힐 수 있었다. 물론 사람마다 투자할 수 있는 시간과 에너지가 다르니 무턱대고 많은 커뮤니티에 가입한다면 오히려 역효과가 날 수 있다.

창업의 유혹에 빠지지 마라

내가 회사를 창업하면서 깨달은 것들을 통해서 창업을 준비하고 있거나 시작한 사람들이 도움을 얻길 바란다.

01. 창업자의 마음으로 일해라

실제로 창업하는 건 일부 사람들이지만, 창업자의 마음가짐은 모든 사람이 가질 수 있다. 보통 직장인들은 회사는 사장의 소유이고 나는 단순히 돈을 받고 일하는 월급쟁이일 뿐이니 업무 외의 일은 자신과 무관하다는 마음을 가진다. 반면 창업자는 주인이라는 생각에 모든 일에 책임지는 마음가짐을 가지게 된다. 만일 직장에서 자신의 업무뿐만 아니라 회사 일도 자신의 책임이라는 마음가짐을 가진다면, 쉽게 두각을 드러낼 수 있다. 왜냐하면 그런 마음가짐을 가진 사람이 거의 없기 때문이다.

마음가짐에 따라서 다른 사람은 여섯, 일곱까지 일을 할 때 당신은 여덟, 아홉까지 일을 할 수 있으니 능력 또한 더욱 향상된다. 회사를 위해 더 큰 가치를 만들어낸 만큼 다른 직원보다 주목받고 더 좋은 기회를 얻을 수 있으며 직책과 연봉도 오르게 된다. 더욱 중요한 것은 창업자의 마음가짐을 가진 사람은 일하는 태도와 방식이 바뀌고, 더 나아가 인생의 궤적까지 바뀐다는 것이다.

02. 큰 수익에 집착하지 마라

순이익을 낼 수만 있다면 창업에 성공할 가능성이 커지는 만큼 창업자는 시장의 기회에 민감하게 반응할 줄 알아야 한다. 하지만 기회를 다른 사람이 차지했다고 원망하거나 큰 수익을 놓쳤다고 괴로워할 필요는 없다. 대다수는 운이 없어서가 아니라 기회를 잡지 못해 큰 수익을 놓치기 때문이다. 더구나 먼저 움직이기만 하면 기회를 잡을 수 있음에도 부지런히 움직여 최후의 승자가 되는 사람은 흔치 않다.

PC 시대가 도래해 창업 열풍이 불자 셀 수 없이 많은 사람이 모바일 인터넷 창업 전선에 뛰어들었다. 하지만 마지막까지 살아남아 거물이 된 사람들은 손에 꼽을 정도로 적다. 블로그나 위챗 공식 계정에서 글을 쓰기 시작한 사람들도 많았지만, 꾸준히 해서 이익을 본 사람은 극소수에 불과했다. 한번 생각해 보자. 타임머신을 타고 알리바바 초창기 창립 구성원 중 한 사람이 된다면, 과연 끝까지 살아남아 최후의 승자가 될 수 있을까?

더 큰마음을 가질 필요가 있다. 모든 새로운 사물에는 이익이 될 만한 게 있다. 하지만 이익을 얻기 위해서는 민감하게 반응하는 것뿐만 아니라 실패를 두려워하지 않고 계속 시도해 보는 끈기도 필요하다. 목표를 너무 높게 잡아서도 안 된다. 단숨에 큰돈을 벌려 하지 말고 적은 수입을 거두는 것부터 시작해야 한다. 행동력, 사업 통찰력, 학습력을 발전시키고, 시야와 생각의 폭을 넓히려 노력하는 게 큰 수익에 집착하는 것보다 더 큰 성공을 이룰 수 있다.

03. 쉽게 직장을 관두고 창업하지 마라

확실하지 않은 아이디어로 대박을 꿈꾸거나 하루아침에 부자가 될 수 있다는 터무니없는 믿음을 가지고 창업하는 경우가 있다. 심지어는 직장 생활이 뜻대로 되지 않는다는 이유로 경솔하게 창업을 선택하는 경우도 많다. 하지만 이런 생각이나 태도로 창업을 한다면 대부분 실패하게 된다. 창업하려면 섣부르게 움직이지 말고 업무 외의 시간을 활용해 천천히 준비하는 게 좋다. 또 직장을 관둬도 안정된 수입을 거둘 수 있는 부업이 있을 때 창업을 시작하는 게 좋다.

많은 사람이 창업 성공 이야기를 보고 그대로 따라 하면 자신도 성공할 수 있을 거라 믿는다. 하지만 성공은 쉽게 따라 할 수 있는 게 아니다. 게다가 그 성공의 이면에는 수없이 많은 실패가 있다. 같은 길을 가도 성공하는 경우는 극소수고 대다수는 실패한다. 그러니 직장 생활이 순탄하고 삶의 질이 보장된다면 굳이 위험하고 힘든 창업 전선에 뛰어들 필요는 없다.

04. 돈을 확실히 알아야 한다

되도록 빨리 정확한 금전관을 세워야 한다. 돈에 관해 이야기하는 걸 저속한 일로 생각하거나 돈을 버는 걸 부끄러운 일로 봐서는 안 된다. 돈은 한 사람이 만들어낸 가치를 가늠하는 가장 좋은 기준이다. 일해서 번 것이든 장사를 해서 번 것이든 돈은 생계를 유지하게 해주는 수단인 동시에 사회를 위한 공헌이기도 하다. 그러니 합법적으로 번 돈은 가치 있다. 특히 소득이 높은 사람들은 대부분 본받을 만한 자신만의 능력을 갖추고 있다. 돈을 버는 건 한 사람의 종합능력의 발현이라는 걸 알아야 한다.

05. 일생에서 가장 좋은 제품

많은 사람이 백만, 심지어 천만 명이 사용하는 제품을 만들겠다는 포부를 가지고 창업을 시작한다. 이런 목표를 실현할 수 있으면 좋겠지만, 창업에는 다른 중요한 면이 존재한다. 바로 자신에 대한 투자다. 대부분 시장의 기회를 포착하려는 데만 혈안이 되어 있지 자기 성장에 대해서는 주목하지 않는다. 하지만 창업은 성공률이 굉장히 낮은 만큼 대다수는 실패로 끝이 난다. 하지만 성장 가능성이 무한대인 자신에게 투자한다면 다른 결과를 만들어낼 수 있다. 자신에게 투자하는 것은 가장 수지가 맞는 일이며, 일생에서 가장 좋은 제품을 만드는 일이다.

06. 노력의 힘을 믿는 게 노력하는 것보다 중요하다

세상에는 노력의 효과를 증명한 사례들과 노력해도 소용없다는 걸 증명한 사례들이 존재한다. 하지만 노력 없이 성공한 사람은 없다. 만약 노력해도 소용없다고 믿는다면 갈수록 의욕을 잃게 될 거고 지름길만 찾으려 할 것이다. 창업에 성공한 사람 중 대부분은 한 걸음 한 걸음 꾸준히 나아가서 지금의 자리에 올랐다. 각기 다른 재능과 능력을 갖춘 그들의 유일한 공통점은 노력의 힘을 믿고 꾸준히 노력했다는 것이다. 노력은 모든 성공의 전제라는 걸 잊지 말아야 한다.

마지막으로 내가 지금껏 일하면서 항상 품고 있던 생각을 말하고 싶다.

실수할지언정 평범하지는 않겠다.

뛰어난 운영
자아 진화의

한쉬 韓敍

한쉬는 많은 경력을 지닌 온라인 운영 전문가이자 베스트셀러 작가로 위챗 공식 계정 '운영장이의 작업일기'를 쓰고 있다. 과거 바이두, 메이투안(美團;중국 배달 업체-역주), 왕이(網易)에서 근무했으며 현재는 콰이서우 최고 운영 책임자다. 그의 글에서 벤처기업이 0에서 1을 만들어내기까지의 과정을 볼 수 있으며, 또 플랫폼형 기업이 사용자를 늘리고 확보하는 방법을 알 수 있다.

온라인 운영이란 무엇일까? 나는 지난 십여 년 동안 이 질문의 답을 찾으려 했다. 그 이유는 첫째, 강한 흥미에 이끌려 지치지 않고 몰입할 수 있기 때문이었고 둘째, 머리가 좋지 못해서 한 가지 일이라도 잘하려면 다른 사람보다 훨씬 많은 시간을 들여야 한다는 걸 알고 있기 때문이었다. 그래서 내가 지금까지 쌓은 경력은 한 가지 일에만 집중되어 있다.

일을 하면서 크고 작은 회사들을 만났고, 다양한 제품을 접했다. 이 과정에서 습득한 방법과 경험을 모아 기록하다 보니 위챗 공식 계정을 운영하고 그와 관련된 책을 쓰게 되었다.

처음 웹마스터로 활동하던 내가 벤처기업에서 일하고, 이후 바이두, 메이투안, 넷이즈에서 근무하며 겪은 경험한 짜릿한 성취감과 씁쓸한 실패를 통해서 무언가를 얻을 수 있기를 바란다.

운영의 실천

나는 대학을 졸업한 뒤 베이징에서 취업하고 싶었다. 하지만 당시에는 명확한 취업 계획을 세우지도 못했고, 삼류대학 졸업생이라 취업에 애를 먹었다. 그렇게 거의 한 달 동안 일자리를 찾아 헤맨 끝에 중관춘에서 IT 판매원으로 일을 하게 되었다. 내 직장 생활은 사장에게 욕을 먹고 거래처에서 문전박대를 당하는 것으로 시작되었다. 그때는 인생의 진로를 결정하지 못했고 지금 하는 일이 내가 원하는 일인지, 진짜 하고 싶은 일이 뭔지 알지 못했다.

그러던 중 2005년이 되어서야 인터넷을 알게 되었고, 매일 토론방에 들어가 오랜 시간을 보냈다. 토론방은 이전 BBS보다 다루는 내용이 풍부했고, 웹페이지도 보기 좋았다. 그곳에서 다루는 특정 주제는 채팅방에서 다루는 내용보다 훨씬 엄숙했다. 나는 토론방에서 활발하게 활동했다. 열심히 글을 올렸을 뿐만 아니라 토론방의 주제를 다듬고 사람들이 얼마나 반응할지도 고민했다. 이런 노력으로 여러 토론방의 관리자가 됐고, 갈수록 많은 발언권을 갖게 되었다. 하지만 현재 상황에 만족하지 않고 나만의 토론방을 만들어 더 많은 성취감을 느끼고 싶었다.

토론방을 만드는 건 어렵지 않았지만 인기를 얻는 건 정말 어려운 일이었다. 당시에는 '운영'이라는 개념이 없어서 내가 하는 역할을 '웹마스터'로 불렀는데, 돈도 회사도 없이 맨손으로 분투하는 사람을 이르는 말이었다. 이후 2019년 콰이서우에 입사했을 때 CEO 쑤화(宿華)와 대화를 나눈 적이 있었다. 그는 자신이 대학생 시절에 웹마스터를 해본 적 있다고 말하며, Discuz(커뮤니티 토론 소프트웨어 시스템)를 사용해 웹사이트를 만들었다고 말했다. 이 화제로 우리는 급속도로 가까워졌지만, 같은 웹마스터 출신인데 십여 년 뒤 이렇게 큰 차이가 벌어질 수 있다는 사실에 놀랐다. 돌이켜보면 당시 내가 했던 일들은 나의 운영 방식의 일부분이 되었다.

01. 빠른 학습 효과

웹마스터는 공통적으로 부지런하고 알고자 하는 욕구가 강하며 하고 싶은 일은 당장 하려 할 정도로 행동력이 강하다는 특징이 있다. 당시 나는 글을 읽고 그 안에 가치 있는 내용을 찾아내는 데 빠져 있었다. 그리고 이 과정에서 토론 게시판을 어떻게 계획할지부터 토론을 어떻게 정립할지까지 운영에 대한 각종 생각들을 깨우칠 수 있었다. 좋은 방법이 떠오르면 곧장 토론방에서 시도해 봤고, 효과가 좋으면 더 넓게 응용했다.

어떤 영역에서 대표 리더가 없어 여러 제품이 혼전을 거듭하고 있다면, 익숙한 운영 방식을 참고해서는 안 된다. 배우고 고민하는 한편, 방법을 탐색하고 실행해야 한다. 이러한 이유로 내가 게시하는 콘텐츠는 계속해서 업계의 주목을 받았다.

02. 차별화된 특징을 찾아라

이전에 스포츠 토론방을 만들었을 때는 게시판이 너무 많아서 오히려 인기가 없었다. 이후 게시판을 8개로 축소하고, 국제뉴스 게시판을 만들자 사람들이 몰려들었다. 당시 포털 사이트 토론방은 자극적인 제목이나 가치 없는 내용만 다루고 있는 경우가 많았다. 반면 나는 고품질 토론방을 만들기 위해 온라인에서 영어를 전공한 '스포츠 마니아'들을 찾아 '외신 신문사'를 만들었다. 우리는 매일 스포츠와 관련된 중요 뉴스와 관련 글을 번역한 뒤 영어와 중국어로 토론방에 게시했다. 이렇게 게시한 스포츠 뉴스는 다른 포털 사이트에서 게시물과는 큰 차이가 있었다. 신선한 형식에 매료된 사용자들은 매일 토론방 게시물을 읽는 습관이 생겼고, 몇 년이 지난 뒤에는 스포츠 매체 후푸(虎撲)에서도 우리와 비슷한 방식을 사용하기 시작했다.

이 경험을 통해 한 가지를 깨달았다. 매일 몇백 명의 UV(Unique Visitor;순 방문자 수)가 있는 작은 토론방이든 수억의 DAU(Daily Active User;일일 사용자 수)가 있는 짧은 동영상 플랫폼이든 자신만의 차별화된 특징을 찾은 뒤 그 특징을 중심으로 다각도로 발전시키면 운영해 나가야 한다는 거였다. 아무리 규모가 큰 기업이라도 아무리 사용자가 많아도 한마디로 표현할 수 있는 차별화된 특징이 필요하다.

03. 핵심 사용자를 끌어들여라

토론방을 만든 뒤 사용자도 없고 콘텐츠도 없는 상황이라면 재부팅하듯 모든 걸 새롭게 시작해야 한다. 당시 나는 가장 핵심이 되는 게시판 관리자를 고용해 콘텐츠를 보충하고 사용자들을 토론방에 끌어들이려 했다. 게시판 관리자는 인기가 높은 비슷한 유형의 토론방에서 완성도 높은 글을 가장 많이 올리는 사람을 찾았다. 그런 뒤 취미부터 토론방을 바라보는 관점과 차별화 방법까지 여러 대화를 나눴다. 많은 사람이 모니터 너머로 전해져 오는 나의 열정을 받아들인 덕분에 게시판 관리자 모집은 수월하게 성공할 수 있었다.

이 기간에는 무의식적으로 사용자 운영 모델 방식을 사용했다. 발언권을 가진 우수한 콘텐츠 창작자를 찾아서 운영 규칙을 정한 뒤 그들을 콘텐츠 계획과 운영 관리에 참여하도록 해서 제품 제작에 그들의 생각을 반영하도록 하고, 이후 외부로 확장해 새로운 사용자를 모집하는 것이다.

04. 외부와의 연결

당시 효과가 가장 좋은 확장 방식은 중국어판 뉴스 링크를 다른 인기 있는 게시판에 게시한 뒤 소수의 팀을 구성해 게시글을 상단에 올리는 거였다. 이런 방식을 사용하면 토론방의 유입을 대량 증가시킬 수 있었다.

외부와의 연결을 중시하는 이유는 사이트 안의 우수한 내용을 외부로 알릴 수 있고, 웹사이트 유입을 증가시킬 수 있기 때문이다. 현재도 커뮤니티 내부 콘텐츠를 외부로 알리는 방식을 사용하고 있다. 이와 같은 확장 방식은 2005년부터 2019년까지 PC에서 모바일로 발전할 때까지 조금도 변하지 않았다.

05. 합리적인 팀을 만든다

사이트를 외부로 확장하려면 항상 상황을 주시하고 대응할 수 있는 팀이 있어야 한다. 나는 유능한 게시판 관리자 두 명을 선별해 한 명은 게시판 관리자의 업무와 조정, 토론방 각종 충돌 등 사이트 내부 관리 일을 처리하게 했다. 그리고 다른 한 명에는 외부로 확장하는 일을 책임지게 했다. 이 밖에도 '외신 신문사'를 책임질 지원자들을 모집해 번역 업무를 조직하고 게시글 수와 품질을 책임지게 했다. 이렇게 팀이 정상적으로 운영되자 비로소 수익을 내는 방법을 모색하는 데 집중할 수 있었다.

06. 커뮤니티의 상업화

커뮤니티의 가장 큰 약점은 수익을 내기 힘들다는 것이다. 나 역시 여러 가지 방법을 시도했지만, 실패로 끝나고 말았다. 내가 시도해 본 방법은 크게 두 가지 방식이 있다.

첫 번째는 광고다. 사용자의 활동에 영향을 끼치지 않는 범위에서 광고를 할 생각으로 토론방에 배너(Banner;웹페이지의 직사각형 게시판)와 텍스트 광고란을 설치해 월별 광고를 받았다. 광고 가격의 경우 처음에는 CPM(Cost Per Mille;광고 노출에 사용된 비용 또는 1,000회 노출에 사용된 비용 비용을 말함)을 기준으로 계산하려 했지만, 노출량과 클릭 횟수의 확실한 데이터를 얻을 수 없어 조잡한 방식으로 광고 가격을 결정해야 했다. 하지만 대형 브랜드들은 개인 웹사이트 광고는 상대조차 하지 않았고, 결국 토론방에 게시된 광고는 해외 도박 사이트 광고였다.

두 번째는 전자상거래다. 2005년 타오바오가 엄청난 인기를 끌기 시작하면서 개인 웹사이트에도 새로운 기회가 찾아왔다. 타오바오 제품을 토론방에 게시해 홍보하고 판매하면서 수익을 내는 거였다. 나는 먼저 스포츠용품으로 시도를 했다. 광고란에 광고를 올리고 제품 토론 게시판을 열어 홍보글도 올렸다. 하지만 고객 서비스, 배송 서비스, 매장 관리 등 업무량이 너무 많고 공급망에 대한 발언권이 전혀 없는 상황에서 이익은 얼마 되지 않아 결국 이 방법을 포기했다.

07. 상업적 시각을 가져라

2010년 타오바오 브랜드 창시자 몇 명을 만날 수 있었다. 나와 비슷한 나이인 그들은 대학을 졸업한 뒤에 타오바오에 취직했고, 지금은 연 GMV(Gross Merchandise Volume;전자상거래 총매출액)가 몇천만 위안에 달하는 회사를 운영하며 직원 수백 명을 거느리고 있었다. 이들과 달리 상업적 시각이 부족했던 나는 성장 기회를 잡지 못했다. 결국 토론방은 경제적 수익을 내지 못한 채 갈수록 쇠락했고, 게시판 관리자들은 연이어 떠나갔다.

동업자를 찾기 위해 토론방에 글을 올리고 오프라인 모임에 참여했지만 접촉한 사람들은 내가 하는 일은 '성장가능성'이 너무 낮아서 수익을 올리기 힘들 거라 생각했다. 이 경험을 통해 상업적 시각의 중요성을 깨달았고, 프로젝트를 상업적인 각도에서 살피는 법을 배웠다. 덕분에 인기 있으면 수익은 걱정하지 않아도 된다는 VC(Venture Capital)의 논리에 빠지지 않을 수 있었다.

정규군 방식

웹마스터의 꿈이 산산조각 난 뒤 닷컴기업에 취직하기로 결심했다. 큰 무대에서 팀워크를 배우면서 능력의 한계를 깨고 싶었다. 하지만 당시 유명 닷컴기업인 시나닷컴, 소후(搜狐)닷컴에 이력서를 보냈지만 아무런 연락도 없었다. 결국 벤처기업 파이다이

왕(派代網)에서 2년 동안 근무한 뒤에야 겨우 경력을 쌓을 수 수 있었다. 2년 뒤에 체계적으로 운영 방법을 배우고 운영에 대해 연구하고 싶어졌다. 이에 바이두에 들어가 '바이두 지식인'의 핵심 사용자 운영을 책임졌다.

01. 운영에 대한 새로운 관점

당시 바이두 지식인은 PC와 모바일의 누적 UV가 이미 2억을 넘은 상태였다. 그걸 보며 곤혹감을 감출 수 없었다. 운영 업무로 영향을 줄 수 있는 사용자 수가 매우 제한적인 상황에서 규모가 큰 제품을 어떻게 운영해야 할지 도무지 갈피를 잡을 수 없었다. 이 문제를 해결하기 위해서 많은 시간을 들여 핵심 사용자와 소통을 시작했고, 서서히 감을 잡았다. 핵심 사용자의 진정한 가치는 플랫폼이 제품이나 기술면에서 해결하기 어려워하는 문제를 해결해 주는 데 있었다. 바이두 지식인에서 질문에 알맞은 답을 찾을 수 없는 때도 있다. 플랫폼에서 빠르게 해답을 내놓지 못하는 상황에서 핵심 사용자가 짧은 시간 안에 빠르게 답변해 주는 것이다. 또 다른 예를 들자면 기술 수단으로 식별해 내지 못하는 광고 키워드도 핵심 사용자가 눈으로 식별해 효과적으로 제거할 수 있다. 운영 업무는 적은 사용자와 콘텐츠에만 관여해 핵심을 파악하고, 파악한 핵심을 바탕으로 전체를 이끌어 간접적이거나 직접적으로 제품의 데이터를 향상해야 한다.

하지만 나는 바이두 운영 업무에 부족한 점이 있다고 생각했다.

제품 관리자에 비해 운영자들은 발언권이 적었고, 새로운 기능이나 활동과 관련된 토론에 참석하기 힘들었다. 제품을 사용하는 건 사용자다. 제품 관리자들은 제품에 대해서는 잘 알지 몰라도 사용자에 대해서는 운영자만큼 알지 못해 수요를 정확하게 예측하기 힘들다. 이처럼 운영자가 제대로 발언을 하지 못한 탓에 바이두 지식인만 아니라 커뮤니티 서비스인 '바이두 티에바'와 '바이두 백과사전'에서도 성공적인 제품이 만들어지지 못했다.

02. '숙제 도움' 운영

'숙제 도움'의 구상은 바이두 지식인의 14가지 질문 분류 중에서 수요량이 많고 대표성을 가진 영역을 선별해 전문적으로 운영한 것이다. 이때 서로 영역이 다른 협력업체와 교류를 하면서 강한 인상을 하나 받았다. 바로 협력업체는 자신들의 분야에 대해서는 성숙하고 지속 가능한 방법을 가지고 있다는 거였다. 협력업체가 성인이라면 우리는 아는 것 없는 아이와 같았다. 그래서 협력업체에서는 바이두의 방법이 틀렸다고 생각했지만, 사실 틀린 게 아니라 다른 거였다. 바이두는 아이처럼 신선한 시각과 생각을 가지고 있었고 덕분에 고정된 인식의 틀에 갇혀 있지 않고 새로운 돌파구를 만들어낼 수 있다.

03. 내가 생각하는 바이두

당시 바이두에서는 운영자가 제품 담당 책임자에게 업무 보고를 해야 했다. 조연에 머무는 걸 원하지 않았던 나는 2014년 빠르게 성장하고 있으며, 운영 업무를 더 중시하는 메이투안으로 이직했다. 지금 말하려는 건 과거 내가 바이두를 지켜보면서 느낀 점이다. 먼저 뛰어난 기업 문화를 가지고 있다. 부서 간의 소통에 통일된 모델이 있어 정확하고 효율적인 정보 전달이 가능하다. 예를 들어 회사 내부에서 정해진 형식으로 프로젝트를 정리해 해당 프로젝트에 참여하지 않은 사람도 쉽게 보고 이해할 수 있다.

또 다른 예를 들면 회사가 다음과 같은 회의 과정을 엄격하게 준수한다.

- 약속된 시간, 장소에 참석해야 할 인원이 정확하게 도착한다.
- 프로젝트 배경, 수요, 기간, 책임자가 설명되어 있다.
- 양측의 권리와 이익과 협력을 통해 이루려는 목적이 명확하다.
- 수요자가 발송한 회의 기록 메일을 상대방 상급자에게 발송해 메일 내용이 소통의 핵심 키워드가 된다.

다음으로 완벽한 대응 시스템을 갖추고 있다. 예를 들면 프로젝트를 진행할 때 다음과 같은 문제에 주목한다.

- 프로젝트의 목적은 무엇인가?
- 어떤 지표를 사용해 프로젝트를 평가하고 예상 수치를 계산해야 할까?

- 전략을 세우는 것에서부터 실행까지 어떤 방식으로 진행해야 하는가?
- 책임자는 누구이고, 협동할 사람은 누구이며, 기간은 얼마나 되는가?
- 효과적인 평가가 나오려면 얼마나 걸릴 것인가? 심지어 제품의 등급을 평가할 때 회사가 대응 방법을 만들었는지를 평가 기준으로 삼기도 한다.

마지막으로 뛰어난 인재들이 있다. 당시 바이두의 제품 담당 책임자와 운영자는 대부분 유명 학교 출신이었다. 여러 과정을 거쳐 채용한 만큼 상당한 연봉과 직위를 제공했는데, 그에 합당한 능력을 갖추고 있었다.

경험을 통한 성장

바이두에서 체계적인 사고와 문제 분석 방법을 배우고, 관리 경험까지 쌓을 수 있었다. 반면 빠른 속도로 성장하고 있는 메이투안의 의욕이 넘치고 자유분방한 모습은 또 다른 경험이었다.

내가 메이투안이 입사한 뒤 처음 참석한 회의는 어느 중요 프로젝트를 재검토 하는 회의였다. 프로젝트 재검토를 주관하는 사람과 이 프로젝트의 책임자는 동료 운영자였다. 바이두에서는 프로젝트 책임자 및 프로젝트 진행과 총책임자는 모두 제품 담당 책임자가 맡았었다. 바이두와 다른 메이투안의 모습에 나는 메이투안이 운영 업무를 중시하는 플랫폼이라고 생각했다.

내가 있던 영화 사업부는 사용자가 영화표를 구매할 때 온라인에서 좌석도 선택할 수 있는 앱인 마오옌무비(貓眼電影)를 선보였다. 하지만 나는 영화표 가격이 공동구매 가격보다 높은 탓에 돈을 더 들여서 좌석을 선택하고 싶어 하는 사람은 없을 거라 생각했다. 하지만 웟선에서는 진짜로 영화를 좋아하는 사람이라면 돈을 낼 거라고 확신했다. 그리고 지금 온라인에서 좌석을 선택하는 건 사용자가 영화표를 구매하는 기준이 되었다. 이처럼 최신 유행을 따르는 회사에서는 새로운 트랜드를 읽을 줄 알아야 한다.

한번은 영화를 보러 갔는데, 마오옌무비 티켓 발권기가 고장이 났다. 매표소 직원도 어떻게 해야 하는지 몰라 나는 즉시 회사 제품 채팅방에 도움을 요청했다. 그러자 제품 담당 책임자가 신속하게 답변해 주었다.

"재부팅하시면 됩니다."

"재부팅은 어떻게 하는데요?"

"발권기 뒤쪽을 보시면 왼쪽 아래편에 버튼이 있을 겁니다. 그 버튼을 누르세요."

알려주는 대로 재부팅하니 정상 작동하기 시작했다. 이후에 마오옌무비 앱의 제품 담당 책임자는 오프라인에서 실전 경험을 해보기 때문에 돌발 상황에 대처할 수 있다는 걸 알게 되었다. 그들은 심지어 마오옌무비 발권기를 제작하기 전에 유명 영화관들을 찾아가 다른 발권기 생산자와 연락하는 방법을 알아낸 뒤 일일이 전화로 연락했다고 한다.

메이투안이 이와 같은 방식으로 일을 하고 있을 때 다른 대기업 제품 담당 책임자와 운영자는 사무실에 앉아 문서 작성을 하고 있었다. 나는 이런 경험을 통해 일을 바라보는 관점이 완전히 달라졌다. 전통 업종이든 닷컴기업이든 일을 제대로 처리하려면 힘들고 궂은일을 직접 해봐야 한다는 걸 깨달았다. 직접 경험을 해야 제품을 이해할 수 있고 발전할 수 있다. 이런 방식을 통해 한 영역을 진정으로 이해하고 있는 팀을 만들어낼 수 있고, 확고한 우위를 점할 수 있다. 그런 의미에서 메이투안은 진정한 O2O(Online To Offline; 오프라인과 온라인 연계)를 이루었다고 할 수 있다.

당시 마오옌무비는 이미 상영관 체인 UGC량이 가장 많고 신작 영화평이 가장 빠른 앱이라서 영화를 본 관객들이 직접 콘텐츠를 만들어내고 있었다. 하지만 인터넷 업계에서 제품 성공이 반드시 운영 능력이나 제품 품질이 좋다는 걸 말해주는 건 아니었다.

내가 마오옌팀에 왔을 때 처음 맡은 임무는 아무것도 없는 상황에서 마오옌 커뮤니티를 운영하는 거였다. 마오옌 커뮤니티의 취지는 영화를 좋아하는 사람들이 깊이 있는 교류를 할 수 있는 장소를 만들어주겠다는 거였고, 여기서 말하는 '깊이 있는 교류'란 간단한 삼상평을 통해 빠른 상호 교류를 실현하는 거였다. 더구나 사용자가 매주 한 편의 영화를 보면서 마오옌무비 앱을 사용하는 건 콘텐츠를 제작하는 입장에서 빈도수가 너무 낮았다. 그래서 마오옌 커뮤니티는 빈도수를 끌어 올리는 역할도 해야 했다.

커뮤니티로 이러한 효과를 거두려면 사용자들이 놀 수 있는 큰 무대를 만들어야 했다. 무대가 작게 쪼개져 있으면 활동 빈도가 떨어지고, 전체 커뮤니티에 상호 교류도 약해지니 말이다. 그래서 우리는 각 영화, 배우에 설치된 게시판을 사용자의 흥미를 끌 수 있는 방식으로 수정했다. 이런 게시판 수정은 약간의 효과가 있긴 했지만, 최종적으로 성공하지 못했다. 깊이 있는 토론과 영화와 관계된 화제에는 거짓 수요가 있어 커뮤니티를 운영하기 쉽지 않다는 걸 증명하는 것에서 끝났다.

커뮤니티가 성공하지 못하는 데는 제품 기능이나 운영 능력이 부족했거나 커뮤니티의 영향력이 제대로 확장되지 못했거나 등의 이유가 있다. 만약 사전에 '거짓 수요'를 간파해 내지 못했다면, 실행하는 도중에 비싼 자금과 시간을 들여 검증을 진행하는 수밖에 없다. 이런 경험을 하고 난 뒤 가장 먼저 사용자의 의향을 생각하게 되었고, 이런 버릇은 많은 '함정'을 피하는 데 도움이 되었다. 예를 들어 사용자 충성도를 끌어올리는 데 목적이 있는 커뮤니티는 기본적으로 살아남지 못한다. 운영자가 충성도를 높이는 방법만 골몰하느라 사용자 수요는 고려하지 못하기 때문이다.

창업에서 직업 선택까지

광셴미디어(光線傳媒)가 마오옌무비 앱의 사장이 된 뒤 우리 팀은 인원이 감축되었고, 운영자들이 활동할 공간도 좁아졌다.

당시 자신감이 치솟을 대로 치솟아 있던 나는 바로 메이투안을 떠났다. 이후 여러 회사에서 연락이 왔지만, 재능을 마음껏 펼칠 곳을 찾았기에 한 벤처기업을 선택했다. '죽어도 회사에서 죽는다'라는 심정으로 8개월 동안 모든 에너지를 쏟아부었다. 하지만 결국 일이 틀어지면서 제품은 중단되고 팀은 해산했고 나는 큰 충격을 받았다.

내 경력에 흠집이 남는 선택을 내렸지만, 후회하지는 않았다. 후회한다고 결과가 바뀌는 것도 아니었으니 말이다. 당시 엘리트주의에 빠져 있었던 나는 독립해서 제품을 성공시키고 말겠다는 생각에 사로잡혀 있었고, 항상 마음속 깊은 곳에서 꿈틀거리던 창업에 대한 욕망도 이런 생각을 부추겼다. 그러니 나는 '함정'에 빠질 수밖에 없었던 것이다. 지금은 창업이 뭔지 명확하게 알고 있다. 그래서 다른 사람들이 어째서 창업을 하지 않냐고 물으면 "그럴 능력이 없다"라고 솔직하게 대답한다.

벤처기업에서 나온 뒤 왕이에 들어가 왕이뉴스의 제품 운영을 책임졌다. 당시 업무만 놓고 본다면 '개인 맞춤 추천+짧은 동영상' 형식이 유행하는 시기에 '포털사이트+글과 그림' 형식인 왕이뉴스는 이미 뒤처진 제품이었다. 결론적으로 말하자면 이 결정은 단순히 옳았는지 틀렸는지로 구분해 말하기는 힘들 것 같다.

과거 뉴스 영역에서 선두를 차지하고 있던 왕이뉴스는 높은 품질의 뉴스와 콘텐츠를 제공해 사용자들에게 좋은 인상을 주었고, 덕분에 브랜드 광고는 항상 잘 팔렸다. 하지만 진르터우탸오가 등장하면서 기존 뉴스의 개념이 완전히 바뀌었다. 진르터우탸오는 글과 그림, 동영상 콘텐츠를 활용한 개별 맞춤 뉴스를 사용자에게 제공해서 대량의 콘텐츠를 생산할 필요가 없었다. 그저 플랫폼을 활용해 온라인 콘텐츠 소스를 제공하고 사용자의 이용 시간을 늘려 수입을 올리면 되었다. 수입은 다시 시장에 투자해 새로운 사용자를 끌어들였다.

확보한 사용자가 오래 머무를수록 수입이 올랐고, 수입이 오를수록 사용자가 더 많아졌다. 이 과정에서 기존 포털 사이트는 완전히 역사 무대에서 물러났고, 왕이뉴스도 사용자와 수입을 진르터우탸오에 빼앗겨야 했다.

이용자 증가와 OKR

왕이에서 있던 몇 년 동안 업계에서는 사용자 증가가 중요한 화두가 되었다. 어떤 기업이든 사용자 증가에 투자하지 않으면 최신 추세에 뒤처지게 된다. 이 경험은 사용자 증가에 대해 고민해 보고 방법을 실천해 보는 귀중한 기회를 제공해 주었다.

01. 문제를 고민하는 방식

본질적으로 사용자 증가는 신규 사용자를 모집하고 기존 사용자를 잔류하게 하는 걸 목적으로 하므로 각기 팀이 가진 자원을 종합해야 했다. 이전에 하지 않았던 일을 하는 것 외에도 아무도 신경 쓰지 않은 역할 또는 시도해 보지 않았던 역할까지 협력하는 것이었다.

콘텐츠에 있어 사용자 증가를 주도하는 건 첫째로 담당 책임자의 역할이며, 다음으로 채널을 통한 사용자 확보를 책임지는 팀의 역할이라고 할 수 있으므로 나 같은 운영자는 해당되지 않았다. 하지만 왕이에 있는 동안 나는 사용자 증가를 책임졌다. 이 일로 나도 거북스러웠지만, 제품과 채널을 책임지는 동료들도 아마 불편했을 것이다.

새로운 사용자를 계속 잡아두는 건 업계 사람이라면 누구나 고민하는 문제였다. 나는 이 문제를 해결하기 위해서 많은 시도를 해봤다. 신규 사용자에 대한 방침을 바꿔보기도 하고 새로운 콘텐츠를 추천하기도 하고, 새로운 사용자를 겨냥한 여러 이벤트도 실시했다. 또 적절한 디지털 통계 플랫폼, 사용자 이미지 플랫폼, A/B 테스트 도구를 사용해 보기도 했지만 모두 별다른 효과를 거두지 못했다. 아마도 온라인 환경에서 왕이뉴스의 상황이 제한되어 있다 보니 성공 가능성 자체가 적었던 것 같다. 어쨌든 많은 프로젝트를 시도해도 대세를 바꾸지는 못했으니 순리대로 따르는 수밖에는 없었다.

여러 해가 지나도록 성공 사례는 없었고, 심지어 긍정적인 결론도 보지 못했다. 게다가 A/B 테스트 도구를 사용하는 예도 거의 본 적이 없다. 왕이에서 일하는 동안에는 업계 안에서 사용자 증가와 관련된 내용을 공유했지만, 이후로는 하지 않았다. 여러 상황을 직접 겪으면서 내가 얼마나 무지한지 깨달았기 때문이다.

02. 팀 협력에서의 가치 실현

'사용자 증가'의 핵심은 팀 사이의 협력을 재조직하는 데 있다. 가장 이상적인 상황은 사장이 '사용자 증가'를 중시해서 위에서부터 아래까지 팀 사이의 협력을 추진하고 조직구조를 재조정하는 것이다. 만일 기업이 사용자 증가에 관심을 기울이고 있는지 알고 싶으면 관련된 부서나 직책이 있는지를 보면 된다. 예를 들어 콰이서우, 바이트댄스의 경우에는 이와 같은 부서와 직책이 있다.

만약 사장이 '사용자 증가'를 중시하지 않는다면 중간에서 팀 사이의 협력을 추진해야 하는데, 이 경우에는 열에 아홉은 '사용자 증가'에 실패한다. 왕이에서 일하는 동안 나는 OKR(Objectives and Key Results;목표와 핵심 성과법)을 활용해 부서 간의 협력이 이뤄지길 바랐었다. 하지만 당시 OKR를 잘 알지 못했다. 출판된 OKR과 관련된 책도 읽었지만, OKR를 정확하게 이해하고 응용할 수는 없었다. 이에 두 명의 HR 동료의 지도를 받아야 했다. 더구나 진행 상황을 분석하고 고민하면서 다른 사람들까지도 가르쳐야 했다.

기업에게 OKR은 협력 도구라 할 수 있고, 관리자에게는 관리 방식이라 할 수 있으며, 개인에게는 생각을 효과적으로 정리하는 방법이라 할 수 있다. 나는 지금도 OKR을 사용하고 있다. 업무 때 사용하는 것 외에도 짝수달 OKR을 정해 개인 학습과 건강을 관리한다.

같음과 다름

수십 년 동안 쌓은 경력을 두 단어로 표현하자면 '같음과 다름'이라 할 수 있다. 같다는 것은 운영의 근본적인 기초다. 처음 웹마스터가 되었을 때부터 바이두, 메이투안, 왕이 등에서 일하는 기간까지 운영하는 데 필요한 기본 능력은 바로 같음이었다. 이걸 다르게 말하면 서로 통하는 점이라고도 할 수 있다. 만약 지금 하는 일이 오래전에 진행했던 프로젝트와 비슷한 점이 있다면 프로젝트 성공에 필요한 점을 쉽게 파악할 수 있을 것이다.

어떤 회사든 회사의 규모가 얼마나 크든 능력을 발휘할 공간이 얼마나 되든 상관없이 최선을 다해 노력한 일은 미래 자산이 된다. 더 중요한 건 일을 통해 생각을 단련하고 기록해 자신의 것으로 만들어야 한다는 것이다.

다르다는 것은 운영자가 직면한 모든 문제의 다름을 말한다. 기업마다 제품이 다르고, 업계마다 대응해야 하는 사용자 집단이 다르며, 업무 상황에 따라 취해야 하는 방법이 다르다. 만약 운영하는 사람이 이런 '다름'을 이해하지 못한 채 인터넷 영역에서 전문가라고 자부한다면 반드시 실패하게 된다.

이전에 인터넷은 하나의 업종이 아니라 도구에 지나지 않았다. 운영을 통해 각종 문제를 해결하려 한다면 사용자, 활동, 콘텐츠 같은 간단한 방법이 아니라 명확한 결정 논리가 있어야 한다. 다름은 우리가 진정으로 업계를 이해하고, 업계 내 인사들과 한데 뭉치고 그들의 언어와 이익 관계를 이해하기 위해 필요하다.

더 나은 자신이 되는 법

장웨이화 張偉華

장웨이화는 해외 인수합병 전문가, 국제 천연 오일 실무 전문가, 국무원 국유자산 감독관리 위원회 특별 초빙 해외 인수합병 법률 전문가다. 중국 최대의 국제 에너지 인수합병 거래를 주도했으며, 참여한 인수합병 거래 총액이 600억 달러가 넘는다. 그동안 비즈니스로 방문한 나라가 70개국이 넘을 정도로 활발히 활동하고 있다. AIPN(국제 석유 교섭 협회) 이사회 구성원, A주 상장 회사 사외 이사인 그는 국제 인수합병 실무 관련 전문 서적을 여섯 권이나 출판했으며, 대학에서 객원 교수로 학생들을 가르치고 있다.

쓰촨(四川)의 작은 마을에서 성장해 베이징대학을 졸업할 때까지 나는 세상 사람들 시선 따위는 신경 쓰지 않고 하고 싶은 대로 행동하는 괴짜였다. 그리고 사회생활을 시작하고 20년 동안 누구보다 열정적으로 인수합병 거래 분야에서 일을 했다. 그렇게 70여 개국과 여러 지역을 두루 돌아다녔고, 여분의 시간을 투자해 5년 동안 여섯 권의 책을 집필하며 각종 상을 수상했다. 사람들은 나에게 어떻게 그 모든 일을 이룰 수 있었냐고 물어보는데, 그 답은 지금까지 내가 걸어온 길에 있다.

평생 사랑할 수 있는 일을 찾아라

사실 변호사가 되고 싶다는 생각을 해본 적은 없었다. 오히려 어렸을 때는 무협소설 작가 진융(金庸)을 너무 좋아해서 검을 차고 하늘을 나는 협객이 되고 싶었다. 그래서 무공 비결을 공부하고, 무협지에 등장하는 화골면장(化骨綿掌)을 연마하겠다고 항아리에 물을 가득 담은 뒤 손바닥으로 수면을 내리치기도 했다. 아버지가 그 항아리에 쌀을 가득 담아둔 뒤에는 점혈(點穴)을 연마하겠다고 손가락으로 쌀을 푹푹 찔렀다. 하지만 아무리 노력해도 무공은 생기지 않았고, 오히려 무협지에 등장하는 것처럼 은혜는 은혜로 원수는 원수로 갚는 세상이 아니라는 것을 깨닫게 되었다. 그렇게 협객이 되고 싶다는 꿈이 깨진 나는 국유 기업인 중앙기업(中央企業)에 들어갔다. 대학생 시절 워낙에 개성이 강한 괴짜였던 내가 이런 선택을 할 거라고는 아무도 예상하지 못했다.

중앙기업에 입사한 나는 국제 인수합병 거래와 사랑에 빠졌다. 이 일을 하려면 1년 중 대부분을 세계 각지를 돌아다니는 데 써야 했다. 만나는 사람은 국제 투자은행 인사, 국제 변호사, 4대 회계사 사무소 사원과 자원국 정부 공무원 등이었다. 세계 각지를 돌아다니며 천연 오일 가스를 사들이는 일은 도전정신을 자극하고 신선한 재미를 주었다. 많은 사람이 간절히 바라는 곳에서 사회생활을 시작하면서 감사하게도 20년 동안 괄목할 만한 성과를 거두었다.

사람들이 직업을 선택하는 방법이 뭐냐고 물을 때마다 나는 돈이나 그럴듯해 보이는 직업을 선택하지 말고 자신이 정말 좋아하고 잘할 수 있는 직업을 선택하라고 조언한다. 정말 좋아하는 일을 해야만 오랫동안 지치지 않고 즐겁게 일할 수 있기 때문이다.

그렇게 국제 인수합병 일을 시작한 나는 중국 천연 오일 가스 프로젝트에 참여하게 되었다. 여러 글로벌 에너지 거래에도 참여했고, 아시아 처음으로 에너지 천연 오일 가스 투자기금 설립을 진행하기도 했으며, 중국 기업 최초로 미국 증권거래위원회 등록 방식의 달러 표시 채권 발행 일을 하기도 했다. 정말이지 힘든 시간이었지만, 돌이켜 보면 행운이 따랐다는 생각도 든다. 세계 최대 에너지 기업, 자원국 정부나 협상 실력이 뛰어난 판매자를 상대하기 위해 밤을 새우며 협상을 준비해야 했다. 복잡한 전문 지식을 공부하고 법률적으로 리스크가 없는지 확인하며 최대한 유리한 방안을 구상하기 위해 노력했다. 그렇게 전 세계 석유 부호들과 치열한 협상을 벌이면서 지식을 기르고 경험을 쌓았고, 세상을 바라보는 시야를 넓힐 수 있었다.

세계 곳곳을 돌아다니는 건 재미있을 뿐만 아니라 각종 스릴과 위험도 가득했다. 아프리카 어느 호텔에서 오염된 물을 사용하는 바람에 피부병에 걸려 얼굴 전체에 두드러기가 났고, 1년 넘게 치료한 뒤에야 완치될 수 있었다. 또 내란이 일어난 위험 국가를 방문했을 때는 길가에 총을 든 사람들이 가득해서 방탄차를 타고 완전 무장한 사병의 경호를 받으며 돌아다녀야 했다. 이 외에도 남아메리카에서 세관원에게 사기를 당할 뻔하거나 헬리콥터를 타고 북회귀선을 넘다가 하늘이 노래질 정도로 심한 멀미를 하기도 했고, 중동 사막의 더위에 열사병에 걸리거나 천연 오일 가스를 탐사하기 위해 북아메리카 가장 추운 지역을 방문했다가 엄지손가락보다 큰 모기에 시달리기도 했다. 이처럼 20년 동안 세계를 누비며 국제 인수합병을 한 만큼 이 일은 내 인생의 전부였다.

힘들지만 재미있게 일하면서 매일 4~5시간만 자는 습관이 생겼다. 지금도 국내에 있든 해외에 있든 매일 새벽 4시에 일어나 일을 한다. 그동안 일을 하면서 여섯 권의 책을 쓰고, 위챗 공식 계정 'unclehome'에 계속 콘텐츠를 올리는 것 모두 일찍 일어나는 습관 덕분이었다. 일찍 일어나 시간이 충분한 덕분에 중국인민대학, 중국정법대학, 대외경제무역대학, 베이징외국어 대학의 초청을 받아 객원교수로 활동할 수 있었고, 여러 고등학교와 베이징대학, 상하이교통대학, 저장대학, 화둥정법대학 등에서 개설한 강좌에 참석할 수 있었으며, 또 중국인 중 유일하게 AIPN 이사회 구성원이 될 수 있었다. 그래서 친구들은 나를 보며 "가진 재산은 비교할 수 없겠지만, 잠자는 시간만큼은 홍콩 부동산 재벌 리카싱(李嘉誠) 회장과 견줄 만할 거야"라고 농담처럼 말하기도 한다.

그렇게 일하다가 2016년 중앙기업에서 나와 홍콩 상장 회사의 고위직 임원으로 들어갔다. 중앙기업에서는 나를 부국장급 간부로 승진시킬 계획이었지만, 이미 마음이 떠난 상태였다. 그 이유는 이직하려는 홍콩 기업이 해외 매수 계획을 세우고 있었기 때문이었다. 반면 중앙기업은 과거 10여 년 동안 해외 투자에 수백억 달러를 투입했기에 앞으로는 대규모 인수합병 거래가 이루어질 것 같지 않았다. 해외 투자 사업에 열정을 가지고 있었기에 단호히 안정적인 직업을 포기했다. 홍콩 기업에 들어간 뒤 몇 년 동안 여러 인수합병 거래를 성공적으로 마치면서 투지가 넘치는 국제 법무팀을 만들어냈다.

이와 같은 경험을 통해 '열렬히 사랑할 수 있는 일'을 찾아서 꾸준히 해나가는 것이야말로 가장 중요하다는 걸 깨달았다. 자신이 사랑하는 일을 해야만 피곤을 모른 채 즐겁게 일할 수 있다. 그런 면에서 나는 평생 사랑할 수 있는 일을 찾은 만큼 행운아라고 할 수 있다.

좋은 상업 사고력을 가져라

직장에서 '더 우수한 인재'가 되는 건 모두가 원하는 바람이고, 전문 분야에서 '대가'가 되는 건 모두가 꿈꾸는 꿈이다. 나는 직장에서 유능하게 일을 처리하고, 전문성을 높이기 위해서는 먼저 좋은 사업 사고력을 가져야 한다고 생각한다. 기업 내 법률가를 예로 들어보자.

01. 명확한 직업의식을 가져라

기업 내 법률가가 맡은 일은 무엇일까? 당연하게도 회사가 이득을 볼 수 있게 돕고 회사가 부담해야 하는 법률 리스크를 최대한 낮추는 것이다. 학교에서 배우는 법률 지식은 법률적 사고를 형성하는 데 도움을 주지만, 한편으로는 리스크 두려워하고 피하게 만든다. 하지만 비즈니스 거래에서 약간의 리스크도 없는 일은 없다. 그러므로 법률가는 리스크를 포용하고, 리스크와 함께 춤출 줄 알아야 한다.

02. 리스크를 이성적으로 보라

법률가는 리스크를 이성적으로 바라봐야 한다. 오로지 법률적 각도에서만 문제를 바라보고 해결하려 해서는 안 되며, 더 넓은 차원에서 회사의 법률문제를 이해하려고 해야 한다. "No"라고만 해서도 안 되지만, 간과해서는 안 될 리스크가 있는 상황에서는 과감하게 "No"라고 말할 줄도 알아야 한다. 비즈니스 세계에서는 리스크가 항상 존재한다. 그러므로 법률가는 전략, 사업, 집행의 각도에서 리스트를 이해하고 바라볼 줄 알아야 한다. 거래 추진자가 된 것 같은 착각에서 벗어나 자신의 업무가 비즈니스 거래에 필요한 서비스를 제공하는 일이라는 걸 분명히 알아야 한다.

03. 비즈니스에 필요한 서비스를 제공해라

먼저 비즈니스 인사들과 좋은 관계를 만들고, 비즈니스 동료들의 인정을 받아야 한다. 그리고 동료들이 인정하는 해결 방안을 제공하고 비즈니스를 순조롭게 추진할 수 있는 계획을 만들어 낼 줄 알아야 한다. 비즈니스에 필요한 방안을 제공할 수 있느냐 없느냐는 법률가의 능력을 판단하는 중요 지표 중 하나이고, 법률 리스크를 식별해 내는 건 법률가의 필수 자질이다.

04. 회색 지대를 식별하고 해결 방안을 제공해라

일하면서 '절대 불가능'하거나 '거래 무산(Deal Breaker)' 정도의 법률 리스크가 생기는 경우는 거의 없다. 대부분의 법률 리스크는 회색 지대에 놓여 있다. 거래가 완전히 불가능한 것도 아니지만 쉽게 간과해서도 안 되는 상황인 것이다. 이런 상황에서 법률가는 고객에게 해결 방안을 제공해 줄 수 있어야 비로소 신임과 인정을 받을 수 있다.

한 가지 사례를 보자. 인수합병을 위해 사전 자산 실사를 진행하는 과정에서 인수합병할 자산 중 상당 부분이 불법적으로 사유화된 자산이라는 걸 발견했다고 가정하자. 이에 직접 매입할 경우 리스크가 존재한다고 해서 무작정 경영진에게 "이 거래를 해서는 안 됩니다"라고 말을 해야 할까? 당연히 그래서는 안 된다. 먼저 리스크를 알리고 해결 방안을 제시해야 한다. 예를 들어 상대측에게 거래 전 리스크가 될 만한 부분을 해결하라고 요구하거나 상대측에게 인계한 뒤 배상 담보를 늘리게 하는 등 거래 과정에서 리스크를 통제할 수 있는 조항이나 계약 중에 거래 보호 조약을 추가할 수 있다.

05. 판단 능력을 높여라

실제로 법률 리스크를 만났을 때 법률가의 판단력이 무엇보다도 중요하다. 먼저 리스크가 단순히 이론상 존재하는 것인지 아니면 거래 전체에 큰 영향을 줄 수 있는지를 판단해야 한다. 리스크가 생겼을 때 양측 모두에게 이득이 되는 해결 방안을 찾기는 어려운 만큼 계속해서 협의를 통해 양측이 줄다리기하면서 이익이 합치되는 점을 찾아야 한다. 이렇게 해서 양측의 이익을 최대화할 수 있는 방안을 찾는 게 가장 좋은 해결 방안이다.

모든 일을 기업가들이 주도한다고 해서 법률가를 방관자로만 생각해서는 안 된다. 비록 법률은 비즈니스 거래를 추진할지 결정하는 가장 중요한 핵심 요소도 아니고, 법률가는 비즈니스 과정을 '지원'하거나 '도움'을 주는 보조자 위치에 있지만, 그렇다고 해서 법률가의 역할이 중요하지 않은 건 아니다. 법률가는 비즈니스 성공에 꼭 필요한 인원인 만큼 중요한 역할을 담당하고 있다.

06. 고객이 비즈니스 목표를 실현할 수 있도록 도와라

고객에게 문제가 생겼을 때는 단순히 리스크를 알려주거나 리스크를 제거할 수 있는 몇 가지 방법을 알려준 뒤 고객이 알아서 선택하게 해서는 안 된다. 법률가라면 고객에게 정확한 의견과 견해를 제공할 수 있어야 한다. 전문적인 판단과 전문적인 자질을 바탕으로 고객이 문제를 해결하도록 돕고, 필요할 때는 고객이 정확한 선택을 내려 비즈니스 목적을 이룰 수 있도록 이끌어야 한다.

07. 업무 외에 중요한 점

법률가들도 자신의 업무를 하는 동시에 회사의 전체 전략 방향과 업무 핵심을 이해할 필요가 있다. 예를 들어 회사의 전략기획, 연간 목표 등 문건을 자주 찾아서 읽고, 자산 부채표, 이윤표, 현금흐름표를 읽을 수 있는 능력을 길러서 회사의 장점과 단점 및 개선이 필요한 부분을 빠르게 파악할 수 있어야 한다.

더 넓은 시야에서 회사 전체 업무를 파악할 수 있다면 더 좋은 법률 의견을 제시할 수 있다. 만약 법률적 기술을 '형이하(形而下)'라고 보고 비즈니스 전략을 '형이상(形而上)'이라고 본다면, '형이하'와 '형이상'을 효과적으로 결합해야 비로소 법률에만 구속되지 않을 수 있고, 건설적인 의견을 제시할 수 있다.

전문적인 수준을 넘어 독보적인 위치에 서라

기업 내 법률가라면 누구나 자신이 다른 법률가보다 더 전문적이기를 희망한다. 그래서 나에게 전문적인 실력을 기를 수 있는 지름길이 뭐냐고 묻는 경우가 많은데, 내 대답은 언제나 한결같다. 지름길은 없으니 계속 꾸준히 공부하는 수밖에는 없다는 것이다. 기업 내 법률가는 3일 공부를 하지 않으면 뒤처진다는 생각을 가지고 평생 학습하는 자세를 갖춰야 한다. 법률 환경, 비즈니스 환경뿐만 아니라 정치 환경의 변화까지 업무에 필요한 건 모두 공부해야 한다.

01. 끊임없이 전문 지식을 쌓아야 하는 이유

거래의 자세한 상황을 직접 접해야 비로소 상장기업의 '인수합병 대금 조정 원리'를 깊이 이해하게 된다. 월가에서도 국제 인수합병안에 깊이 관여한 법률가가 전체 상황을 파악할 수 있다. 하지만 사전에 충분한 전문 지식을 쌓아두지 않는다면 금세 밑바닥이 드러나고 만다. 또한 전문 분야의 변화에 민감하게 반응해야 할 뿐만 아니라 비즈니스 상황, 과학기술의 추세와 정치 환경까지 파악할 수 있어야 한다.

● 에볼라 유행, 신종 코로나바이러스 창궐, 북미 천연가스 가격 하락과 같

은 일련의 사건들은 법무 업무와 관련 있을까? 대량의 비즈니스 소송 안건은 이런 사건들에서부터 비롯된다.

- 우간다가 공포한 '석유법'이 법무 업무와 관련이 있을까? 고객이 관련 사건과 관련된 법률적 의견을 요구할 수 있다.
- 영국 상소법원의 판결이 법무 업무와 관련이 있을까? 영국 법률과 관계된 계약을 진행한다면 판결문에서 관련 부분을 찾아 리스크를 회피할 수 있다.

학습의 목적은 법률 지식을 공부하는 것뿐만 아니라 업계의 최신 정보를 파악하는 것이다. 그러니 유능한 전문가는 고객이 다루는 분야의 지식을 이해하고 있는 사람이라 할 수 있다. 예를 들어 천연 오일 가스 업무를 주로 하는 회사의 법률가가 탐사, 개발, 생산의 기본 과정과 천연 오일 가스 업무의 기본 지식을 파악하지 않는다면 석유 생산 계약(Lifting Agreement), 가스 공급 계약(Gas Balancing Agreement), 일체화 계약(Unitization Agreement) 등 전문적인 천연 오일 가스 계약을 진행하기 힘들어진다.

평생 학습은 법률가가 기본적으로 갖추어야 할 자세이지만 부담이 되는 것도 사실이다. 다행인 점은 기술이 발달해 정보를 구하기가 쉽다는 점이다. 앱이나 공유 플랫폼을 사용해 빠르게 정보를 주고받거나 법률 전문 위챗 공식 계정에서 정보를 구할 수 있다.

02. 수준 높은 전문가가 되는 방법

법률가들의 목표는 수준 높은 전문가가 되는 것이다. 그렇다면 법률가의 수준은 어떻게 평가해야 할까?

법률가의 수준을 판단하는 데 수입이 중요한 참고 지표가 될 수 있다. 몇 년 전 미국 여러 기업의 법률 고문가들의 연 수입 통계를 보면 상위 100위권 안에 드는 사람의 기본임금(현금 부분)은 70만 달러였으며 주식과 옵션을 제외하고 받는 전체 현금은 210만 달러인 걸로 나타났다. 당시 1위를 차지한 월트디즈니 컴퍼니의 법률 고문인 엘런 브레이버만(Alan Braverman)의 연 현금 수입은 670만 달러였으며, 옵션과 주식까지 합치면 연 수입이 1,218만 달러에 이르는 것으로 나타났다.

법률 고문가들이 이렇게 높은 임금을 받는 게 이해되지 않을 수 있다. 사실 법률가들이 높은 비용을 받는 이유는 서비스를 제공하기 위해서 많은 시간과 비용을 투자하기 때문이다. 그리고 법률 서비스를 받은 사람 중 대부분은 법률 서비스로 얻은 이득이 지불한 비용보다 훨씬 크다고 입을 모은다.

수준 높은 전문가가 되어 고수익을 올리고 싶다면 한 땀 한 땀 흙을 쌓아 산을 만든다는 생각으로 조금씩 진전해 나가야 한다. 일정한 시간에 달성할 몇 가지 목표를 정한 뒤 매번 진행 상황을 살펴봐야 한다. 매일 한두 편의 도움이 되는 문장을 읽는 것도 좋고, 최근 실무 거래 안건을 살펴보는 것도 필요하다. 아래의 기준을 근거로 자신의 전문 수준이 어느 정도 되는지 파악해 보자.

- **초보** 기업 내 법률가로서 보고 들어서 이해할 수 있는 경우.
- **숙련자** 문서 작성, 수정을 할 수 있고, 협상을 진행할 수 있는 경우.
- **전문가** 전문적인 사항에 충분한 지식과 처리 능력을 갖추고 있는 경우.
- **탁월한 전문가** 전문 분야의 각종 변화와 발전 상황을 숙지하고 있고, 곤란하거나 복잡한 문제를 손쉽게 해결할 수 있는 경우.
- **권위자** 체계적이거나 독보적인 수준에 도달한 경우.

수준 높은 전문가가 되려면 권위자 수준까지 발전해야 한다. 예를 들어 전문적으로 천연가스 분쟁을 해결하는 기업 내 법률가라면 천연가스 계약서 조항 배후에 숨겨진 뜻과 존재할 수 있는 리스크와 미래 발전 방향까지 손금 보듯이 훤하게 파악하고 있어야 한다. 예를 들어 천연가스 가격 심사 조항에 분쟁이 생길 수 있는 문제가 언급되어 있을 경우 가격 재협상의 조건이 무엇인지, 시장에 중대한 변화가 발생할 수 있을지 등등 여러 요소를 고려해 해결해야 한다. 전문성이 부족하다면 분쟁 해결 조항에 어떤 내용을 포함해야 하는지 알 수 없지만, 수준 높은 전문가라면 중재 재판소가 중재할 때 계약서 안의 가격 조항을 다시 쓰게 할 가능성이 있다는 걸 미리 파악할 수 있다. 그리고 이런 상황에 대비해 가격 조항을 다시 쓰거나 기존에 정한 가격 범위를 무시하지 못하도록 중재 재판소의 권리를 제한하는 문구를 넣을 수 있다.

전문가의 행동 방식을 익혀라

중대한 결정을 해야 할 때 기업 법률가의 전문 수준이 드러나지만 일상적인 작은 부분을 통해서도 드러날 수 있다.

01. 간단하면서 효율적으로 소통해라

간단하고 효율적인 소통은 전문가가 갖춰야 할 기본적인 자질이다. 예를 들어 매일 일상적인 업무를 전하는 이메일을 통해서 법률가의 전문성을 볼 수 있다.

가령 이메일을 쓸 때 대화체 방식을 쓴다면 전문성이 없다고 할 수 있다. 법률가는 질문하는 방법, 고객의 질문에 대응하는 방법을 배우고, 토론의 초점을 정확한 방향으로 이끌어 나갈 줄 알아야 한다. 그러니 성공한 기업 법률가들은 최고 경영책임자처럼 이메일을 쓸 줄 안다. 내가 받아본 고위 임원진들의 이메일은 쓸데없는 말은 거의 없었다. 전문 용어를 두서없이 적거나 대략적인 분석은 적은 게 아니라 명확하고 간단한 지령과 요구를 적은 이메일이었다.

기업가들이 가장 두려워하는 게 법률가가 이론부터 입법, 판례, 심지어 각주까지 넣어 상세하게 설명한 장장 몇십 페이지가 넘는 법률 의견서를 제출하는 것이다. 그럴 때마다 조리 있게 말할 수 없냐고 묻거나 이해하기 쉽게 말할 수 없냐고 묻기 마련이다. 법률가는 이렇게 해야 자신의 전문성을 드러낼 수 있다고 생각하겠지만, 사실 법률 업무는 아무나 할 수 없는 일이니 굳이 전문성을 드러낼 필요가 없다. 법률가 입장에서는 논리, 이론, 실무적으로 완벽한 법률 의견서를 작성하는 게 잘하는 거라고 생각하겠지만, 회사의 법률가와 외부 변호사 모두 법률 의견서는 논문이 아니라는 점을 명심해야 한다. 법률 의견서는 현실적인 문제 해결 방식을 제시하는 데 목적이 있다. 특히 기업가에게 이메일로 법률 의견서를 보낼 때는 본문은 최대한 간략하게 쓰고 복잡한 내용은 첨부파일에 넣는 게 좋다.

그리고 이메일을 쓰면 모든 게 끝난 게 아니라는 걸 알아야 한다. 그룹 이메일(Group Email)로 세부 사항을 반복적으로 보내는 경우가 자주 있는데, 문제를 명확하게 설명해 주지 못하는 이런 방식은 효율이 낮아서 소용이 없다. 그러니 사소한 사항의 경우에는 직접 전화로 설명한 뒤 다시 전화에서 말한 내용의 요점을 정리한 이메일을 보내야 한다. 전화로 고객과 소통해야 할 때가 언제인지 정확하게 아는 건 업무 처리 방식의 문제인 동시에 법률가의 전문 능력을 드러내는 것이다.

특히 회사 경영진에게 법률 의견을 제시할 때는 간략하고 이해하기 쉽게 말하는 게 가장 중요하다. 그러니 복잡한 법률문제를 쉬운 언어로 설명하지 못하는 법률 담당자는 유능하다고 볼 수 없다.

02. 제때 회답해라

고객이 법률 서비스를 평가할 때 '빠르고 좋다'는 가장 중요한 기준 중 하나다. 반대로 '좋지만 빠르지 않다'라거나 '빠르지만 좋지 않다'라는 건 모두 감정 요인이다. 회사 내 법률가에게는 '24시간 법칙'이 있다. 어떤 상황에서든 업무 중에 받은 이메일과 전화는 24시간 안에 답해야 한다는 것이다. 더욱이 급한 상황의 경우 최대한 빨리 답할 필요가 있다. 물론 고객은 모든 일이 급하므로 상황에 따라 판단해야 한다.

법률가가 고객의 이메일과 전화에 제때 회신을 하면 일에 집중하고 있다는 걸 보여줄 수 있고, 회사 내 법률가는 업무의 세밀한 부분까지 놓치지 않고 있다는 모습을 보여줄 수 있다. 설사 고객의 질문에 즉시 답을 줄 수 없더라도 회신으로 답변해 줄 수 있는 대략적인 시간을 알려준다면 고객도 나름의 계획을 세울 수 있다. 더구나 제때 회신을 해주지 않으면 약속을 지키지 않는다는 부정적인 인상을 줄 수 있다.

03. 수준을 높여라

수준은 많은 일에서 구체적으로 드러난다. 예를 들어 거래를 진행할 때 양측은 대부분 불평등한 상태에 있다. 기술, 지식, 능력, 경험이 본질적으로 같을 수 없기 때문이다. 만약 수준이 높거나 대등하지 않다면 상대방보다 더 높은 입장에서 문제를 고려할 수 없고 최종적으로 만족스러운 협상을 이루기 힘들다.

이 때문에 유능한 법률가는 업계의 흐름과 회사의 전략을 이해하고 비즈니스 사고를 기르며 비즈니스 언어와 비즈니스 지식을 공부한다. 또 여러 프로젝트를 접하고 비즈니스 인사들과 교류하며 자신의 전문 수준과 전문 능력을 향상한다. 이에 체계화된 사고모델과 사고방식을 갖춘 동시에 전문적인 방식을 통해 일을 처리할 줄도 안다.

전문직 종사자들은 수준에 따라서 직장 내 위치가 달라지는 법이다. 업계에서 인정받으려면 '문제 해결자'에 이르는 과도기 단계인 '가치 창조사' 수준까지는 올라야 한다. 하지만 '가치 창조자' 수준은 '비즈니스 동료' 수준에서부터 '믿을 수 있는 자문가' 수준을 거쳐야 하는 만큼 단숨에 이룰 수 있는 게 아니다. 기업 내 법률가는 대략 이런 네 가지 수준에 따라서 직장에서 차지하는 비중이 달라진다.

관리 능력을 길러라

직장에서 일정한 직책에 오르면 관리 수준을 향상하는 것이 필요하다. 왜냐하면 관리 능력이 승진 여부를 결정하기 때문이다. 개인 관리 능력은 대략 다음과 같이 나눌 수 있다.

- **감정과 스트레스 관리 능력** 중요한 프로젝트, 해결하기 어려운 문제를 다룰 때는 감정과 스트레스를 잘 관리해 이성적으로 처리해야 한다. 물론 경험, 식견과도 관련이 있다. 박식하고 경험이 풍부한 사람일수록 감정과 스트레스를 효율적으로 관리할 줄 안다.

- **시간 관리 능력** 모든 일에는 경중과 완급이 있는 만큼 바빠도 침착하게 일을 진행할 줄 알아야 한다. 더욱이 많은 일을 동시에 처리해야 할 때는 효율적으로 진행해 늦춰지는 일이 없도록 해야 한다.
- **수면 관리 능력** 좋은 수면 습관은 컨디션을 유지하는 선결 조건이다. 일단 피곤을 느낄 때는 잠시 일을 멈추고 휴식을 취하도록 한다. 업무 강도가 높거나 긴박한 상황에서도 잠깐 눈을 붙일 수 있어야 좋은 컨디션을 유지할 수 있다.
- **지식 관리 능력** 계속해서 나오는 새로운 지식과 정보를 공부해야 할까? 먼저 자신이 잘하는 영역에서 전문가가 된 뒤에 다른 지식을 공부하는 게 좋다. 일단 핵심 능력을 기르는 데 초점을 맞춰 자신의 지식 수준을 계획적으로 관리해야 한다.
- **인간관계 능력** 법률 부서는 회사 내 다른 부서에 법률 서비스를 제공해 주는 만큼 좋은 관계를 맺는 게 중요하다.

다음으로 조직 관리는 다음과 같은 능력을 들 수 있다.

- **외부 고문 관리 능력** 만약 외부 고문을 초빙했다면 그의 업무의 질과 진도를 통제할 수 있어야 한다.
- **팀 예산 관리 능력** 리더 위치에 있다면 팀 예산을 효율적으로 관리하는 게 중요하다. 더욱이 현재 법률가에게 적은 법률 비용을 지급하면서 더 많은 업무를 요구하려는 회사들이 많아지는 추세다.
- **팀 관리 능력** 일정 직급에 이르면 부하 직원을 잘 관리할 수 있어야 한

다. 특히 팀을 관리할 때 부하 직원 각자의 특성에 맞춰서 관리하고, 능력을 파악해 적재적소에 배치해야 한다.

- **외부 자원 관리 능력** 외부 자원을 더 효율적으로 관리해야 외부 자원 이용률을 높일 수 있다.
- **프로젝트 관리 능력** 소송 다툼, 인수합병, 투자, 융자 등 중대 프로젝트를 처리할 때 프로젝트 관리 능력을 활용해 과정을 관리하고 결과를 통제해야 한다.
- **리스크 관리 능력** 리스크를 예상하고 통제하는 건 법률가의 중요한 직무다. 특히 기업 회장이나 경영진이 현실적이지 않은 환상을 품고 있을 경우 법률가는 그 리스크를 예상하고 관리할 줄 알아야 한다.

내가 경험으로 깨달은 이치는 매우 간단하다. 최대한 빨리 자신이 평생 흥미를 느낄 수 있는 일을 발견한 뒤 비즈니스와 전문성을 두루 갖춘 직업 능력을 발전시켜야 한다는 것이다. 이렇게만 한다면 모두가 자신의 영역에서 최고 전문가가 되거나 전문성을 키워 성공적인 직업 경력을 가질 수 있다.

글쓰기로 성장해라
독서로 지탱하고

추웨 邱岳

추웨는 얼예(二爺)라는 이름으로 10년 동안
활동하고 있다. 우마 과학기술 연합 창시자이자
제품 담당 책임자인 그는 온라인 의료 회사
제품 총감독을 맡고 있으며, 지커시간 강사로도
활동하고 있다. 위챗 공식 계정 '얼예감서'를
운영하며 즈스싱추 '얼예서우회'의 별지기이다.
또 그가 주도한 우마 과학기술 애플릿 사용자는
1억 명이 넘었다.

나는 지금껏 여러 제품을 담당해 왔지만, 아직 특별히 대단하다고 할 만한 성과를 올리지는 못했다. 하지만 제품을 다루는 일을 전문으로 하고 있고, 아직 시간이 있는 만큼 기회가 있다고 생각한다. 나는 1인 미디어 운영자로서 독서와 글쓰기는 일상생활에서 떼려야 뗄 수 없는 중요한 부분이 되었다. 만약 1인 미디어 플랫폼에서 글을 계속 올릴 수 있도록 격려해 주지 않았다면, 충분한 인내력과 끈기를 가지고 글을 올리기는 힘들었을 것이다.

8년이 넘는 시간 동안 위챗 공식 계정을 운영하면서 거의 천 권에 가까운 책을 읽었고, 수백 편의 서평을 썼다. 이런 과정에서 상당한 발전을 이룰 수 있었다. '다른 사람보다 뛰어난지 아닌지'를 기준으로 성공 여부를 판단한다면 아마 대부분은 성공의 반열에 들어갈 수 없을 것이다. 하지만 '어제보다 더 나아졌는지'를 기준으로 삼는다면 우리 모두 저마다의 성과를 거둘 수 있다. 어제의 자신을 돌아보고 계속해서 자신의 한계에 도전한다면 제자리에 머무르지 않고 전진해 나아갈 수 있다.

효율적으로
독서하는 방법

어렸을 때부터 독서를 좋아해서 소설을 시작으로 책장에 꽂혀 있는 책은 뭐든지 닥치는 대로 읽었다. 아버지가 컴퓨터를 가르치는 교사였기 때문에 자연스럽게 읽기 힘든 전문 교재들을 접하게 되었다. 그렇게 다독 습관을 길렀기에 한가할 때 뭐라도 읽지 않으면 몸이 근지러웠고, 심지어 화장실에서 읽을 만한 게 없을 때는 신분증을 꺼내 읽기도 했다.

하지만 당시 접한 책 중 대부분은 어린아이가 읽기에는 어려운 책이다 보니 수박 겉핥기식으로 대충 읽는 경우가 많았다. 그리고 이런 경험이 쌓이며 이해하기 힘든 내용은 깊이 파고들지 않고 그냥 읽고 넘어가는 버릇이 생겼다. 결국 나중에 버릇을 고치기 위해 이해하지 못한 내용을 찾아 끈기 있게 알아가려고 노력하며 엄청난 힘을 들여야 했다.

중학교 시절에는 공부하기 위해 책을 읽어야 했기 때문에 재미로 책을 읽는 경우는 거의 없었다. 대학을 들어온 뒤에야 눈치 보지 않고 흥미 있는 분야의 책을 읽을 수 있었다. 자정에 기숙사 불이 꺼진 뒤도 책을 읽기 위해서 헤드 랜턴을 사서 사용했다. 처음에는 학업과 관련된 책을 가장 많이 샀다. 미적분을 배우고 있다면, 낮에는 학교에서 강의를 듣고 저녁에는 해외 미적분 교재를 읽으며 복습하고 수학과 영어를 공부했다. 이런 과정을 통해 같은 주제를 가지고 있는 교재라도 중요시하는 부분이 다르다는 사실을 발견했다. 한 책에서 대충 다뤄 이해할 수 없는 부분이 다른 책에서는 자세하게 설명되어 있어 이해할 수 있었다.

이와 같은 발견을 계기로 좋은 학습 습관을 기를 수 있었는데, 바로 한 가지 주제를 공부할 때 여러 작가가 쓴 책을 두루 읽는 습관이 생긴 것이다. 예를 들어 프로그래밍을 배울 때는 3~5권의 참고 서적을 같이 읽었다. 만약 오늘 배열(Array)에 대해 배운다면 여러 책의 '배열' 부분만 읽어 각기 다른 유추와 루틴을 공부하는 식이다. 이런 독서법을 통해서 새로운 개념을 더 빨리 습득할 수 있었다.

이 학습 방법으로 항상 상위권 성적을 유지할 수 있었다. 하지만 내가 득의양양해져서 시험 성적을 알리면 아버지는 걱정 가득한 목소리로 말씀하셨다. "아들아, 시험에서 1등 하는 게 중요한 게 아니야. 오히려 항상 1등만 하는 아이는 큰 발전을 할 수 없단다."

아버지의 말이 일리가 있다고 생각했고 학업을 살짝 내려놓고 다른 분야에도 관심을 기울이기로 결심했고, 점차 다양한 분야의 책을 읽기 시작했다.

'필요 없는 책'이 더 유익하다

당시에는 임베디드 시스템에 특별히 관심을 가지고 있었기 때문에 학업 외의 시간을 대부분 여기에 쏟았다. 새로운 지식을 배우려면 직접 책을 읽고 공부하는 수밖에 없었다. 지금처럼 온라인 강의가 충분치 않았기에 여러 권의 책을 사서 읽었는데, 심지어는 PC방에 가서 밤을 새우기도 했다. PC방에 가면 초저녁부터 자정까지는 게임을 한 뒤 날이 샐 때까지 개발판 성능 시험을 했다. PC방 안을 순찰하던 사장님에게는 노출된 인쇄 회로 기판을 컴퓨터에 연결하고 있는 모습이 굉장히 수상쩍게 보였을 것이다. 얼마 뒤 학교 캠퍼스를 옮기며 뜻이 맞는 친구들을 많이 만날 수 있었고, 하드웨어의 조건을 많이 개선할 수 있었다. 그 시절 정말 즐거운 생활을 만끽했고 독서 방식이나 리듬도 점차 정리되었다.

우리 학교에는 팀끼리 토론 대회를 하는 전통이 있었다. 대학교 2학년 때 우리 학교 토론팀이 국제 전문 토론회에서 1등을 했는데, 결승 최우수 토론자는 학생 대표였다. 반면 나는 단순히 표준어를 잘한다는 이유로 학교 토론팀 선수로 선발되었다. 이렇게 토론 분위기에 흠뻑 빠져서 전공과 무관한 철학, 논리학, 경제학, 심리학 등과 같은 책을 두루 읽었다.

선생님과 학생 대표가 읽은 책은 칸트, 헤겔 등 굉장히 어려운 책이었다. 대부분 내용이 난해하고, 고루했기 때문에 읽기가 힘들었고, 읽을수록 좌절감에 빠졌다. 결국 이해하지 못한 내용을 습관적으로 넘어가는 버릇이 다시 발병했고 대부분의 책을 겉핥기식으로 대충 읽었다.

서른이 넘은 지금도 그때 인내심을 가지고 읽지 않았던 게 후회가 된다. 혈기 왕성한 청년 시절에 지혜의 정수가 담긴 책을 통해 자신의 세계관, 인생관, 가치관을 형성하는 게 얼마나 중요한지 깨달았기 때문이다. 비록 당시 읽었던 책을 자신의 것으로 만들지는 못했지만, 인문 도서를 읽은 덕에 마음속에 지성의 씨앗이 심어졌다고 생각한다. 쓸모없다고 생각한 지식이 영혼을 형성하는 근간이 된 것이다.

독서와 글쓰기

토론에 재주가 없는 데다가 살짝 말을 더듬는 버릇이 있는 나는 흥분하면 말을 제대로 뱉지 못하고 더듬는 바람에 토론 대회에서 좋은 성적을 거두지 못했다. 하지만 토론 대회 참여는 인생에 상당한 도움이 되었다. 인문 도서를 읽기 시작했을 뿐만 아니라 글을 쓰는 법도 익힐 수 있었기 때문이다.

글쓰기는 토론 원고를 쓰는 것에서 시작되었다. 토론 원고는 주제를 명확하게 세워 논리적이고 조리 있는 글을 쓰는 게 가장 중요하다. 또 상대방이 반박할 틈을 주지 말아야 했기에 여러 차례 수정을 거듭해서 원고를 써야 했다. 대부분의 일이 그렇듯이 공을 들여 같은 문장을 계속 수정해야 하는 글쓰기는 그냥 글을 끄적이는 것과는 완전히 다른 일이었다.

토론 원고를 쓰는 건 또 다른 방면에서 도움이 되었다. 토론에서 이기려면 원고를 쓸 때 상대방이 뭘 말할지 예측해야 했다. 상대방의 생각을 읽으려면 다른 각도와 입장에서 문제를 바라봐야 했고, '반대편'의 입장에 서서 자신의 관점을 살펴볼 줄 알아야 했다. 이런 경험 덕분에 지금도 나와 관점이 다른 글을 찾아 읽게 되었다. 이처럼 다양한 관점의 글을 읽으면, 좁은 시야에서 벗어나 더 넓고 이성적으로 세상을 바라보는 데 도움이 된다.

토론 원고 쓰는 것 말고도 블로그에 글을 쓰는 것도 시도해 봤는데, 재미있는 내용을 쓰기가 쉽지 않았다. 다른 사람들과는 다른 나만의 글을 쓰고 싶었지만 아무리 머리를 쥐어짜도 제대로 된 글이 떠오르지 않았고 결국 대중의 입맛이 맞는 문장만 쓸 뿐이었다. 다만 글쓰기를 일단 시작하면서 관성처럼 계속하게 되었다.

글쓰기는 생각과도 연결된다. 이미 알고 있다고 생각했던 것도 글로 쓰면 모르고 있던 부분을 발견할 수 있다. 글쓰기의 최대 장점은 이미 알고 있는 것을 구조화하고, 체계화하는 것이다.

글쓰기와 독서는 상부상조하는 관계다. 글쓰기를 체험한 사람은 좋은 문장에 더 민감하게 반응하고 고전이 가진 이로운 점을 알게 된다. 동시에 글을 쓰는 시각으로 책 안의 표현을 감상하고 살피면 기존에는 몰랐던 가을 발견할 수 있다.

직장인이 책을 읽는 방법

사회생활을 시작한 뒤에는 집중해서 책을 읽을 시간과 에너지가 부족했다. 그러자 읽기 어려운 책은 잡지 않고 점차 실리에 따라 독서를 했다. 예를 들어 어떤 지식을 체계적으로 배우기 위해 독서를 하는 게 아니라 업무상 문제를 해결하기 위해 참고 서적이나 기술 서적을 읽게 되는 식이었다. 이와 동시에 '필요한 것'과 '필요하지 않은 것'을 기준으로 읽어야 할지 말지를 결정하면서 인문 서적은 읽지 않게 되었다.

나는 우리의 삶에 도움을 주는 책은 역사, 예술, 문학, 철학과 같은 '쓸모없어 보이는 책'이라고 생각한다. 이런 책들은 알게 모르게 우리의 인식구조를 바꾸고 미지의 세계와 대면할 수 있게 해준다. 반면 기술 서적이나 참고 서적은 어떤 특정 문제를 해결하는 데 도움을 줄 뿐 그 이상은 하지 못한다.

이 때문에 나는 독서의 양을 기록하려 하지 않고 독서의 질을 따지는데, 더욱이 '쓸모없는 책'이 차지하는 비중이 얼마나 되는지에 집중한다. 매번 기술 서적 한 권을 읽을 때마다 다른 분야의 책을 몇 권을 읽으려 노력한다.

직장인이 읽기 좋은 '쓸모없는 책'으로는 전기를 들 수 있다. 전기는 묘사가 생동적이고 감정을 대입하기 쉬워서 읽기 편하다. 동시에 인물의 생애와 역사 배경을 통해서 시대의 변화를 알 수 있다. 자서전은 주인공의 심리 변화 과정과 중요한 갈림길에서의 선택 과정을 알 수 있고, 다른 사람이 제삼자의 관점에서 쓴 전기는 같은 장소, 같은 시대의 사람과 교류하고 부딪치는 과정을 생생하고 입체적으로 그리고 있어 그 시대를 구체적이면서 폭넓게 이해할 수 있도록 도와준다.

뛰어난 위인들은 인류 역사라는 밤하늘을 밝게 비추는 별이라 할 수 있다. 우리는 이런 인물들이 살면서 겪은 경험과 뛰어난 업적을 통해서 좌절을 어떻게 이겨내야 하는지, 어떤 원칙을 가지고 살아야 하는지, 이 세상과 어떻게 공생해야 하는지 등 많은 깨달음을 얻을 수 있다.

나는 소설도 좋아한다. 좋은 소설은 단숨에 다른 세계로 빠져들게 만든다. 인물, 사건, 시간의 변화를 통해 선과 악을 구분하고 인생의 풍파를 체험하는 등 다양한 경험을 할 수 있다. 오랫동안 책을 읽지 않은 사람이라면 먼저 중편 소설을 읽는 걸 추천한다. 독서에 흥미를 느끼기 쉬운 재미있는 무협소설이나 탐정소설도 좋다.

자신만의 정체성과
리듬을 가지고 글을 쓰자

웨이보가 유행하면서 점차 '장문'의 글을 읽는 걸 꺼리고 짧은 글을 좋아하는 사람들이 늘어났다. 동시에 모바일 확산으로 개인이 활동할 수 있는 매체가 다양해지면서 긴 문장에 대한 배척도 심해졌다. 그러던 중 2012년 위챗 공식 계정이 출현하면서 자취를 감춰가던 '긴 문장'이 다시 주목받게 되었다.

위챗 공식 계정 '얼예감서'를 개설하고 주제를 정하려는 순간, 나에게 딱히 내보일 만한 능력이 없다는 생각이 들었다. 다만 다른 사람보다 많은 책을 읽었고, 직접 쓴 독서 일기가 있었기에 이걸 소재로 삼아 글을 쓰면 되겠다는 생각이 들었다. 그래서 독서를 위챗 공식 계정의 주제로 삼았다.

계정을 개설하고 처음 구독자는 친한 친구들 십여 명이 전부였다. 처음 시작했을 때는 실수하기 일쑤였고, 구독자들에게 일일이 글을 보내기도 했다. 당시 위챗 공식 계정은 활동하는 사람이 적었는데도 원래부터 업계 내에 영향력을 가지고 있던 사람들은 금방 구독자를 모집했다. 그중 한 명이 펑다후이였는데, 나는 그의 추천을 받아 매일 구독자가 수천 명씩 증가하기 시작했다. 이처럼 지인들의 도움으로 점차 구독자를 늘려갈 수 있었다. 자력갱생으로 성장한 다른 위챗 공식 계정들과는 다른 점이다.

나날이 증가하는 구독자 수는 엄청난 압박으로 다가왔고, 독특한 독서 습관과 글쓰기 규칙을 만들게 되었다. 사실 책 한 권을 전부 읽은 뒤 자신만의 관점을 써야 하는 서평은 쉬운 일이 아니다. 더구나 모든 책이 감상문을 쓸 만한 책도 아니다. 그래서 자주 글을 올리지 못해서 구독자들에게 많은 질타를 받아야 했다.

서평에는 주로 세 가지 종류가 있다. 첫 번째는 책 전체를 정리한 방식으로 책의 주요 관점과 줄거리가 정리되어 있어 구독자들이 책을 읽는 시간을 아낄 수 있다. 두 번째는 추천 방식으로 책에 어떤 도움이 될 만한 내용이 있는지 소개해 구독자들이 책에 흥미를 가지게 해준다. 마지막으로는 독후감 방식이 있다. 한 권의 책을 다 읽은 뒤 느낀 점이나 도움이 된 점을 알려주는 것이다.

나는 두 번째 추천 방식과 세 번째 독후감 방식을 종합한 서평을 쓰려고 했다. 구독자들이 책을 읽지 않고도 책의 내용을 알 수 있게 해주는 서평은 쓰고 싶지 않았다. 내 서평을 통해 구독자들이 책과 친해질 수 있기를 바랐고, 동시에 책을 읽고 느낀 점과 깨달은 점을 적은 서평을 통해 구독자들이 함께 책을 읽는 듯한 느낌을 받기를 바랐다. 그래서 '얼예감서'를 통해 좋은 책을 알게 되었고, 도움을 받았다는 구독자들의 말을 들을 때면 더없는 성취감을 느낀다.

반면 '위챗 공식 계정의 글을 더 많이 알리는 방법'에 대해서는 무지했고, 조회 수가 '10만+'인 글을 써본 적도 없었다. 그래서 조회수 몇만을 기록하는 위챗 공식 계정을 부러워하면서도 서평은 영향력이 크지 않아 어쩔 수 없다고 생각하며 스스로를 위로했다.

책과 관련 없는 주제로 글을 써본 적도 있었지만 이슈를 주제로 글을 쓰는 게 마음에 들지 않았고 글을 쓰는 속도가 느려서 많이 쓸 수도 없었다. 더욱이 다른 사람과 관점이 다르지 않다면 굳이 드러내 말할 필요가 없다고 생각했다. 지금도 느린 속도로 서평을 올리고 있는 만큼 아무래도 수백만 팔로우를 거느린 1인 미디어 스타가 되기는 힘들 것 같다.

독서회의 의외의 수확

우리의 모든 행동은 삶의 질을 결정한다. 나의 경우, 독서와 글쓰기는 이미 인생의 중요한 부분이 되었고, 앞으로도 계속해 나갈 생각이다. 그래서 나의 즈스싱추 '얼예서우회'는 독서를 주제로 하고 있다. 독서회를 만들겠다고 마음을 먹은 건 나의 독서 습관과 관련이 있다. 나는 책의 문장과 그림에 관심이 있다. 내용은 깊게 생각하지 않는다. 그래서 서평은 영감을 주는 한 편의 문장이나 감상적인 말들이 대부분이다. 모두가 독서를 통해 우리가 알지 못했던 먼 곳을 경험하고, 이미 알고 있었던 것을 더 가까이에서 들여다보기를 바랐다.

나는 항상 별것 아닌 듯하면서도 강렬한 개성을 가지고 있으며, 독서 과정을 대표할 만한 단락을 소개하려 한다. 어쩌면 이런 단락에는 책 전체적인 뜻이 아닌 단편적인 내용만 담겨 있을 수 있다.

예를 들면 비극적인 내용의 책에 잠시 등장하는 재미있는 구절이나 원만한 희극 안에 잠시 등장하는 슬픈 구절처럼 말이다. 하지만 이런 단락도 책의 전체적인 행간이 담긴, 읽은 사람의 마음을 찌를 수 있는 한 줄의 문장이나 한마디일 수도 있다.

내가 즈스싱추에 독서회를 개설한 건 큰 야심이 있어서가 아니라 단순히 하고 싶은 걸 하고 싶어서다. 그저 모두가 읽고 공유하면서 읽고 싶은 책을 찾고 가치 있는 사람들을 만나길 바란다. 사실 얼예서우회 안에서 가장 많은 수확을 거둔 사람은 나 자신이다. 나는 여기서 발견하기 힘든 재미있는 책들을 찾아 읽을 수 있었다.

지금 시대는 우리에게 더없이 편리한 독서와 글쓰기 조건을 제공해 주고 있다. 쉽게 책을 구할 수 있어 더는 도서관 책장 사이를 지나다니며 책을 찾지 않아도 된다. 심지어 디지털 형식으로 책을 읽을 수도 있다. 우리의 부모 세대는 상상조차 할 수 없었던 편리한 방법으로 성현들의 지혜를 접할 수 있다. 더욱이 감사한 점은 여러 사람과 인연을 맺을 수 있는 플랫폼이 있다는 것이다. 이런 것들을 통해 우리처럼 평범한 사람도 주목받을 수 있고, 지향점이 같은 사람들에게 목소리를 전할 수 있게 되었다.

각지에 드문드문 흩어져 있던 사람들이 한데 모여 교류할 수 있다는 게 이 세대의 가장 큰 선물이라 할 수 있다.

사람의 성장 스토리
끈질기게 노력하는

사오윈자오 邵雲蛟

사오윈자오는 위챗 공식 계정 '야매 PPT'를 운영하고 있으며 즈스싱추 'PPT학습 커뮤니티'의 별지기다. PPT에 관한 베스트셀러를 쓴 작가이기도 하다. 중국 여러 기업의 행사 PPT 계약 디자이너로 활동하고 있다.

나는 2017년 대학을 졸업하고 3개월 뒤 전문적으로 PPT를 제작하는 회사를 설립했고, 지금까지 업계 선두를 달리고 있다. 텐센트, 퀄컴(Qualcomm), 지리(Geely) 등 세계 유명 기업들을 상대로 PPT 주문 제작과 디자인을 하고 있고, 학습 커뮤니티도 안정적으로 1위를 유지하고 있다. 더구나 회사의 성장세는 여전히 빠르고 잠재력도 상당하다. 사람들은 나에게 졸업하자마자 인생의 방향을 찾은 행운아라고 말한다. 하지만 나도 수많은 시행착오를 겪어야 했다.

시행착오를 통해 방향을 찾다

인생에는 방향을 알려주는 등대나 항법사가 없다. 그러니 우리는 모든 선택과 결정을 중요시하고, 성장의 양분을 빨아들여야 한다. 상황을 명확하게 볼 수 있게 된 뒤에는 굳건한 신념을 가져야 한다. 그러면 인생의 올바른 길이 점차 드러나게 될 것이다.

01. 사업을 통해 숨겨진 능력을 찾아내다

나는 고등학교 때부터 남들과 달랐다. 스마트폰이 나왔을 때 당시 선택할 수 있는 모바일 데이터 상품이 적어서 친구 중 대부분은 매달 데이터 부족에 시달려야 했다. 나는 타오바오에서 모바일 데이터 카드를 구입해 친구들에게 팔았고, 매달 수천 위안의 수입을 거둘 수 있었다. 이후 대학교에 들어가서도 계속 쉬지 않고 무언가를 시도했다. 대학교 1학년 2학기 때 친구 한 명을 끌어들여

메이투안의 모델을 사용해 창업했다. 학교 캠퍼스 근처 상가들과 연계해 물건을 파는 동시에 학생들에게 할인된 가격에 상품을 제공하는 것이다. 하지만 이런 사업 모델은 겉보기에는 간단해 보였지만 막상 운영해 보니 쉽지가 않았다. 왜냐하면 상가와 학생으로만 구성된 양면 시장이었기 때문에 양측에 상당한 통제력을 가지고 있어야 했다. 결국 이 사업은 5개월도 되지 않아 실패로 끝났다.

사업이 실패로 끝난 뒤 자신에게 두 가지 질문을 했다. 그중 하나는 사업이 실패한 원인이 무엇인가였다. 골똘히 생각한 끝에 찾아낸 답은 사업의 규모가 너무 큰데 반해 경험은 없어서 운영할 능력이 없었다는 거였다. 만약 우리가 작은 영역을 깊이 파고들었다면 성공 확률이 더 높았을 것이다. 둘째로 실패한 사업을 통해 얻은 이익이 무엇인가였다. 일단 성장의 밑거름이 되었고 시장 마케팅 모델을 알 수 있었으며, 더욱이 새로운 도구인 위챗 공식 계정 플랫폼을 알게 된 게 이익이라 할 수 있었다. 이로써 우리 사업은 모두 위챗 공식 계정을 바탕으로 전개되었다.

금방 두 번째 사업을 찾았는데, 바로 캠퍼스 내 정장 대여 업무였다. 매년 각종 시합이나 토론회에 참가하는 학생들이 많아 양복 등 정장의 대여 수요가 비교적 높았다. 또 작은 영역에서 사업을 해보고 싶었다. 캠퍼스 안에 이미 같은 서비스가 있었지만 낙후되어 있어 정장을 빌리려면 직접 현장에서 등록하고, 보증금을 내는 등 번거로운 절차를 거쳐야 했다. 그래서 나는 위챗 공식 계정 플랫폼의 결제 기능을 활용해 학생들에게 온라인 결제, 문 앞까지 배달, 보증금 제외 등 더 나은 서비스를 제공해 주고 싶었다.

정장 대여 사업의 반응이 좋아서 이용자를 끌어들이기 위해서 온라인마케팅 활동을 시도했다. 인기 있는 영화의 표를 나눠주며 홍보하거나 긍정적인 후기를 홍보하는 등의 방법이었다. 이 사업을 통해 온라인마케팅에 상당한 흥미를 느끼게 되었고, 이벤트를 진행하는 방법, 홍보 방법, 새로운 매체를 운영하는 방법 등에 대한 귀중한 경험도 쌓을 수 있었다.

하지만 얼마 되지 않아 친구와 술을 마신 뒤 이 사업을 그에게 팔았다. 비록 돈이 되는 사업이었지만, 시장이 캠퍼스 안에만 국한되어 있어 더 큰 무대에서 일하고 싶은 나와는 맞지 않았다. 그렇게 더 큰 도전 기회를 찾아다니다가 온라인마케팅을 더 자세히 읽을 수 있는 사업 아이템을 찾게 되었다.

캠퍼스 부근에 있는 수많은 상가 중에서 인터넷을 활용해 가게를 홍보하고 질 좋은 서비스를 제공할 수 있다는 걸 아는 상가는 거의 없었다. 나는 주변 상가를 하나씩 찾아가 설득했고, 운전학원을 첫 번째 고객으로 유치할 수 있었다. 나는 학원생들이 번거롭게 전화로 수업 시간을 확인하지 않아도 되도록 인터넷에서 강의를 예약하는 서비스를 제공하는 방법을 고민했다. 캠퍼스 부근에 운전학원이 많이 있었는데, 서비스에 만족한 사람들이 입소문을 내면서 학원에는 새로운 학생들이 몰려들었고, 내 사업도 운전학원을 시작으로 점차 다른 영역으로 확장을 해나갔다.

이 사업은 1년이 되지 않아 거의 100명에 달하는 고객에게 서비스를 제공하며 50만 위안의 수익을 거뒀다. 이렇게 인생의 첫 목돈을 모을 수 있었다. 모든 게 순조롭게 진행되었지만, 위챗 공식 계정 플랫폼을 활용한 서비스 개발 사업은 점차 장점을 잃어가고 있었다. 여전히 많은 상가에서 서비스를 제공받길 원했지만, 언젠가는 쇠락의 길로 접어들 거라 판단했다.

이 사업을 통해 한 가지 소중한 원칙을 알게 되었다. 바로 생명력이 긴 분야를 선택해야 한다는 거였다. 쇠락의 길로 접어든 분야 안에서는 아무리 발악한들 성장할 수는 없으니 말이다.

02. 선택을 통해 잠재된 기회를 발견하다

몇 년 동안 많은 창업자와 구직자를 만나면서 이전에 쌓은 모든 걸 버리고 완전히 새로운 일을 하는 혁신적인 변화를 좋아하는 사람이 많다는 걸 알게 되었다. 하지만 나는 점진적인 변화를 더 좋아한다. 기본적으로 모든 일은 같은 뿌리를 두고 있으니 말이다. 점진적으로 변화하면 장점을 키울 수 있고, 동시에 더 쉽게 일을 진행할 수 있다.

예를 들어 상가 서비스를 개발해 주는 사업 전망이 어둡다는 생각이 들었을 때 즉시 위챗 공식 계정 플랫폼을 운영 기반으로 바꾸었다. 운영은 순수하게 서비스 개발해 주는 것보다 생명력도 길었고 발전 가능성도 컸다. 게다가 서비스 개발은 개발만 해주면 끝나는 반면 운영은 개발 이후 모든 일에 관여할 수 있다는 장점도 있었다. 더구나 내가 가장 잘하는 건 마케팅 홍보였지 서비스 개발이 아니었다. 만약 서비스 개발 사업을 계속한다면 경쟁력까지 잃을 수 있었다. 이에 앞으로 발전할 가능성이 크고 더 잘할 수 있는 일인 운영에 뛰어들었다.

운영 능력을 높이기 위해서 여러 가지 운영 방법을 공부했다. 한편으로는 배운 방법 중 이전 서비스 개발 고객들에게 적합한 방법은 없을까 고민했다. 그렇게 알아가는 방법이 많아지자 실전에 돌입하기로 했고 정통이 아니라는 뜻에서 '야매'라는 이름으로 위챗 공식 계정을 신청했다. 나는 운영을 더욱 깊이 이해하고자 일부러 닷컴기업에 들어갔다. 입사 시험에서 면접관이 새로운 미디어 중 사용해 본 게 있냐고 물었다. 나는 1천 명의 팔로우가 있는 위챗 공식 계정을 보이며 한 달 동안 위챗 공식 계정을 운영해 1천 명의 팔로우를 얻었으니 연말까지 1만에 도달할 수 있을 거라고 말했다.

솔직하게 말하자면 당시 위챗 공식 계정을 운영할 능력이나 경험은 없었다. 그래서 낮에는 회사에서 일하고 밤에는 어떻게 하면 위챗 공식 계정 팔로우를 늘릴 수 있을지 고민했다. 각종 위챗 채팅방에 들어가 홍보하고, 다른 공식 계정과 서로 추천하고, 추첨을 통해 작은 선물을 주는 이벤트를 해보는 등 다양한 방법을 시도했지만, 별다른 효과를 보지 못했다. 그러던 어느 날 쯔후에서 PPT 관련 질문에 답변을 해줬는데, 순식간에 주목을 받았다. 일주일 동안 3천여 명이 내 위챗 공식 계정을 팔로우했고, 많은 사람들이 더 많은 PPT 강좌를 보고 싶다는 댓글을 남겼다. 이를 통해서 가치 있는 콘텐츠에는 사람을 끌어들이는 힘이 있다는 사실을 알게 되었다.

이 일을 계기로 위챗 공식 계정을 지식 공유 형식으로 운영할지, 아니면 PPT 강좌 공유 형식으로 바꿀지 고민에 빠졌다. 며칠 동안 심사숙고한 끝에 PPT 강좌 공유 형식으로 전환하기로 했다. 바꾸기로 한 이유는 첫 번째로 두 가지 주제를 병행하다가는 팔로우한 사람들이 혼동할 수 있는 만큼 정체성을 확실히 해야겠다는 생각에서였다. 두 번째로는 운영 업무와 PPT 제작 모두 나의 전문 분야가 아니지만, PPT는 운영보다 더 좁은 영역이고 대학에 다닐 때 접해본 경험이 있어 익히기가 쉬울 것 같아서였다. 마지막으로 나는 운영 경험을 쌓고 싶어 위챗 공식 계정을 시작한 것이어서 주제를 무엇으로 하든 상관이 없었다.

이후에는 매일 운영 관련 지식을 배우던 것에서 배울 게 하나 더 늘어났다. 바로 PPT 제작이었다. 실시간 라이브 방송처럼 매일 콘텐츠를 올려야 하는 위챗 공식 계정의 특성상 팔로우한 사람들이 내가 배울 때까지 기다려줄 리가 없었다. 이에 배우면서 콘텐츠를 올렸다. 낮에는 회사에서 근무하고 밤에는 배운 내용을 즉시 글로 써서 공유하는 생활을 6개월 동안 계속했다.

그해 연말 면접관에게 장담했던 대로 위챗 공식 계정 팔로우 수 1만 명 확보를 달성한 뒤 회사를 떠났다. 회사에 다니면서 위챗 공식 계정에 매일 글을 올리다 보니 쉴 수 있는 시간이 거의 없어 너무나도 피곤했고, 위챗 공식 계정 운영에만 집중하고 싶었다. 6개월 동안 꾸준히 위챗 공식 계정을 운영한 덕분에 많은 사람에게 주목받게 되었고, 출판사에서 책을 내자는 제안을 받거나 여러 플랫폼의 기고 제안을 받는 등 새로운 기회도 얻을 수 있었다.

만약 그때 운영 지식을 공유하기로 했다면 결과가 어땠을까? 아마 그 답은 알 수 없을 것이다. 하지만 이 선택이 나에게 새로운 인생의 길을 열어준 건 확실하다.

03. 모든 피드백 중에 명확하게 선택하기

인생의 중요한 선택을 할 때 우리는 주로 부모님이나 선생님의 도움을 받는다. 예를 들어 어떤 대학에 응시해야 할지, 어떤 직업을 선택해야 할지 조언을 받기도 하고 심지어는 좋은 직장을 찾을 수 있게 도움받기도 한다. 반면 나의 경우에는 낯선 사람들의 도움을 받아 인생의 선택을 결정했다.

직장을 그만두고 다음 해인 2017년에 나는 모든 걸 위챗 공식 계정 운영에 쏟아부었다. 1년 동안 시중에 나온 PPT 디자인 관련 도서를 모두 보았고, 강의를 듣고, 디자인 자료들을 참고하면서 PPT 디자인, 설계 능력도 상당 부분 발전시켰다. 또한 생애 처음으로 책을 출간해 PPT 디자인 경험을 공유했고, 위챗 공식 계정 팔로우가 1만에서 15만까지 증가했다.

이처럼 내 위챗 공식 계정을 아는 사람은 계속 늘어갔지만, 수익이 생기지는 않았다. 대학생 시절 창업에 적극적이던 친구 중에는 졸업 후 채 1년도 견디지 못하고 창업을 포기하고 취직하는 경우가 많았다. 나 역시 초조함과 불안감이 점점 심해져 PPT 강좌 공유를 계속해야 할지 아니면 직장을 찾아야 할지 고민했다.

더구나 부모님은 내가 안정된 직장을 찾기를 바랐다. 부모님이 보기에 위챗 공식 계정을 운영하는 일은 제대로된 직업처럼 보이지 않았던 것이다. 직설적으로 포기하라고 말하지는 않으셨지만, 전화 통화할 때마다 넌지시 새로운 일을 할 생각이 없는지 물으셨다. 주변 친구들이 여러 회사에 면접을 보러 가고, 그중 일부가 바이두, 알리바바에 취직했다는 소식을 들려오자 초조함과 불안감은 더욱 심해졌다.

그렇게 초조함과 불안감이 최고조에 달했을 때 결국 참지 못하고 위챗 공식 계정에 안정적인 직장을 찾으려 한다는 소식을 올렸다. 그러자 예상과 달리 위로하거나 응원하는 댓글이 계속 올라왔다. 사람들은 나에게 힘든 일이 있냐고 물어보기도 했고, 경험을 알려주기도 했으며, 일부는 자신의 비법을 공유해 주기도 했다. 그런 글을 보면서 더없는 감동과 고마움을 느꼈다.

심리학에서는 격려는 용기를 주는 방법이라고 강조한다. 여러 차례 포기할 생각을 했지만 계속 위챗 공식 계정을 운영하기로 했던 것도 사람들의 댓글 덕분이었다. 이후로 나는 더는 주저하지 않았고, 실패를 두려워하지도 않게 되었다. 오히려 마음속으로 이 길을 평생 직업으로 만들겠다고 다짐했다.

결국 5년 뒤에는 두 권의 베스트셀러를 쓴 'PPT의 대가'가 되었다. 물론 그 과정이 순조로웠던 건 아니다. 우여곡절과 포기하고 싶은 순간에도 느리지만 꾸준하게 노력했고 나만의 길을 찾아냈다. 게다가 이건 하나의 시작에 불과하다.

끈기 있게 노력해 가치를 키우다

1인 미디어 콘텐츠가 발전해 가면서 개인 학습 능력에 대한 요구도 커지고 있다.

01. 꾸준히 공부해서 소재 고갈을 피해라

위챗 공식 계정을 운영하면서 가장 많이 들은 말은 한 영역 안에 공유할 수 있는 내용이 이렇게나 많이 있냐는 것이다. 나는 공부하면 할수록 아는 게 너무 적다는 걸 발견하게 된다고 대답한다. 더욱이 지식 공유 위주의 1인 미디어가 우위를 차지하기 위해서는 다른 사람들이 놀랄 만한 능력을 갖추고 있어야 한다. 여기서 '놀랄 만한 능력'이란 다른 사람은 모르는 지식을 알고, 오랫동안 꾸준히 공부할 수 있는 마음가짐과 습관을 말한다. 나는 PPT 디자인과 제작 능력을 빠르게 발전시키기 위해 꾸준히 공부했다.

- **지식 체계 정리** 모든 영역에는 이전 사람이 만들어둔 지식 체계가 있고, 우리는 책을 통해 그 지식을 얻을 수 있다. PPT 영역의 지식 체계는 짜임새가 분명한 PPT 연설문을 쓰는 법 → 연설을 디자인하는 법 → PPT 디자인 스타일을 결정하는 법 등이 있다.
  이 외에도 소프트웨어에서부터 설계까지의 방법에 따른 학습 체계도 있다. PPT 소프트웨어의 단축키는 무엇이 있는지 → 이미지 처리 방법은 무엇이 있는지 → PPT 틀을 활용해 빠르게 작성하는 방법은 무엇인지.

이렇게 대략적인 PPT 지식 체계 구조를 건설한다면 학습의 첫걸음을 뗐다고 할 수 있다.

- **특징 총결산** 이전 사람의 지식을 답습하는 것에서만 멈춘다면 자신만의 견해와 방법을 가진 콘텐츠를 올릴 수 없다. 내가 즐겨 사용하는 방법은 뛰어난 작품의 특징을 총결산하고, 제작 과정을 거슬러 올라가면서 디자인 방법을 알아가는 것이다. 예를 들어 같은 디자인 기술을 사용한 뛰어난 작품 다섯 가지를 분석해 이를 통해 해당 디자인 기술이 어떤 작품에서 주로 사용되는지를 파악할 수 있다. 또 여기에서 멈추지 말고 더 많은 사례를 찾아 통용성을 검증하고, 새롭게 디자인 방식을 총괄할 수도 있다.
- **범위 확장** 이 방법은 약간은 도전적인 방법으로 다른 영역의 지식을 배우고 여러 지식을 응용할 줄 알아야 한다. PPT와 같은 체계적인 파일을 작성하는 것과 관련된 능력으로는 글쓰기 능력과 체계적 사고능력이 있다. 글쓰기 능력과 사고능력에도 대응하는 지식 체계가 있다. 예를 들어 사고능력의 경우 정보 정리, 개괄 및 정확한 표현 등을 들 수 있다.

02. 오랫동안 꾸준히 콘텐츠를 제작하는 비법

위챗 공식 계정에는 일시 정지 버튼이 없다. 그러니 개인이나 팀이 꾸준히 콘텐츠를 올릴 능력이 없다면 유지될 수 없다. 경쟁 또한 치열해서 자리에서 밀려나는 즉시 다른 사람이 그 자리를 차지해 버린다. 창작 능력을 갖춘 사람이라도 오랫동안 콘텐츠를 제작해 공유한다는 건 쉽지 않은 도전이다. 설사 계속해서 콘텐츠를 올린다고 해도 안정적으로 능력을 발휘하지 못해 콘텐츠의 품질이 일정하지 않다면 사람들은 대규모로 이탈하게 된다. 끈기 있게 위챗 공식 계정을 운영하는 사람이 최후의 승자라고 말하는 이유도 이와 같은 길고 잔인한 과정에서 속에서 생존하는 사람이 극소수이기 때문이다.

5년이 넘는 시간 동안 나는 위챗 공식 계정에 꾸준히 콘텐츠를 게시했다. 게시한 강좌가 1,300편이 넘고 쓴 글자는 500만 자가 넘는다. 이처럼 오랫동안 꾸준히 콘텐츠를 올릴 수 있었던 비결은 소위 저장량을 증가량으로 바꾼 덕분이다. 이를 통해 콘텐츠 제작에 대한 압박을 해소할 수 있었다. 여기서 말하는 저장량은 모든 사람이 비축해 둔 지식의 양을 뜻한다. 문장이나 책을 읽고 배운 새로운 지식 모두 저장량의 범위에 해당한다. 그렇다면 증가량은 무슨 의미일까? 바로 창작물을 뜻한다. 예를 들어, 패션 관련 책을 통해서 코디 방법을 배웠다고 하자. 그럼 배운 코디 방법은 저장량이고, 코디 방법을 활용해 한 사람의 패션을 완성해 주었다면 창작에 속하는 만큼 증가량이라 할 수 있다.

나의 본업인 'PPT 강좌 쓰기'로 말하자면 모든 창작자의 저장량은 거의 고정적이라서 큰 차이가 없다. 예를 들어서 PPT 배색, 글자체 선택, 편집 배열, 연설문 작성 등 전체 분야의 지식 총량은 거의 변화가 없다. 저장량을 증가량으로 바꾸려면 어떻게 해야 할까?

- **디자인 '수정'에 따른 증가량** 2016년 나는 업계 내에서 처음으로 '계획 정리'라는 수정 과정을 만들었고, 많은 사람의 호응을 받았다. 간단하게

말해서 PPT 수정 과정을 다룬 콘텐츠로 매번 다섯 페이지로 구성된 PPT 수정 과정을 공유하는 것이다. 저장량은 내가 알고 있는 PPT 디자인 방법이고, 증가량은 내가 아는 방법을 활용해 PPT를 수정한 결과다.

- **'이슈화'에 따른 증가량** 매년, 아니 심지어 달마다 전 국민이 주목할 만한 사건이 발생한다. 우리는 저장된 지식을 사용해 이런 이슈들을 심도 있게 파악하고, 자신의 관점과 결론을 제시할 수 있다. 예를 들어 중국 영화배우 왕바오창(王寶強)의 이혼 사건 뒤 각종 1인 미디어에서 적극적으로 관련 정보를 게시했었다. 예를 들어 법률 관련 위챗 공식 계정은 이혼법을 설명했고, 심리 관련 위챗 공식 계정은 남녀 관계를 주제로 토론했으며, 심지어 운수를 다루는 위챗 공식 계정에서는 관상에 따라 인생이 결정된다는 근거 없는 말을 퍼뜨리기도 했다. 이 게시물 모두 저장된 지식을 활용한 것이다. PPT 영역의 경우 애플 공개 행사, 구글 개발자 회의, 마이크로소프트 이그나이트 차이나 등 매년 고정적으로 개최되는 행사를 활용해 여기서 등장한 PPT 디자인 포인트나 연설 기술을 분석해 볼 수 있다.
- **'분야화'에 따른 증가량** 분야마다 선호하는 것과 금기시하는 것이 있는 만큼 이를 활용해 콘텐츠를 만들어 게시할 수 있다. 나는 종종 교육, 의료, 학문 영역을 겨냥해 PPT 기술을 공유하는 경우를 많이 봤는데, 해당 분야 종사자들이 PPT 제작을 어려워하는 경우가 많아 PPT 기술 공유로 많은 호응을 받을 수 있기 때문이다.

새로운 활로로 자신만의 영역을 구축하다

처음 위챗 공식 계정을 운영하고 2년 동안은 수입에 대해 자세히 고민하지 않았다. 일단 수중에 모아둔 돈이 아직 있었고, 적합한 수익 창출 방법을 찾지 못했기 때문이었다. 지식을 공유하는 1인 미디어의 경우 가장 직접적이면서 자연스러운 수익 모델은 유료 강의 콘텐츠다. 하지만 유료 강의를 전문적으로 제공하는 회사들이 있는 상황에서 전문적인 강사도 아닌 내가 시도하기에는 적합해 보이지 않았다. 그러던 중 2017년 즈스싱추를 발견하면서 이 플랫폼을 활용해 참신한 학습 방식을 만들어낼 수 있지 않을까 고민하기 시작했다.

기존 온라인강의는 강사가 미리 녹화한 동영상을 사용자들이 돈을 지불하고 보는 형식이었다. 이런 방식은 간단하고 편하지만 동영상에서 등장한 단편적인 지식만 배우게 된다는 단점이 있다. 기술을 파악하기 위해서는 배우고 연습하고 교류하는 과정이 필요하다. 과거 기술을 익혔던 과정을 떠올려보면 쉽게 이해할 수 있을 것이다. 어떤 기술이든 실전 연습 과정을 꼭 거쳐야 한다. 어느 기술이든 실천하지 않으면 완전히 익힐 수 없다. 바로 이러한 관점에서 연습 위주의 학습 커뮤니티를 만들어 맞춤형 강좌를 제공하려 했고, 지금까지 3만여 명이 'PPT 학습 커뮤니티'에 가입했다. 커뮤니티 회원들이 제출한 PPT 연습 작품은 누적 9만 장을 넘었다. 더구나 내가 독창적으로 만든 커뮤니티 형식을 여러 PPT 커뮤니티에서 모방하고 있다. 이에 가치 있는 커뮤니티를 만드는 방법을 공유하고자 한다.

01. 임무를 제공해 커뮤니티의 활동도를 높여라

많은 사람이 운영 방법을 궁금해하지만 생각하는 것처럼 어려운 일이 아니다. 커뮤니티 생존에 가장 중요한 건 계속 새로운 콘텐츠를 만들어내는 것이다. 그리고 이 요구를 이루기 위해서는 다음의 두 가지 방식이 꼭 필요하다.

- 끊임없이 새로운 가입자들을 모집해 새로운 콘텐츠를 창작한다.
- 기존 회원들을 격려해 계속 콘텐츠를 창작한다.

회원들이 커뮤니티에 머무는 시간은 한정되어 있다. 누구는 몇 달을 머무를 수 있고 누구는 며칠만 머무를 수 있다. 하지만 흡인력 있는 콘텐츠를 계속 제공한다면 회원들이 커뮤니티에 머무르는 시간도 늘어난다. 그러므로 계속 새로운 콘텐츠를 창작할 사람을 모집해서 커뮤니티 활동력을 유지하고 새로운 콘텐츠가 고갈되지 않게 하면서 동시에 기존 회원들이 콘텐츠를 계속 올리도록 격려해야 한다. 내가 사용하는 방식은 '한 가지 주임무와 병행할 네 가지 부임무'를 주는 것이다.

주임무는 커뮤니티에 가입한 회원들이 반드시 수행해야 하는 임무이다. 'PPT 학습 커뮤니티'는 실습을 강조한 만큼 주임무는 '이번 주 연습 임무를 완성하기'다. 기초가 없는 회원들을 위한 모방 연습과 기존 회원들을 위한 창작 연습으로 구성되어 있다. 주임무의 콘텐츠가 커뮤니티 전체 콘텐츠의 약 70%를 차지한다. 상호교류로 이뤄지는 커뮤니티 특성상 활발히 활동하던 회원이 떠나면 커뮤니티는 일순간 조용해지고, 회원들은 침묵 상태에 빠진다. 그래서 주임무 외에 부임무를 통해서 회원들이 새로운 콘텐츠를 제작하도록 독려하고 커뮤니티 콘텐츠를 다원화할 필요가 있다. 그리고 부임무는 기간이 짧아야 하고 커뮤니티 특징에 따라 만들어야 한다. 내가 만든 커뮤니티 부임무로는 다음과 같은 것들이 있다.

- **콘텐츠 합작** 커뮤니티 우수 회원들이 특정 주제를 가지고 함께 콘텐츠 제작하는 것이다. 이를 위해서는 운영자가 우수 회원들이 잘하는 것을 파악하고 있어야 한다.
- **전문 콘텐츠** 커뮤니티 회원들의 수요를 파악해 내부팀이 수요에 맞는 콘텐츠를 제작하는 것으로 품질은 보장되지만, 제작 빈도가 높을 수 없다.
- **콘텐츠 이벤트** 비정기적으로 이벤트를 계획한다. 우리가 만든 이벤트로는 '갑의 습격'이 있다. 이벤트 동안 회원들은 주인공인 연습 역할을 맡고 일부 회원만 '갑'의 역할을 맡는다. '갑'의 역할을 맡은 회원이 요구한 디자인에 따라 제작한 작품 중 최종 통과한 회원이 우승자로 상금을 받는다. 이런 이벤트는 회원들의 활동력과 흥미를 끌어올릴 수 있다.
- **의외의 콘텐츠** 회원들이 비정기적으로 게시하는 콘텐츠를 말한다. 이런

콘텐츠는 구체적인 내용이나 시간을 통제할 수 없지만, 게시 빈도를 높일 수는 있다.

이런 임무들은 커뮤니티의 콘텐츠 게시 빈도를 안정적으로 관리할 수 있게 해주고, 커뮤니티의 활동도와 회원들의 만족도에 큰 도움이 된다.

02. 집단지성 효과를 통해 커뮤니티의 가치를 높여라

커뮤니티에서 가장 가치 있는 자산은 커뮤니티 회원이다. 회원들이 가진 가치를 하나로 모으면 '집단지성 효과'를 만들어낼 수 있다. 그리고 이런 집단지성 효과를 이용해 만들어낸 파생상품은 독보적인 파급력을 가지고 있다. 그래서 집단지성을 활용해 커뮤니티 안에서 가치 높은 콘텐츠를 발굴해 내는 일은 무척이나 중요하다. 우리 커뮤니티를 예로 들면 가장 가치 있는 콘텐츠는 당연하게도 회원의 PPT 작품이다. 그렇다면 어떻게 하면 회원의 PPT 작품이 더 큰 가치를 발휘하게 할 수 있을까?

커뮤니티를 만든 첫날부터 매주 우수 작품 심사를 한다. 우수 작품의 심사 기준은 '좋아요'가 얼마나 많은 지를 기준으로 한다. 그리고 연말에 뽑힌 우수 작품에서 거쳐 가장 우수한 작품을 뽑는다. 그리고 이 작품들을 다시 PPT 유형과 디자인 스타일에 따라 분류한 뒤 1,980페이지의 연간 『PPT 디자인 영감 책자』를 만들어 게시한다. 우리 커뮤니티의 경우 한번 가입하면 영원히 회원 자격이 유지되므로 매년 모든 회원이 이 책자를 볼 수 있다.

커뮤니티 중 대부분이 하나의 가치점을 중심으로 운영되고 있는 만큼 집단지성 효과를 실현하는 절차와 방법론은 주로 다음의 세 가지 단계로 나누어볼 수 있다.

- 커뮤니티에 유효한 가치점을 식별해 낸다.
- 규정을 통해 창작 가치를 올린다.
- 가치의 2차 개발을 완성한다.

예를 들어 촬영 커뮤니티의 경우 가치점은 게시된 사진이다. 매주 특정 주제를 제시해 커뮤니티 회원들이 사진을 촬영하도록 격려할 수 있다. 회원들을 격려하는 방식으로는 상금을 주거나 명예 게시판에 사진을 올리는 등을 활용할 수 있다. 그리고 한 주가 끝날 때마다 건축, 미식, 인물 등 주제에 사진을 분류해 정리해서 『촬영 구도 책자』를 게시한다면 구도 설정을 어려워하는 커뮤니티 회원들은 도움을 받을 수 있을 것이다.

한 사람이나 한 팀의 힘으로는 이루기 힘든 일들이 집단지성으로 쉽게 해결된다. 또 집단지성에는 모든 회원의 발자취가 담겨 있다. 우리 커뮤니티에서는 회원들이 "올해 영감 책자에 작품을 올리기 위해서 PPT를 열심히 배우겠다"라고 말하며 의욕을 불태우는 경우를 자주 볼 수 있다.

나는 적지 않은 전기를 읽었고 수많은 사람의 성장 과정을 직접 목격했다. 모두 각기 다른 성장 스토리를 가지고 있지만, 한 가지 공통점이 있다. 바로 포기하지 않고 끈질기게 노력했다는 것이다. 만약 나의 글을 읽고 끈기 있게 노력하는 게 얼마나 중요한지 깨달았다면 우리의 여정은 헛되지 않았다.

기회주의자는 반드시 죽지만, 오래도록 끈기 있게 버티는 사람은 영원히 살아남는다.

인생을 계획하고 이끌어라
선장이 되어

옌즈징 胭脂井

쓸모는 없지만 뛰어난 재주를 가진 옌즈징은 베이징 센추리 TAL 교육 과학기술(Beijing Century TAL Education Technology) 연구 개발 센터에서 과학자로 근무하고 있으며 주로 뇌과학과 이미지 인지 영역과 관련된 연구를 하고 있다. 칭화대학에서 학부를 이수한 뒤 미국 피츠버그대학에서 박사 과정을 거쳐 연구원이 되었다. 과거 미국 카네기멜론대학 연구교수 및 이카이(翼開) 과학기술 수석 과학자로 재직했다. '쓸모는 없지만 뛰어난 재주를 가진 옌즈징'이란 웨이보를 운영하고 있으며 같은 이름의 즈스싱추의 별지기다.

나는 1983년 베이징에서 태어났다. 어린 시절을 떠올리면 겨울 저장 배추, 식량 배급표와 식권, 골목에 있는 지붕 없는 재래식 화장실, 매일 입던 교복, 무지개색 내복 바지 등이 생각난다. 1990년 베이징에서 아시안게임이 개최되었던 그해에 초등학교에 입학했다. 그리고 30년이 지난 지금 내가 다녔던 초등학교는 존재하지 않고, 매일 탔던 지하철 2호선은 U자형에서 O자형으로 바뀌었다.

생각의 틀을 깨라

학창 시절 나는 모범생이 아니었다. 당시 국어 선생님은 엄마에게 장차 내가 작가가 될 거라 말씀하셨다. 그리고 지금 그 예언은 실현되었다.

학교 진학에 유리한 조건을 만들어주고 싶었던 엄마는 피아노를 배우도록 했고, 덕분에 음악 특기생으로 베이징 27중학교에 들어갈 수 있었다. 베이징 27중학교는 자금성 둥화먼(東華門)과 가까이 인접해 있어 매일 고궁을 돌며 800m 달리기를 연습했다. 중학교 2학년 이후 손쉽게 학년 전체 1등을 차지했고 선생님의 격려를 받으며 베이징 4중 고등학교 진학 시험을 봤고, 합격했다.

그렇게 명문 학교에 들어간 이후에는 성적이 계속 하위에 머물렀다. 더구나 몇몇 선생님들의 매서운 질책 때문에 더욱 위축되고 초조해졌다. 가족에게 도움을 받을 수도 없었기에 결국 스스로 난

국을 헤쳐 나가는 수밖에 없었다. 그러던 어느 날 진정한 적은 시간이나 친구들이 아니라 바로 나 자신이라는 사실을 깨달았다. 나는 충분히 똑똑하니 자신의 문제를 해결하는 방법을 찾을 수 있고, 충분한 시간이 있는 만큼 성적을 올릴 수 있었다. 시험을 볼 때는 모두 같은 시험지를 받는다. 그러니 내가 틀리지만 않는다면 다른 사람이 나를 어떻게 할 수는 없다.

이런 결론에 이르자 성적을 올릴 두 가지 방법이 떠올랐다. 하나는 실수를 되짚어 보는 것이었다. 나는 '오답 노트'를 만들어 틀린 문제와 답을 기록하는 것에 그치지 않고 어디를 틀렸는지와 어느 문제에서 해당 유형이 나오는지를 기록했다. 다음으로는 문제를 하나하나 해결해 나가는 거였다. 나에게 시험은 점수를 얻는 놀이였고, 몇몇 과목은 점수가 좋았다. 그래서 쉬운 '화학'과 '영어'를 공략해 성적을 만점 수준으로 올려 자신감을 얻은 뒤 어려운 '국어'와 '수학'을 공략했다. 이를 통해 성공에는 노력도 중요하지만 방법을 생각하는 것도 중요하다는 사실을 깨달았다. 결국 칭화대학에 합격했다. 입학하는 날 과거에 급제한 사람처럼 가족들의 응원을 받으며 전국 각지에서 온 신입생들과 함께 캠퍼스로 들어갔다.

가장 전도유망한 길

고등학교 시절 나는 스스로 성적을 올렸고, 마침내 명문대에 입학했다. 하지만 칭화대학에 들어오자 자신감은 산산이 조각났다. 세상에는 잘난 사람이 수없이 많다는 잔혹한 현실을 뼈저리게 깨달았다. 합격선을 간신히 넘는 성적과 악몽에 시달리는 시간을 보내며 인생에서 중요한 선택에 직면했다. '취직해야 할까? 대학원에 진학해야 할까? 아니면 해외로 유학을 갈까?'

이때 기회가 찾아왔다. 우리 학과에서는 호주 멜버른대학교에 학생 두 명을 보낼 수 있었다. 모든 학생이 이 기회를 얻고 싶어 했던 만큼 내 성적으로는 어림도 없는 일이었지만, 운 좋게 내가 뽑혔다. 알고 보니 나와 경쟁하던 두 명의 학생이 연인 관계였는데, 한 명이 뽑히지 않자 다른 한 명이 포기하면서 내가 어부지리로 가게 된 것이다.

멜버른대학교의 강의는 실용적이었다. 아동 언어 발달장애 문제와 노인의 뇌가 노쇠해짐에 따라 일어날 수 있는 일련의 노령화 질환에 관해 배웠다. 이런 강의는 생각의 틀을 열어주었고 오랫동안 나를 괴롭히던 문제도 한꺼번에 풀렸다.

나는 실험이나 이론 연구에서 다른 친구들을 이길 수 없다는 걸 알고 있었다. 게다가 생물과학은 아직 충분히 주목받지 못하고 있음에도 세부 분야에서 치열한 경쟁이 벌어지고 있었지만, 시장을 개척할 공간은 부족했다. 그러니 진정으로 주목을 받게 돼서 시장이 개척된다면 분명 더 많은 기회가 생길 거였다. 하지만 전공을 포기하고 금융이나 IT에 뛰어들고 싶지는 않았다. 전공인 생물의학 분야에서 나온다는 건 내가 가진 경쟁력을 포기하고 완전히 새롭게 시작해야 한다는 뜻이었기 때문이다. 이미 칭화대학에서 경쟁에 지친 나는 새로운 전장에 뛰어들고 싶지 않았다. 내가 생각한 가장 전도유망한 길은 시장에서 주목받을 분야를 깊이 연구하는 실용적인 과학자가 되는 것이었다.

절박함이 만들어 낸 용기

2006년 중국은 고령화사회로의 진입을 앞두고 있었다. 앞으로 노인병 예방과 치료, 양로 및 물리요법 사업이 장기적으로 주목받을 가능성이 컸다. 더구나 한 자녀 정책으로 1세대 가정은 네 명의 연로한 부모를 부양하면서 자식까지 키워야 하는 어려운 상황에 직면해 있었다. 이에 노부모들은 자식에게 부담을 주기 싫어 노인성 뇌질환이나 알츠하이머병에 걸릴까 걱정하고 있었다. 어떤 분야나 시장 태동기에는 혼란이 극심하지만, 자리를 잡으면 많은 기회가 생긴다. 외국에서 공부를 마치고 돌아올 때쯤 고령화 문제가 대두되면서 양로와 물리요법 시장이 주목받기 시작할 테니 외국에서 터득한 지식과 방법을 중국에서 활용할 수 있을 거였다.

장래를 결정하고 즉시 미국 유학을 준비하기 시작했다. 칭화대학의 GPA(Grade Point Average, 평균 평점)가 높지 않아서 좋은 학교에 신청하기 어려웠지만, 토플과 GRE 성적이 좋다는 점에 자신감을 가졌다. 그래서 한번 시도해 보자는 마음으로 13개 학교에 신청서를 냈다. 실용적인 지식을 배울 수 있거나 임상으로 유명한 학교를 골라 지원했지만, 그런 분야에 대한 경험은 전혀 없는 상태였다. 일반적으로 미국에서 박사 과정은 장학금을 받아 공부하는 반면 석사 과정은 자비로 공부해야 했다. 경제 사정을 고려한 나는 어쩔 수 없이 박사 과정을 신청했다. 그리고 순조롭게 합격하기 위해서 사전에 교수와 일대일로 연락해 컨택을 받아야 했다.

많은 학생이 이메일로 교수와 연락을 시도했다. 하지만 상대방과 관계를 맺는 가장 확실한 방법은 직접 만나거나 전화 통화를 하는 거였다. 그래서 나는 전화를 걸기로 결심했다. 해외에 있는 낯선 교수에게 영어로 말해야 한다는 두려움을 이겨내야 했고, 국제전화 비용을 아끼기 위해 최대한 짧은 시간 안에 다른 학생들보다 뛰어난 능력을 갖추고 있다는 것을 증명해야 했다.

이에 모든 교수에게 이메일로 전화 통화 시간을 예약한 뒤 전화를 했고, 피츠버그대학교의 코니 톰킨스(Connie Tompkins) 박사를 알게 되었다. 그는 상냥하게도 내가 일주일 치 식비를 아낀 돈으로 30분밖에 통화하지 못한다고 말하자 전화를 끊게 하고는 다시 전화를 걸어주었다. 그리고 이어진 두 시간의 통화에서 내가 가진 열정과 이상을 인정해 주었다.

통화가 끝난 뒤 그는 나를 채용하기 위해 사람들을 설득했고, 장학금을 받을 수 있게 해주었다. 내가 가진 경력만으로는 미국에서 두 번째로 유명한 피츠버그대학교 물리요법학과에 들어갈 수 없었을 것이다. 이렇게 기회를 얻어 물리요법으로 전공을 바꾸면서 더는 분자세포실험을 할 필요도 없었고, 실험용 생쥐를 돌볼 필요도 없게 되었다.

밑바닥에서 만난 소중한 사람들

박사를 졸업한 뒤 곧바로 중국으로 돌아가겠다는 계획을 세웠지만, 예상과 달리 미국에서 11년 동안 살게 되었다. 그리고 이때 겪은 모든 경험은 내 인생에서 가장 소중한 재산이 되었다.

처음은 순조롭지 않았다. 뇌 언어 물리요법학과에서 박사 과정을 시작한 첫해에는 사람들의 말을 잘 알아듣지 못했고, 강의 내용은 더더욱 알아듣지 못했다. 박사 과정에서 배우는 내용이 본과생 때 배운 내용과 너무나도 달랐기 때문이다. 심지어 본과생보다 아는 게 없다고 느껴질 정도였다. 게다가 어려 보이는 외모라서 조교임에도 본과생들 앞에서 위엄이 서지 않았다. 매번 강의실에서 본과생들을 가르칠 때 배운 내용을 그대로 전수했지만 마음속으로는 이게 맞나 하는 생각에 조마조마하고 불안했다.

그러던 중 2008년 금융위기가 찾아왔다. 지도교수의 과학 연구비가 중단되었고, 장학금도 사라졌다. 게다가 F1 학생비자를 가지고 있었기에 학자금 대출도 신청할 수 없었고, 집안 사정상 부모님이 학비를 지원해 줄 수도 없었다. 이대로라면 학업을 끝마칠 수 없는 상황이었다. 하지만 지금까지의 노력이 수포로 돌아가는 건 용납할 수 없었다. 당시 유일한 출구는 과학 연구비가 있는 교수에게 부탁해 학교 안에서 일하며 그 수입으로 '연명'하는 거였다.

그해 겨울은 유난히도 추웠다. 실외 온도가 영하 20도로 떨어지고, 무릎 높이까지 쌓일 정도로 많은 눈이 내렸다. 학교 안에는 충격에 휩싸인 사람들로 가득했다. 학생들은 학비를 걱정해야 했고, 교수들의 퇴직금도 절반이 날아갔다. 저녁에는 솜이불을 두른 채 보드카를 홀짝이며 추위와 싸웠고, 낮에는 몸을 바들바들 떨면서 동전을 들고 이력서를 인쇄하러 갔다. 얼굴이 꽁꽁 얼어붙어서 눈물조차 나오지 않았다.

당시 나 같은 사람은 많았지만 자리는 한정되어 있었다. 연구비가 있는 교수들은 매일 수백 통의 이메일을 받았지만, 미국인들은 하루에 이메일 한두 통만 확인하는 습관이 있었다. 나는 마냥 기다리느니 직접 찾아가는 게 낫겠다고 생각했다. 거절당하더라도 확실한 대답을 들을 수 있으니 멍하니 이메일만 기다리고 있는 것보다는 나았다. 운이 좋다면 현장에서 면접을 볼 수도 있었다. 나는 관련 학과 교수들을 찾아갔고 마침내 한 정신병원 교수가 나를 돕겠다고 나섰다. 그는 정신질환자 비만증 연구비를 가지고 있었다.

이로써 나는 정신병원에서 심리치료 방면의 전문 지식을 배울 수 있었다. 다행이었던 점은 이곳에서의 경력 덕분에 교내 안면인식 실험실에서 표정 분석 기술을 공부할 수 있었다는 것이다. 이로써 2009년 세계에서 가장 발전된 안면 합성과 표정 식별 기술을 알게 되었고, 이후에 음성을 활용해 우울증의 심각 정도를 탐지해 낼 수 있다는 걸 발견했다. 이런 알고리즘은 비용이 낮고 응용 범위가 넓었다.

이로써 알고리즘에 관심이 생겨 머신러닝을 공부하기 시작했다. 하지만 내 지도교수는 이 방면에서 아무런 도움도 줄 수 없었기에 하는 수 없이 다른 교수에게 배움을 청하거나 다른 자원을 찾아야 했다. 이런 나의 일탈에도 지도교수는 불쾌해하지 않고 직접 나서서 도와주었다. 그리고 마침내 「알고리즘으로 자기공명영상을 분석해 노인 중풍 후 언어 질환을 예측하는 법」이란 제목의 논문을 발표해 지도교수의 체면을 세울 수 있었다.

2012년 힘들게 6년 동안 공부한 끝에 박사 과정을 마칠 수 있었다. 졸업식 날 지도교수는 관례에 따라 박사모 술을 반대쪽으로 넘겨주었는데, 이건 내가 학교를 떠나 사회로 나간다는 걸 의미했다. 박사모 술을 넘겨준 뒤 지도교수가 나를 바라보며 의미심장한 목소리로 말했다. "From now on, survival of the fittest(이제부터는 적자생존이야)."

딩크족이었던 지도교수는 60세가 넘었음에도 여전히 소녀 감성을 간직하고 있었다. 내가 스카이다이빙을 하러 간다고 말하면 "너무 위험한데"라고 말하는 게 아니라 "나도 데리고 가"라고 말하는 사람이었다. 스승과 제자로 6년 동안 함께하면서 우리는 자매처럼 지냈다. 졸업식 날 그런 말을 해준 것도 승부욕이 강하고 자기주장이 센 내가 사회에 나가서 사람들과 갈등을 빚으며 고생할까 봐 걱정을 했기 때문이었다. 그리고 지도교수의 걱정은 기우가 아니었다. 사회생활을 시작한 뒤 나는 고집스러운 성격 때문에 상당히 고생을 했다. 그리고 매번 반성할 때마다 지도교수의 말이 떠올랐다.

'뇌-컴퓨터 인터페이스'에서 '두뇌 번역'까지

박사를 졸업한 그해 『경계를 넘어서(Beyond Boundaries)』란 책을 접하게 되었다. 이 책은 뇌-컴퓨터 인터페이스 기술을 사용해 신체의 경계를 확장하면 집 안에서 달의 표면을 만질 수 있고, 의식을 통해 외부 설비와 통신하거나 통제할 수 있을 거라고 주장하며 앞으로 실현될 수 있는 신비로운 미래 세상의 모습을 설명하고 있었다.

나는 이 책에서 설명하는 미래 세상의 모습에 완전히 빠져들었다. 그러던 중 중국 국적의 왕웨이(王緯) 박사가 피츠버그대학교 의학센터에서 이 분야를 연구하고 있다는 걸 알게 되었고 곧장 그를 찾아갔다. 왕웨이 박사는 첫 번째 포닥 과정 지도교수가 되었다.

실험실에 있는 2년 동안 나는 지식을 쌓고, 중요한 실험에 참여할 수 있었을 뿐만 아니라 침습식 뇌-컴퓨터 인터페이스 기술의 원리를 깊이 이해할 수 있었다. 뇌-컴퓨터 인터페이스 기술의 성공은 두 가지로 좌우된다. 하나는 이식 재료와 기술의 발전이고 다른 하나는 알고리즘의 발달이다. 뇌-컴퓨터 인터페이스 기술은 대뇌 신호를 해석해 로봇 팔에 연결해야 하므로 실시간 온라인 디코딩과 통제를 할 수 있어야 해서 알고리즘에 대한 요구가 매우 높다. 로봇 팔 양손의 움직임은 상하, 좌우, 앞뒤 이렇게 세 차원으로만 이동하고, 손가락과 관절의 모든 활동을 포함해도 총 십여 개의 차원이면 충분하므로 저차원 알고리즘이 필요하다. 하지만 언어는 수천 개 차원으로 구성된 공간이다. 저차원 공간에 적용된 알고리즘을 고차원 공간에 적용하면 기능을 잃어버리기 일쑤였다. 나는 이런 과정을 겪으면서 점차 언어 해석에 흥미를 느끼게 되었다.

2008년 카네기멜런대학교의 톰 미첼(Tom Mitchell)과 마르셀 저스트(Marcel Just)는 과학잡지 『사이언스(Science)』에 처음으로 비침습식인 자기공명영상을 활용해 언어를 해석한 논문을 발표했다. 이 논문은 사람의 언어는 고차원이므로 뇌에서 직접 해석해야 한다고 생각한 연구자들에게 엄청난 충격을 주었다. 나는 논문을 읽은 뒤 그들을 만나기 위해 노력했고, 마침내 마르셀 저스트의 실험실에 들어갈 수 있었다. 그는 내가 포닥 과정에서 만난 마지막 스승이자 가장 많은 영향을 끼친 사람이다.

실험실에서는 '두뇌 번역'과 관련된 여러 실험을 했다. 한 가지 언어만 사용할 줄 아는 사람의 대뇌 신호로 알고리즘을 훈련한 뒤 이 알고리즘을 활용해 다른 한 가지 언어만 사용할 줄 아는 사람의 대뇌 신호를 분석하는 거였다. 이렇게 대뇌를 통해서 언어 해석을 진행하면 어떤 매개물도 필요치 않았고, 심지어 발성도 필요 없었다. 나는 2017년에 두 편의 논문을 발표해 연구 성과를 알렸다.

광란의 시간에는 함부로 행동해서는 안 된다

내가 계속 피츠버그에 머물렀던 이유는 중국으로 돌아간 뒤 어떻게 될지가 불분명했기 때문이었다. 구글, 페이스북, 우버 등 대기업들이 자본을 아끼기 위해서 피츠버그에 지국을 세우면서 동기들도 다시 돌아오는 상황이었다. 특히 2013년에는 미국 캘리포니아 집값이 폭등하면서 많은 프로그래머, 알고리즘 엔지니어들이 피츠버그에 머물기를 바랐다. 이에 지인을 만나러 중국에서 온 사람들도 피츠버그에 모여들었고, 고향 사람들을 만날 기회가 많아졌다. 자연스럽게 집에 돌아가고 싶다는 생각이 들었다.

사실 그동안 귀국하라고 설득하는 사람들이 많았다. 중국 창업 환경이 좋아져서 학력이 높은 사람은 쉽게 투자금을 얻을 수 있다고 과장해 말하기도 했다. 원래 박사 과정을 마친 뒤 중국으로 돌아가려 했지만 오히려 이런 말에 겁을 먹고 미국에 머물게 되었다. 그렇게 미국에 더 머무르면서 저명한 과학자들을 만나게 되었고 포닥 과정을 밟으며 실력을 계속 쌓았다.

그 과정에서 계속 교수직에 응시했지만 안타깝게도 원하는 자리를 얻을 수는 없었다. 하지만 2017년 NIH(National Institute of Health; 미국 국립보건원)의 R21(Exploratory/Developmental Grants Phase I; 탐색/개발 보조금 1)에 선정되었다. 이 보조금은 신청한 과학자 중 20%만 선정될 정도로 경쟁이 아주 치열했다. 이 일을 계기로 미국에서 정착해 더는 직업, 생활, 집세, 신분 등을 걱정하지 않을 수 있었다.

하지만 이때 미국을 떠나, 몸담고 있던 학술계를 떠나 중국으로 돌아가겠다는 결정을 내렸다. 직장을 찾고 보조금을 받아 연구하는 과정에서 미국의 학술계에 '유리천장'이 있다는 사실을 발견했기 때문이었다. 중국 국적 과학자는 『사이언스』나 『네이처』에 논문을 발표할 정도로 실력이 출중해도 미국에서 교수나 학과장이 되는 경우가 드물었다. 심지어 중국 국적을 버리고 귀화를 해도 소용이 없었다.

나는 명예나 돈에 연연하는 사람도 아니고 자리에 대한 욕심이 있는 사람도 아니었다. 더구나 성격상 높은 직책과 어울리는 사람도 아니었다. 하지만 미국 학술 연구 기구의 임원진 중에 중국인이 거의 없음으로써 받는 영향은 상당했다. 과학연구 자원의 분배부터 개인의 장래까지 영향을 끼쳤다. 아무리 천부적인 자질을 가진 천재라도 혼자서 싸우면 더 많은 힘을 들여야 하므로 발전 속도도 느려지고 오랫동안 좋은 성과를 낼 수도 없다.

중국으로 돌아간 나는 한 벤처기업에 취직했다. 그리고 얼마 뒤 동창의 추천을 받아 베이징 센추리 TAL 교육 과학기술의 과학자가 되었다. 중국에서는 뇌과학과 교육의 결합이 엄청난 주목을 받았고 연구할 수 있는 대량의 데이터가 제공되었다. 마침내 장래성이 있으면서 나와도 알맞은 일을 찾게 되었다.

1인 마케팅 부서

2010년 웨이보에 가입했고 처음 시작했을 때는 소셜미디어를 활용해 돈을 벌겠다는 생각은 없었다. 왜냐하면, 당시 전 세계적으로 돈을 벌 수 있는 소셜미디어 플랫폼이 출현한 적이 없었기 때문이었다. 하지만 인스타그램, 유튜브, 페이스북을 차례로 알아가면서 빠르든 늦든 언젠가는 이것들을 통해 개인 브랜드 만들 수 있겠다는 사실을 발견했다.

중국에서 비즈니스 모델들이 속속 등장하기 시작할 때 미국은 이미 비즈니스 시장이 세분되어 있었고, 많은 작가와 지식인들이 트위터를 통해 자신의 개인 브랜드를 구축하고 있었다. 나는 단순히 언젠가 중국으로 돌아갈 테니 미리 준비를 해야겠다는 생각에 웨이보에 가입했다. 더구나 중국 소셜미디어를 나의 목소리를 전달하는 통로로 활용할 수 있겠다는 생각도 들었다.

그래서 10년 동안 꾸준히 웨이보를 운영했고, 예상을 뛰어넘는 발전을 이뤘다. 나의 웨이보 계정은 어떤 투자나 광고도 받지 않았음에도 성장을 거듭했고 팔로우 수가 140만이 넘었다. 게다가 아직도 계속 성장 중이다.

이에 많은 사람이 소셜 미디어를 활용해 창업하라고 권유했지만 성공 여부가 불확실해 받아들이지 않았다. 전문가에게 개인 브랜드 구축은 중요하지만, 어디까지나 뿌리 없는 나무일 뿐이다. 나는 연예계에 발을 들이고 싶지도 않고, 인터넷 스타가 되고 싶지도 않다. 소셜미디어는 개인의 생각을 말하고 마음에 맞는 구독자들을 찾는 좋은 수단일 뿐 본업이 될 수는 없다.

나에게 소셜미디어는 마케팅을 도와주는 1인 마케팅 부서라고 할 수 있다. 하지만 마케팅 부서가 아무리 잘나간다고 해서 제품 부서를 포기하고 싶지 않다. 왜냐하면 나의 최종 목표는 더 좋은 제품을 연구 개발하는 것이기 때문이다.

계속 발전하는 법

일반적으로 36세를 중년에 접어든 나이라고 말하지만, 전문직 종사자에게는 경력이 시작되는 시기라 할 수 있다. 나는 도약을 위해 더 많은 플랫폼을 찾아야 했으며, 동시에 그동안의 노력으로 더 많은 방법과 경험을 얻을 수 있었다.

01. 나아가는 중에도 스승을 찾아라

사람들은 지혜, 용기, 기백과 같은 자세를 높이 평가하지만 개인적으로 가장 중요시하는 자세는 경청이다. 경청하면 편견 없이 겸허한 마음으로 그 안에 담긴 깊은 의미와 이치를 들을 수 있다. 총명한 사람들은 간접 학습에 뛰어나다. 경청하면 실패를 통해 배우는 것보다 더 저렴한 값을 지불하고 '큰 함정'을 피하는 법을 배울 수 있다.

시행착오가 필요하다고 말하는 사람들이 많은데 이 말도 틀린 건 아니다. 하지만 시행착오는 알맞은 방법을 알지 못할 때 어쩔 수 없는 내리는 선택이다. 방법이 있는 데도 시행착오를 하는 건 '실수'일 뿐이다. 다른 사람의 의견을 경청했으면 피할 수 있었던 시행착오는 되도록 경계해야 한다.

02. 전장 선택과 전략적 전환

직업을 바꾸기 전에는 신중해야 하고, 직업을 바꿀 때는 '전략적 전환'을 고려해야 한다. 직업을 바꾸는 건 자신의 단점으로 다른 사람의 장점과 맞서는 일이다. 최적의 생존 전략은 자신의 장점을 최대화할 수 있는 곳을 찾는 것인데 이를 '전장 선택'이라 한다.

많은 사람이 A를 포기하고 B로 이전하는 방법을 사용하는데, 더욱 영리한 방법은 A와 B의 교차점을 찾아 이 두 가지 전문 분야를 기반으로 더 높은 차원으로 발전해 나가는 것이다. 칭화대학은 현재 대학원생을 H형 인재로 양성하는 데 치중하고 있다. H형 인재란 두 영역에 조예가 깊고, 두 영역에 공동으로 등장하는 지식을 광범위하게 파악하고 있는 인재를 말한다.

03. 소모하는 것보다 더 많은 걸 비축할 줄 알아야 한다

계획적인 인생을 살려면 에너지, 실력, 능력, 지식을 계속 쌓아야 한다. 항상 생활을 살펴보며 어느 일이 '소모'가 많고 어느 일이 '비축'이 많은지 분별해 낼 수 있어야 한다. 만약 매일 정신없이 일하느라 소모만 하고 비축하지 못한다면, 난관에 부딪칠 수 있다. 자신의 분야에서 경력을 쌓고 발전하려면 많은 에너지를 소모하며 투쟁을 계속해야 하기 때문이다. 그러므로 성장의 힘을 비축해야 한다. 우리 모두 자신을 지키는 경호원이자 인생을 이끄는 선장이 되어야 한다.

꼭대기에 오를 수 있다
미친 듯이 올라가야

우쓰한 吳思涵

우쓰한은 2009년 중산대학 생명과학 학원을 졸업한 뒤 2014년 중산대학 중산의학원에서 약리학 박사 학위를 취득했다. 이후 루드비히 암연구소와 미국 캘리포니아대학교 샌디에이고 캠퍼스에서 암 유전학과 신진대사 방면을 연구하며 포닥 과정을 거쳤다. 최근에는 종양에서 발견되는 염색체 외 DNA의 물리구조, 구조 서열 및 염색질의 특징 해석을 중점적으로 연구하고 있으며, 차세대 암 치료법이 개발될 수 있도록 기초 이론을 제공하기 위해 노력하고 있다.

보잘것없는 작은 것들이 지금의 자신을 만들어낸다. 가정환경, 교육 배경, 인맥 관계, 심지어 인연까지 모두 한 사람의 성장에 영향을 미치는 요소들이다. 그러니 내가 과학연구를 하게 된 것도 절대 우연이 아니었다.

저항할 수 없는 숙명

내가 생물학의 길을 걷게 된 데는 두 가지 이유가 있다. 하나는 고등학교 시절 아주 뛰어난 생물 선생님을 만난 것이다. 유명한 교사였던 그의 수업은 매번 훌륭한 강연을 듣는 것 같아서 45분이 어떻게 지나갔는지 모르고 끝날 정도였다. 자연스럽게 생물학에 빠진 나는 대학을 지원할 때 거의 생물학 관련 전공만 선택했다. 고등학교 생물 선생님이 한 사람의 전공 선택을 넘어 직업 선택에까지 큰 영향을 끼친 것이다.

다음은 의사인 외할아버지의 영향이었다. 퇴직 후 작은 진료소를 운영하던 외할아버지는 가난한 환자들에게는 돈도 받지 않으셨다. 주말마다 그곳에 가서 놀았기에 외할아버지의 자애로운 모습이 머릿속에 깊이 박혀 있었다. 비록 내가 임상의학을 배우기 적합한 성격이 아니라는 걸 알고 있었지만, 비전공 과목으로 선택해 박사 학위를 취득했다. 의학을 배워야 한다는 생각이 나의 잠재의식 속에 깊이 자리를 잡았던 것 같다.

지금 종양학 방면 연구에 집중하게 된 것도 우연이 아니다. 내가 공부한 중산대학은 남쪽 지역에서 가장 큰 종양 치료센터가 있고, 학교 교수 중에 종양생화학, 종양유전학, 분자생물학 등을 연구하는 교수들이 많았다. 이에 평상시 강의나 강좌에서 책으로는 접하기 힘든 종양학 지식을 많이 접할 수 있었고, 자연스럽게 종양학 연구에 흥미가 생겼다.

물론 이외에도 중요한 원인이 하나 더 있다. 바로 암 환자와 그 가족을 본 경험이 있다는 것이다. 암 환자와 가족의 표정을 잊을 수 없다. 절망과 살고 싶다는 욕구가 교차하고, 슬픔과 의지가 뒤섞인 표정을 말이다. 항상 내가 뭘 하면 저들을 도울 수 있을지 생각했다. 지금도 내가 하는 기초연구가 암 환자들을 당장 도와주지는 못하지만, 중요한 역할을 한다고 생각한다. 그리고 그 성과는 미래에 가치 있는 지식으로 바뀌어 종양 치료를 위해 쓰일 수 있을 것이다.

과학연구를 위해 갖춰야 할 생각

과학 분야 연구자들은 파란만장한 시험을 거쳐야 한다. 본과생에서 박사생에 이를 때까지, 그리고 포닥 과정을 거쳐 인재 시장에 나올 때까지 모두 시험의 연속이다. 내 경험에 비춰보면 이 모든 시험을 통과하려면 압박을 이겨낼 줄 알아야 하는 건 기본이고, 무엇보다 업무 능력을 갖추고 있어야 한다. 즉, 과학연구를 위해 제대로 된 생각을 갖추고 있어야 한다. 그렇다면 과학연구를 위해 갖춰야 할 생각은 무엇일까? 나는 지식 축적, 이성적이고 논리적인 생각, 상상력과 창의력이라고 생각한다.

무협소설의 세계관을 보자. 무공 중에 육맥신검(六脈神劍)은 충분한 내공이 없으면 익힐 수가 없다. 이처럼 과학 문제도 머릿속에 충분한 '지식'이 없으면 '어디서부터 공부해야 할지'를 파악할 수 없다. 여기서 말하는 충분한 지식은 전공 서적과 최신 연구를 통해서 얻어야 한다. 동시에 과학 문제를 탐구하기 위해서는 시야를 확장해야 한다. 예를 들어 종양을 연구하는 연구자는 종양세포를 관찰할 때 한 가지 시선이 아니라 게놈학, 단백질체학, 세포생물학 등 다양한 시선으로 바라볼 수 있어야 한다.

지식 축적이 무협의 내공 수련과 같다면 이성적이고 논리적인 생각은 무공의 초식과 같다. 초식을 익혀야 축적한 지식을 사용할 수 있다. 그래서 나는 후배나 지인에게 논리학 분야 입문 서적을 읽거나 과학, 철학 방면의 지식을 쌓으라고 추천한다.

마지막으로 무협소설에서 한 시대를 풍미하는 대가가 되려면 새로운 무공을 만들어내야 한다. 생물의학은 발전 속도가 굉장히 빨라서 평범한 학자들은 주요 연구 분야 주변을 맴돌 뿐이지만, 뛰어난 학자라면 새로운 연구 분야를 만들어낼 수 있다. 하지만 그러기 위해서는 엄청난 상상력과 창의력을 갖추고 있어야 한다. 물론 아이디어를 실행할 수 있는 실천력도 필요하다. 창의적인 사고는 종종 비이성적이고 비논리적인 부분을 가지고 있으므로 지식 축적과 이성적이고 논리적인 사고가 뒷받침되어야 한다. 그렇지 못하다면 공인받지 못한 사이비 과학으로 전락할 뿐이다.

컴퓨터 프로그래밍으로 문제를 해결하다

만약 나에게 최근 몇 년 동안 익힌 것 중에서 가장 중요한 게 뭐냐고 묻는다면 나는 주저 없이 컴퓨터 프로그래밍이라 말할 것이다. 물론 응용통계학도 배우지 않으면 안 되었다. 연구자들은 자신이 실험실에 파묻혀 연구만 한다고 자조하지만, 사실 컴퓨터 프로그래밍으로 빅데이터 분석을 할 줄 모른다면 뛰어난 연구자라고 말할 수 없다.

몇십 년 전까지 한 번에 하나 또는 여러 개의 샘플을 연구하던 생물의학은 이제 빅데이터 시대로 발전했다. 게놈프로젝트가 시작된 이후 우리는 포스트 게놈 시대를 맞이하게 되었고, 여러 대형 프로젝트를 거치며 천 명, 만 명의 게놈프로젝트를 완료하게 되었다. 바다처럼 거대한 빅데이터에는 풍부한 원시 정보가 매장되어 있으며, 그 속에 숨겨진 질병의 유전변이 메커니즘은 우리가 발굴해 주기를 기다리고 있다. 하지만 엑셀로는 빅데이터 연구를 만족시킬 수 없다. 행과 열이 몇만에 이르는 거대한 엑셀 표로 인해 걸핏하면 시스템이 무너지기 때문이다.

대학교 시절 프로그래밍 과목을 전문적으로 수강한 적은 없지만, 온라인 커뮤니티에서 프론트엔드 개발과 데이터베이스 관련 지식을 접한 적이 있어 프로그래밍에 어느 정도 기본 지식은 있었다. 그리고 몇 년 전 크리스마스 휴가 때 R 언어를 배웠다. 1시간 정도 온라인 동영상을 본 뒤에 예시에 따라 조작을 해보고 마지막으로 일상의 데이터분석을 프로그램에 이식했다. 이와 같은 기술을 익히면서 과학연구를 위한 사고가 대폭 확장되었다. 이전에는 할 수 없었던 데이터를 분석할 수 있게 되었을 뿐만 아니라 작업 처리 방법까지 깨닫게 되었다.

'흰 가운'과 '정장' 중 하나라도 없으면 안 된다

과학자를 생각하면 머릿속에 어떤 이미지가 떠오르는가? 공상과학영화처럼 흰 가운을 입은 채 손으로 시험관을 흔들고 있는 모습이 떠오르는가? 아니면 미국 드라마 〈빅뱅 이론〉처럼 하루 종일 집 안에 틀어박혀 있는 모습이 떠오르는가? 사실 현실의 과학자들은 이런 상상과는 아주 다르다.

'흰 가운'을 입을 거라는 건 절반만 맞았다. 어쨌든 과학자의 작업 핵심은 실험실에서 조작 실험, 데이터 정리, 논문 작성 등 연구 업무이니 말이다. 하지만 이제는 연구실에 파묻혀 연구만 하는 과학자는 뛰어난 과학자가 아니다. 연구 자체도 중요하지만, 연구 성과를 널리 알리는 것도 외면해서는 안 되는 중요한 문제다.

과학자들이 무수히 많은 탓에 동종업계 종사자끼리도 서로가 하는 일을 모를 수 있다. 동료에게 내가 하고 있는 일이 뭔지 아냐고 물어봤을 때 돌아오는 답이 "논문을 읽었어"라면 문제가 있다. 새롭게 발표되는 논문의 수가 셀 수 없을 만큼 많은데, 무슨 시간이 있어 논문을 읽었을까? 더구나 일반 대중들은 논문을 통해 정보를 얻지 않는다. 대부분은 신문이나 특히 뉴미디어 플랫폼을 통해서 정보를 얻는다. 그렇다면 뉴미디어를 통해 내가 하는 일의 중요성을 알리려면 어떻게 해야 할까?

뛰어난 과학자가 되고 싶다면 생각을 정리해 글로 잘 표현할 수 있어야 할 뿐만 아니라 말도 잘해야 한다. 과학자는 실험실에서는 흰 가운을 입어야 하지만, 업계 사람들이나 대중 앞에 섰을 때는 '정장'을 입고 자신의 과학 성과를 홍보하는 상인이 되어야 한다.

최근 몇 년 동안 강연 능력이 한 사람의 연구 생애에 상당히 중요하다는 걸 실감했다. 2019년 나는 각종 공개 행사에 참석해 연구 성과를 발표할 기회가 여러 번 있었다. 준비를 충분히 해서 발표를 잘하면 많은 과학자가 찾아와 함께 연구하고 싶다고 말하거나 다른 공개 행사에 참석할 기회를 가질 수 있었다. 하지만 제대로 발표하지 못하면 찾아오는 사람이 적었다. 한마디로 수준 높은 강연을 해야 더 많은 사람과 교류할 기회가 생기는 것이다.

성공의 전제는 숙달이다. 중산대학에 있을 때 피아노 대회를 준비하던 친구에게 지도교수가 했던 말이다. 악보를 완전히 숙달해야 작품에 내포된 의미와 연주자의 작품에 대한 해석이 온전히 관중에게 전달된다는 것이다. 어느 분야든 자신의 업무를 완전히 숙달하는 것이 성공의 핵심이다. 나는 모든 강연을 진지하게 준비하고 무대에 오르기 전에는 강연 원고를 완벽하게 외운다. 모든 사람이 이와 같은 경험을 해보았으면 좋겠다.

안일함을 버리고 도전을 선택하라

생물의학 영역은 본과 과정을 마쳤지만 겨우 까막눈 수준을 벗어났을 뿐이다. 왜냐하면 학문의 발달 속도가 너무나도 빠르기 때문이다. 교과서 내용 중 대부분은 이미 시대에 뒤떨어져 있다. 이 때문에 진정으로 생물의학의 매력을 알고 싶다면 과학연구의 영역에 들어와야 한다. 그 출발점은 박사 과정을 공부하는 것이다.

박사 과정이 힘드냐고 물으면 나는 힘들지 않다고 대답한다. 나는 본과에서 박사 졸업 때까지 모든 과정이 순조로웠고, 넘을 수 없는 벽은 만나본 적이 없었다. 공부와 연구를 하면서 남는 시간에 동아리 활동도 하고 게임도 했다. 2년 만에 논문도 발표했으니 학점 이수 외에 박사 졸업 조건을 조기에 달성했다고 할 수 있었다.

근심 걱정 때문에 부지런히 살고 안일함 때문에 죽는다는 말처럼 박사 과정 뒤 2년 동안 서서히 한계를 느끼게 되었다. 4년의 대학 시절과 5년의 박사 과정은 당시 내 인생에서 3분의 1을 차지하는 긴 시간이었다. 이처럼 익숙한 환경에서는 새로운 도전을 찾을 수 없었고 돌파구를 발견하기 어려웠다. 무리 중 선두에 있다는 즐거움을 만끽하면서도 한편으로는 더 앞으로 나아가지 못하고 정체되어 있다는 불안감이 있었다.

그래서 박사 졸업할 즈음에 파격적인 부교수 제안과 학교에 남을 경우 받게 될 혜택을 포기한 채 해외에서 연구를 하기로 결심했다. 당시 많은 사람이 이후에도 해외에 나갈 기회는 많으니 먼저 국내에서 자리를 잡는 게 중요하다고 조언했다. 이에 2, 3개월 동안 다른 분야에 있는 선배들에게 조언을 구했다. 하지만 조언을 구하면 구할수록 더 주저하게 되었고, 결국 마음속 목소리를 따르기로 했다. 성공하든 실패하든 해외로 나가 시야를 넓히기로 한 것이다. 자세히 계산해 보니 그리 손해를 보는 선택 같지 않았다. 5, 6년을 투자해 견문을 넓히고 약간의 성과도 얻을 수 있을 수 있으니 말이다. 설사 실패를 한다고 하더라도 그 과정에서 자신의 실력을 정확히 알게 될 테니 말이다.

지금 생각해 보면 그때의 결정이 옳았다. 안정적으로 자리를 잡은 사람들은 각종 직함을 내세우며 사람들의 부러움을 한 몸에 받는다. 하지만 더는 새로운 환경에 도전하지 않는다. 직장에서 오래된 직원의 장점은 더 유능한 업무 능력이 아니라 내부 사정을 상세하게 알고 있는 거라는 말이 있다. 이렇게 한 환경에서 오래 일하며 형성한 사고방식은 일시적으로는 도움을 줄 수 있지만, 장기적으로는 혁신을 가로막는 걸림돌이 된다. 그런 점에서 안정된 자리를 포기하고 임전무퇴의 각오로 해외로 나갔고 그 과정에서 나 자신을 완전히 새롭게 탈바꿈할 수 있었던 건 행운이라 생각한다.

불안에서 벗어나 자신감을 가지자

대학생 때부터 포닥 과정을 밟는 10년 동안 내 마음은 실력과 환경의 변화에 따라 바뀌었다. 홀로 캐리어를 끌며 미국에 도착했을 때는 처음으로 고향을 떠났다는 사실에 불안으로 가득했다. 다행히 동료들의 도움으로 미국에서도 사람들과 쉽게 어울릴 수 있었다.

그곳에 있는 사람들은 세계 각국에서 온 뛰어난 과학자들이었다. 매년 『네이처』에서 발표하는 네이처 인덱스(Nature Index)는 각 기관의 연구 성과를 알 수 있는 중요한 지표다. 어느 해에 캘리포니아대학 샌디에이고 캠퍼스가 8위에 오른 적 있었다. 하지만 우리 연구소의 과학연구 성과가 없었다면 11위로 순위가 떨어졌을 것이다.

이렇게 뛰어난 인재들만 모인 환경에서는 자신의 단점을 쉽게 발견하게 된다. 지식이 부족하거나 기술이 부족하거나 사고방식이 낙후되어 있거나 하는 등 단점을 알게 된다. 나는 뛰어난 동료들을 따라잡을 수 없겠다는 생각이 들었고, '나는 과학연구는 맞지 않을지도 몰라'라는 생각이 싹트기 시작했다. 박사 과정에서는 한 번도 이런 고민을 해본 적이 없었기에 점차 위축될 뿐이었다.

이때 상황을 타개할 기회가 찾아왔다. 매년 교수와 훈련 계획을 토론할 때 평가표를 작성해야 했다. 그해에는 평가표에 '앞으로 연구 업무를 하지 못할 확률이 절반 정도 된다'라고 적었다. 그걸 본 교수는 나를 불러 내가 겪고 있는 심리적 갈등을 듣더니 이렇게 말했다. "내가 실험실에서 함께 일할 사람으로 너를 고른 이유가 뭐라고 생각해? 너에게 창의력이 보였기 때문이야. 여기에 왔다는 사실 자체가 네가 다른 사람들과 마찬가지로 뛰어난 인재라는 걸 보여주는 거야."

그날을 계기로 나의 가장 큰 장점이 창의력이라는 걸 알게 되었고 이를 이용해 생물학, 의학 분야에서 더 앞선 연구 업무를 할 수 있다는 사실을 깨달았다. 물론 그러기 위해선 미지의 부분을 다뤄야 하고, 더 큰 어려움을 극복해야 했지만, 내가 중국을 떠나온 이유가 미지의 영역을 연구하고 싶어서가 아니었던가?

이렇게 마음을 다잡자 자신감도 천천히 회복되었다. 지금 돌이켜 보면 유치하게 느껴지기도 하지만 그때의 경험은 나를 새롭게 바뀔 수 있는 계기가 되었다. 2019년 연말 모임에서 그해 가장 뛰어난 논문상을 받기 위해 시상대에 오르면서 내가 뛰어난 과학자라는 사실을 증명했다. 그리고 2개월 뒤 영국 그리니치대학 로렌 페코리노(Lauren Pecorino) 교수에게 내 논문에 실린 사진을 최신판 『암 분자 생물학』 교재에 싣고 싶다는 요청이 왔다. 이 소식을 받고 무척이나 흥분했다. 나의 연구 성과가 구체적인 지식으로 바뀌어 전수된다는 의미였기 때문이다.

부정적인 에너지의 해소

최근 몇 년 동안 석사, 박사 모임에서 일부 지인이 우울증에 걸렸다는 소식을 들었다. 처음에는 개별적인 사건이라고만 생각했다. 인터넷에서 어느 직장은 그만두라거나 어느 전공을 포기하는 게 낫다는 등의 여론을 보면서도 일부 실패자들이 초조함을 토로하는 것일 뿐일 거라 생각했다. 2년 전에 중국으로 돌아와 석사, 박사 모임에 나갔을 때 사람들이 마치 내일이 없는 것처럼 술을 마시고 큰소리로 노래를 부르는 모습을 보면서도 그들이 이런 식으로 스트레스를 풀려고 한다는 걸 믿을 수 없었다. 누군가가 나에게 심리적 압박을 견딜 수 없을 것 같아 걱정이라고 하소연을 하기 전까지는 말이다. 그제야 많은 사람이 오랫동안 긴장 상태에 놓여 있었다는 걸 알게 되었다. 마치 끊어질 듯 팽팽하게 당겨져 있는 활시위와 같았다. 아울러 내가 이들과 달리 평온한 건 선천적으로 낙관적인 성격이라서가 아니라 다른 이유가 있어서였다.

자기 일에 열정을 가지고 있는 게 가장 중요한 이유였다. 나에게 과학연구는 단순한 일이 아니라 일종의 생활 방식이다. 한마디로 말해서 과학연구는 삶의 일부분이다.

인터넷에서는 월요일부터 토요일까지 주 6일 동안 매일 오전 9시부터 저녁 9시까지 일하는 '996 근무 방식'에 반대한다. 하지만 많은 과학자들은 월요일부터 일요일까지 주 7일 동안 쉬지 않고 24시간 일하는 '007 근무 방식'으로 일한다. 물론 내가 생각하는 '007 근무 방식'과 사람들이 생각하는 방식은 다를 것이다. 나의 경우 어떨 때든 필요하다면 당장 연구 자세로 돌아갈 수 있다. 샤워하거나 화장실에서 볼일을 보고 있을 때도 마찬가지다. 그저 머리를 계속 움직이며 문제를 고민하기만 하면 연구 활동을 진행할 수 있기 때문이다. 나는 목욕하면서 터무니없는 공상에 빠지는 걸 좋아한다. 왜냐하면, 몸이 느슨해졌을 때 머릿속에 놀라운 영감이 떠오르기 때문이다. 물론 영감은 준비된 두뇌에서 떠오른다.

흰 가운을 입고 실험실 안에서 실험 기구와 시약을 다룬다고 해서 '과학연구를 한다'라고 말할 수는 없다. 사실 나는 종종 실험에서 벗어나 여러 구체적이거나 추상적인 문제를 고민한다. 지금 하는 일의 목적은 무엇인지, 실험 계획을 더 잘 세울 수 없을지, 지금의 실험을 완성하면 정말 문제를 해결할 수 있을지 등등 말이다. 그래서 'Work smart before work hard(열심히 일하기 전에 영리하게 일해라)'라는 말을 좋아한다. '일을 하기 전에 먼저 생각을 정리하는' 습관을 들이자 업무 효율이 몇 배로 높아졌고 결과 또한 좋아졌다. 그래서 후배들에게도 실험실에 틀어박혀 있지 말고, 실험과 자신을 분리할 줄 알아야 한다고 조언한다. 물론 죽은 생선처럼 아무 생각 없이 침대에 멍하니 누워 있어서는 안 되고 뭐든 하는 게 좋다. 운동, 명상, 음악 감상 등을 하면서 머리를 계속 움직인다면 영감은 자연적으로 생겨날 것이다.

과학연구가 삶의 전부가 될 수 없다. 나는 박사 공부를 할 때 매주 두 차례 합창단 연습을 했다. 비바람이 몰아쳐도 빠지지 않았고, 공연이나 경연이 있을 때도 리허설은 거르지 않았다. 음악은 떼어놓을 수 없는 삶의 일부분이다. 합창단을 하지 않아도 매일 음악을 듣고, 창법, 편곡, 악기 등 음악 요소를 연구한다. 연구자들은 취미를 활용해 스트레스를 해소할 필요가 있다. 주변 동료 중에는 마라톤을 좋아하거나 게임을 좋아하거나 산책을 좋아하는 사람도 있고, 그림을 아주 잘 그리는 사람들도 많다.

더욱이 중요한 건 관점이 다르다는 이유로 사이가 틀어질 걱정을 하지 않아도 되는, 자유롭게 이야기하고 토론할 수 있는 사람이 있다는 것이다. 서로의 환경과 어려움을 이해하고 있어 심리적 스트레스를 편하게 이야기할 수 있다. 이런 사람들과 일하면 문제 해결 방안을 빠르게 찾을 수 있고, 새로운 영감을 얻을 수도 있다.

과학자의 사명

과학자는 본업에 충실해야 할 뿐만 아니라 사회적 책임감도 느껴야 한다. 과학 연구비 중 대부분이 세금에서 나오는 만큼 과학자들은 사회를 위해 공헌해야 한다. 예를 들어 미국의 대학교수들은 과학 지식을 전파할 사회적 책임을 가지고 대중 강연, 포럼에 출석할 뿐만 아니라 초중고교 수업 등에도 참여한다.

과학자가 사회에 공헌하는 가장 좋은 방식은 과학 지식을 알리는 창작 활동을 하는 것이다. 과학자는 자신의 연구 성과를 알려서 더 많은 사람과 협력할 기회를 얻고 연구 기금을 받을 필요가 있다. 그리고 이런 목적을 달성하기 위해서는 표현 능력이 필요한데, 과학 지식을 알리는 창작활동은 표현 능력을 훈련하고 향상하는 데 도움이 된다.

나는 여러 플랫폼을 활용해 과학 지식을 알려왔다. 우리가 사는 세계는 과학기술의 발달로 인해 매 순간 새로워지고 있다. 그러니 과학 연구자들은 매일 인류 지식과 지혜를 배우고 익혀나가야 한다. 더욱이 앞장서서 선도하는 역할인 만큼 잠시라도 발걸음을 멈춰서는 안 된다. 이처럼 쉴 새 없이 달려야 하지만, 얼굴에는 항상 온화한 미소가 있었으면 좋겠다.

기적
연 수입 천만의

저우쥐뤄 粥左羅

1990년대생인 저우쥐뤄는 샹상성장학원(向上生長學院)의 창시인으로 개인 성장을 심도 있게 연구하는 연구자이자 실천가이다. 또 베스트셀러 작가이기도 하다. 저우쥐뤄는 1년마다 자아를 한 차례 전환하는 방식으로 5년 동안 폭발적인 성장을 하며, 5천 위안이었던 월급을 수천만 위안까지 올렸다.

나는 다른 사람에 비해 무척 뒤에서 출발했다. 하지만 스스로에게 출발점은 미래의 어떤 것도 결정할 수 없으며, 출발점이 뒤처져 있다고 해서 종점에 늦게 도착하는 건 아니니 인내심을 가지고 대기만성형 사람이 되어야 한다고 말해왔다. 여기서 내가 말하는 대기만성은 50대, 60대, 심지어 80대가 되어서 성공을 거두는 경우를 말하는 게 아니다. 충분한 인내심을 가지고 자신의 부족한 점을 보충하고, 용기를 가지고 한 걸음 한 걸음 전환(迭代)을 실현하는 것이다.

출발점에서 뒤처졌다고
종점에 늦게 도착하는 건 아니다

나는 산둥성의 낙후된 농촌에서 태어났다. 20세가 되었을 때 베이징에 있는 한 대학에 입학했다. 인재들이 모여 있는 도시에서 경쟁하려면 반드시 스스로를 복습하며 노력을 해야 한다. 대학 시절 나는 시간과 경주라도 하듯 열심히 책을 읽어 식견을 키우고 풍부한 경험을 쌓으려 노력했다. 그리고 대학을 졸업하고 사회에 나간 뒤에는 스스로 성장해야 했다. 집에서는 사회 자원과 인맥 자원을 제공해 줄 수 없었고, 내가 계획한 발전 방향을 향해 전진하도록 뒷받침해 줄 여력도 없었다. 그래서 많은 일을 스스로 해나가야 했다. 다음은 10년 동안 내가 인생을 전환해 온 과정이다.

- 2010년 9월 베이징에 있는 대학에서 공부하며 경비원, 공사장 일용직

노동자, 영어 가정 교사를 했고, 타오바오에서 엽서를 팔기도 함.

- 2014년 7월 대학을 졸업한 뒤 베이징 난뤄구샹(南鑼鼓巷)에서 2개월 동안 노점상을 함.
- 2014년 10월 베이징 시단 백화점 의류 매장에서 10개월 동안 일하며 월급 4천 위안을 받음.
- 2015년 8월 뉴미디어 업계에 진입해 편집 배열, 작가 업무를 하며 월급 5천 위안을 받음.
- 2016년 3월 뉴미디어 운영 책임자로 승진하고 월급 2만 위안을 받음.
- 2017년 3월 뉴미디어 강사가 되는 동시에 회사 콘텐츠 부사장을 맡으며 연봉 50만 위안, 강연 판매 수익은 천만 위안이 넘음.
- 2018년 3월 직장을 그만두고 1인 미디어에 도전해 위챗 공식 계정 '저우쭤뤄'를 운영함. 5개월 뒤 광고, 즈스싱추 커뮤니티 및 관련 강좌 등 업무를 확장하며 월수입 20만 위안을 넘김.
- 2019년 5월 정식으로 팀을 조직해 개인 프리랜서에서 한 단계 성장을 이루었고, 개인 누적 연수입 천만 위안을 달성함.
- 2020년 3월 팀을 열두 명까지 확장하고, 안정적인 '콘텐츠+강의+운영' 업무 시스템을 만들어 전체 커리큘럼 체계를 완성함.

사람들은 수익에 가장 주목하겠지만, 개인적으로 가장 중요한 변화는 나 자신이 폭발적으로 성장하는 걸 체험한 과정이었다. 아무것도 없는 밑바닥에서 시작한 나는 매번 성장의 결과를 다음 성장의 출발점으로 삼았다. 한 단계 한 단계 안정적으로 성장을 해온 끝에 오늘에 이르게 된 것이다. 수입의 폭발적인 증가는 이런 성장 과정이 수입으로 드러났을 뿐이다.

사고 전환이 중요한 이유는 많은 사람이 두 가지를 보지 못하기 때문이다. 첫째 사람들은 자신의 현재 위치를 보지 못한다. 그래서 현재 자기 능력으로 이루기 힘든 목표를 설정하고, 현실의 벽에 부딪혀 좌절하는 걸 반복한다. 이를 피하기 위해서는 자신의 위치를 분명하게 아는 게 무척 중요한데 대부분은 의식하지 못한다. "모든 길은 로마로 통한다"는 말이 있다. 여기서 '로마'는 누군가에게는 도달하고 싶은 목표일 수도 있지만, 누군가에게는 태어난 출발점일 수도 있다. 태어날 때부터 유리한 위치에 있는 사람과 자신을 비교한다면 인생을 회의하게 되고 결국 자포자기하게 된다.

둘째, 사람들은 일이 발전하는 법칙을 보지 못한다. 합리적이지 않은 추진 계획을 세우면 좌절만 겪게 된다. 그러니 사고 전환을 배워 현재를 명확히 보고 미래를 예견하는 법을 배워야 한다. 일이 궤적을 따라 발전하리라는 걸 어떻게 아냐고 궁금해하는 사람도 있을 것이다. 사실 나도 결말이 어떻게 될지는 알지 못한다. 다만 몇몇 일들은 예상할 수 있으므로 정확한 방식에 따라 정확하게 일을 처리하면 더 좋은 방향으로 간다는 소박한 이치를 굳게 믿고 있을 뿐이다. 그리고 나의 성장은 이제 막 시작되었으며 앞으로 10년 뒤에는 더 새로운 세상이 펼쳐질 거라 믿는다.

내가 계속 베이징에 머물렀던 이유

내가 다닌 중고등학교는 진학률이 매우 낮았는데, 대도시 아이들은 상상할 수 없을 만큼 낮았다. 내가 문과 대입 시험 성적 전교 1등으로 대학교에 합격하기 전에 매년 대입 시험에서 문과는 거의 전멸 상태에 있었다. 그래서 고향에서는 대학에 합격하면 집에서 잔치를 벌이곤 했다. 하지만 우리 집에서는 이런 일은 일어나지 않았다. 왜냐하면 내가 대학 진학을 포기했기 때문이다.

당시 나는 '대입 시험이 내가 가진 유일한 인생의 지렛대라면 이걸 이용해 어디까지 올라가야 할까?'라고 스스로에게 물었다. 그리고 이 질문의 답은 내 인생 궤적에 엄청난 영향을 미쳤다. 더는 산둥성에 머물고 싶지 않았기에 다시 한번 지레질을 해서 더 높이 올라가기로 결심했다. 그해 여름 홀로 버스를 타고 산둥성의 성도인 지난(濟南)에 있는 재수학원으로 가서 다음 해 대입 시험을 준비했다. 그리고 1년 뒤 베이징에 갈 수 있었다. 지원서에 어느 학교, 어느 전공을 적을지는 별로 중요하지 않았다. 가장 중요했던 건 고향을 떠나 베이징으로 가는 거였다.

나는 평상시에는 덤벙대고 게으른 사람이지만, 일단 기회가 오면은 모든 힘을 다해 잡으려 노력한다. 그리고 결전의 시기가 다가올수록 더 나아진다. 평상시 성적이 좋은 사람이 시험 때 너무 긴장해서 실력을 제대로 발휘하지 못하는 경우를 볼 수 있다. 이런 상황이 발생하는 걸 피하기 위해 최적의 준비 상태를 만들었다. 예를 들면 영어 시험을 보기 전날 밤 긴장한 친구들이 서로 대화하며 웃고 떠들 때 일찍 잠자리에 들었다. 그리고 다음 날 친구들이 아직 자고 있을 때 일어나 문장 독해 설명과 작문 예문을 읽으며 복습했다. 그리고 시험이 시작할 때를 맞춰서 시험장에 들어갔다. 그동안 배운 걸 머릿속에 상기하고 있어 어떤 문제든 당장 답할 수 있는 상태로 시험을 봤다. 대입 시험을 보는 며칠 동안 이런 상태를 유지했고, 모든 과목에서 좋은 실력을 발휘할 수 있었다.

대입 시험은 내 인생에서 첫 번째로 찾아온 큰 기회였다. 나는 농촌에서 태어났고, 부모님도 농민이었기 때문에 집에서 도움을 받을 수 있는 게 거의 없었다. 그런 나에게는 유일한 출구가 대입 시험이었고, 그래서 대입 시험에 좋은 성적을 거둬 인생의 궤적을 바꾸려 한 것이다.

한 사람의 역량이 아무리 커도 하나의 점(點)에 불과한 만큼 힘이 제한될 수밖에 없다. 그러니 점의 운명은 놓인 선(線)이 좋은지 아닌지에 따라 결정된다. 그리고 선은 놓여 있는 면(面)이 좋은지 아닌지에 달려 있고, 면은 체(體)가 좋은지 아닌지에 달려 있다. 이러한 '점, 선, 면, 체' 이론의 핵심은 가장 유리한 위치에서 기회를 얻어 성장해야 한다는 것이다. 시속 200킬로를 달릴 수 있는 스포츠카라도 포장되지 않은 진흙 길에서는 트랙터보다 빨리 달릴 수 없다.

당시의 나는 사업을 해서 성공하고 싶다는 생각을 품고 있었다.

기회도 많고, 자원도 많고, 성공 확률도 높은 대도시는 내 계획을 실행할 최적의 장소였다. 베이징에서 대학을 졸업한 뒤 좋은 직장을 찾지 못했음에도 계속 베이징에 머물렀다. 계속 베이징에 머문다면 좋은 기회를 얻을 가능성이 있었지만, 떠난다면 그 가능성까지 잃어버리기 때문이다.

지금 돌이켜 보면 베이징에 있는 대학에 진학하고, 졸업한 뒤에도 계속 베이징에 머무른 건 무척이나 중요한 선택이자 지난 20여 년 동안 한 결정 중에서 가장 정확한 결정이었다. 나는 자원이 풍부한 베이징에서 머무른 덕분에 같은 나이 사람들보다 더 많은 발전을 이룰 수 있었다.

작은 기회는 놓칠 수 있어도 큰 기회는 놓칠 수 없다

베이징에 있는 대학에 진학한 게 인생의 첫 번째 기회였다면 2015년 우연히 뉴미디어 분야에 발을 들여놓게 된 것은 내 인생에서 두 번째로 찾아온 큰 기회였다. 이후에 이 분야에서 계속 성장했고 회사도 갖게 되었다. 나에게 의류 매장 점원이 어떻게 뉴미디어 분야에 들어올 수 있었는지, 면접은 어떻게 통과한 건지 물어보는 사람이 많다.

이 점을 설명하려면 매치 포인트 사고를 말해야 한다. 매치 포인트란 뭘까? 스포츠 경기 용어인 매치 포인트는 시합의 승패를 결정하는 중요한 시기로 1점만 얻으면 승리할 수 있는 걸 말한다. 인생의 매치 포인트는 언제일까? 성공한 사람이라고 해서 모든 과정이 순조롭거나 필요할 때마다 기회가 찾아오는 건 아니다. 심지어 성공하기 전에는 다른 사람과 다를 게 전혀 없었던 사람도 있다. 그들이 남들보다 뛰어났던 건 매치 포인트일 때 필사적으로 기회를 잡았다는 것이다.

2015년 8월 어느 날, 노점을 하고 있던 나는 우연히 친구를 만나 대화를 나누게 되었고, 친구가 뉴미디어 쪽 일을 해보지 않겠다고 건의했다. 이후 미디어 분야에 창업 투자한 편집장과 식사할 기회를 얻게 되었다. 편집장은 몇 가지 질문을 하더니 면접을 보라고 제안했다. 그러면서도 내가 해당 분야에 배경과 경험이 없었기에 채용이 될 거란 확신은 주지 않았다. 나는 무슨 수로든 이 기회를 잡아야겠다고 다짐했다.

면접을 보기 전에 강의를 듣고 바이두 백과사전, 쯔후, 웨이보 등 각종 매체를 이용해 뉴미디어와 관련된 자료를 정리했다. 면접 보는 회사를 전체적으로 이해한 뒤 자문자답 형식으로 면접 연습을 했다. 면접은 순조롭게 진행되었다. 마지막으로 면접관이 "우리 회사의 위챗 공식 계정 운영을 맡긴다면 뭘 할 수 있겠습니까?"라고 물었다.

나는 면접관의 말을 바로 이해했다. 의류 매장 점원도 위챗 공식 계정을 잘 운영할 수 있다는 신뢰를 주려면 용기와 패기가 필요했다. 당시 나는 대학을 졸업한 지 1년밖에 되지 않았고, 지하 월셋집에서 살고 있었다. 이런 내가 어떻게 하면 면접관에게 능력을 증명할 수 있을까? 면접을 본 뒤 3일 동안 나는 경쟁 플랫폼과 관련된 수백 편의 글을 읽은 뒤 콘텐츠, 문장, 제목 선정 등을 연구하고 구독 수, 좋아요와 댓글 수 등 데이터를 분석했다. 그리고 뉴미디어 운영과 관련된 실전 지식을 쌓은 뒤 88페이지에 달하는 PPT 운영 보고서를 제출했다. PPT를 제작하면서 또 며칠 동안 관련 책을 사서 공부했다. 그리고 3일 뒤 취직에 성공했고 위챗 공식 계정 작가로 일하며 월급 5천 위안을 받게 되었다.

기회는 중요하다. 하지만 기회는 하늘에서 그냥 내려오는 게 아니라 쟁취하는 것이다. 내가 잡은 기회가 다른 사람에게 갔다면, 대부분은 잡지 못했을 것이다. 항상 매치 포인트 사고를 가져야 한다. 특히 손에 든 패가 없는 사람일수록 큰 기회를 잡기 위해 최선을 다해야 한다.

어떠한 일을 하든
대표작을 모아라

취직한 뒤 열심히 일했고, 조회수 10만 회가 넘는 '인기 글'을 수백 편 썼다. 이에 빠르게 승진을 거듭해 마침내 뉴미디어 운영 책임자로 승진했고, 월 수익은 2만 위안까지 올랐다.

2017년 연초 뉴미디어 양성 기구에 들어갔고 콘텐츠 부사장 겸 수석 뉴미디어 강사직을 맡게 되었다. 그해가 나의 직장 황금기였다. 내 강의가 유명 1인 미디어 플랫폼에 게시되면서 강의 누적 조회수는 6천만 회가 넘었고 판매액은 천만 위안을 초과했다. 하지만 그해는 가장 고독했던 해이기도 했다. 그해 내가 한 일은 강의를 준비하고 강의하는 것뿐이었다. 왜 그렇게 이 일에 열중했던 걸까? 그건 내가 작품 사고를 가지고 있었기 때문이다.

이름이 알려지지 않을 때일수록 대표작을 모으는 일에 전념해야 한다. 대표작이 없으면 자신을 아무리 그럴듯하게 포장해도 먹히지 않는다. 반면 대표작이 있으면 어디서든 다른 사람의 인정을 받을 수 있다. 대표작은 많을 필요도 없고 실질적 가치가 높으면 된다.

폭발적인 성장을 하는 가장 좋은 방법도 대표작을 가지는 것이다. 이름이 알려지지 않았을 때는 대표작을 모으기가 힘들지만, 그래도 계속 콘텐츠를 게시하며 실력을 키워야 한다. 그렇게 실력을 쌓고 시기가 무르익으면 단숨에 대표작을 만들어낼 수 있다.

2017년 동안 나는 사교 활동은 거의 하지 못했다. 공개된 장소에서 동종업자나 친구들과 대화를 나누지도 못했고 비즈니스 식사 자리에 참석하지도 못했으며, 업계 행사에 얼굴을 내밀 여유도 없었다. 강의 확장은 동업자가 처리했고, 기업 거래처와도 동업자가 협상을 진행했다. 오프라인 강의를 할 때도 십여 분 먼저 현장에 와서 강의를 준비하고, 강의를 마친 뒤에는 곧바로 떠났다. 그리고 강의가 없을 때는 사무실에서 강연문을 쓰고 강의 녹화를 했다. 그렇게 하루하루 대표작을 만드는 데 집중했다.

2017년 연말 한 1인 미디어 플랫폼과 인터뷰를 했을 때 기자가 질문했다. "2017년은 선생님에게 중요한 한 해였을 것 같습니다. 개인 브랜드를 만드는 과정에서는 다른 사람들의 평가와 피드백을 많이 받을 수 있는 게 중요하지요. 이런 방식을 통해서 외부에서 자신을 어떻게 알고 이해하고 있는지 파악할 수 있고, 자신만의 독특한 브랜드를 다듬을 수 있으니까요." 그러면서 기자는 2017년 동안 내가 커뮤니티 안에서 상당히 유명했었고, 많은 청년에게 영향을 주었다고 말했다. 그래서 나는 실제 상황을 알려주었다. "기자님이 생각하시는 것과 다릅니다. 2017년은 제가 외부 피드백을 가장 적게 받은 해였습니다. 저는 제가 얼마나 유명한지 알지 못하고, 커뮤니티 안에서 저를 어떻게 평가하는지도 모릅니다. 심지어 수강생들이 저를 어떻게 평가했는지도 알지 못하는걸요."

2018년 위챗 공식 계정 '저우쮜뤄'를 운영하기 시작한 뒤 비로소 내가 유명하다는 걸 알게 되었다. 그해 5월 개설한 오프라인 강의에서 많은 수강생이 내가 자신의 인생을 바꿨다고 말했다. 그리고 상하이에서 진행한 오프라인 강의에서는 많은 수강생이 자기 상사나 사장이 내 위챗 공식 계정에 있는 글을 보여주고 배우게 한다고 말했다. 상하이에서 열린 다른 강의에서는 천 명에 가까운 사람들이 30분 정도 되는 강의를 듣기 위해 몰렸고, 끝난 뒤에는 많은 사람이 나를 둘러싸고 질문을 했다.

다행인 건 스스로가 대단하고 유명하다는 걸 몰랐으며, 알고 나서도 그 사실을 쉽게 믿으려 하지 않았던 것이다. 그래서 나는 자만하거나 나르시시즘에 빠지지 않고 침착하게 내 일을 해나가고, 실력을 다듬을 수 있었다. 능력이나 기술이 부족하고 내세울 만한 작품도 없다면 자신을 홍보하고 포장해도 통하지 않는다. 처음에는 개인 브랜드가 아니라 작품 사고를 갖추는 일에 시간과 노력을 쏟아야 한다. 그렇게 모든 일에서 완성도 높인다면 개인 브랜드는 자연스럽게 완성된다. '대표작'은 가장 의지할 수 있는 자산이자 일반인이 성장하는 데 가장 효과적인 버팀목이다. 성실한 사람은 절대 손해를 보지 않는다.

동기가 아닌 노력하는 모습을 배워라

2018년 3월 '위챗 공식 계정 성장은 이미 끝났다'라는 여론이 분분했을 때 나는 연봉 50만 위안을 받는 직장에서 사직한 뒤 개인 위챗 공식 계정 운영을 시작했다. 지금 나는 '저우쮜뤄'와 '저우쮜뤄의 호기심' 두 개의 위챗 공식 계정을 운영하고 있고, 팔로우 수는 이미 백만이 넘었다.

이런 성과를 거둘 수 있었던 건 내가 부지런했기 때문이다. 하지만 부지런하다고 모두가 괄목할 만한 성과를 거두지 못하는 걸 보면 단순히 부지런하다는 것만으로는 부족하다. 부지런한 건 같지만, 일하는 동기는 사람마다 다르기 때문이다. 창업하는 사람만 봐도 많은 이익을 거두기 위해 일하는 사람도 있고, 자신의 운명을 바꾸고 싶어 뛰어드는 사람도 있으며, 돈을 벌어 빚을 갚으려고 하거나 이기고 싶다는 생각에 시작하는 사람도 있다. 이처럼 동기가 다르면 결정하는 방향도 다르니 결과도 달라진다.

동기는 개인의 원동력에서 결정되고, 그 원동력은 내면 깊은 곳에 있는 기대에서 온다. 그러니 기대는 일을 할 수 있게 하는 가장 근원적인 동력이라 할 수 있다. 기대가 강하면 바라는 미래를 실현하기 위해 모든 난관을 극복할 수 있다. 그리고 가진 동력에 따라 같은 일에 같은 노력을 쏟더라도 도달하는 위치가 달라진다. 원동력은 사람의 핵심 경쟁력으로 개인의 꿈과 야망을 정의한다. 야망을 동력으로 삼는 사람은 이기고 싶어 하는 게 아니라 반드시 이겨야 한다는 생각으로 자신을 단속하고, 밤낮으로 고민하고 노력한다.

뉴미디어 작가 중에 기획에 시달리고, 글을 쓸 때도 무리하게 빨리 쓰려 하다 보니 글을 다듬을 시간이 없는 경우가 많다. 이런 작가는 돈을 벌어 가족을 부양하기 위해 일을 하는 경우가 많다. 이들은 빨리 작업을 완수하는 게 유일한 목적이며 보너스를 받기 위해 조회수가 높은 글만을 쓰려고 한다. 그리고 월급이 더 높고 대우가 더 좋은 회사가 나타나면 즉시 직장을 옮겨버린다. 업계에서 이런 사람들이 적지 않다.

우리 팀은 직원이 처음 들어오면 글을 한 편 쓰게 한 뒤 내가 수정을 도와준다. 관점 표현, 사례 선정부터 이미지 배합, 어휘 표현까지 10시간을 들여 문장을 수정하다 보면 직원은 금세 지쳐버리지만 나는 시간 가는 줄 모른다.

내가 시간을 들여 문장을 다듬는 이유는 양질의 콘텐츠에 대한 믿음이 있기 때문이다. 더욱이 콘텐츠를 만드는 사람은 문장을 존중할 줄 알아야 한다. 나는 항상 콘텐츠 제작 팀원들에게 적게는 수만 명, 많게는 십만 명의 구독자가 읽는 문장인 만큼 진지하게 작업해야 한다고 강조한다. 영향력을 가진 사람이라면 콘텐츠를 더욱 신중히 처리하고 자신이 쓴 글에 책임을 져야 한다. 좋은 콘텐츠는 읽는 사람에게 힘을 줄 수 있고, 더 나은 사람으로 만들어 줄 수 있다.

우리의 원동력을 업그레이드시킬 수 있을까? 물론 가능하다. 우리의 식견, 범위, 목표를 넓힌다면 원동력도 업그레이드된다.

식견을 넓히는 건 힘든 일이다. 하지만 우리에게는 좋은 책과 영양가 높은 강의가 많다. 시간을 들이고 노력해서 식견을 넓히도록 해야 한다.

자신이 아는 범위를 뛰어넘는 건 힘든 일이다. 나는 창업한 뒤 각종 업계의 유명 인사들과 만나게 되었고, 인간관계가 넓어지면서 야심도 더욱 커지게 되었다.

목표을 뛰어넘는 결과를 얻는 건 힘든 일이다. 위로 올라가기를 원하면 중간에 머물게 되고, 중간을 원하면 아래에 머물게 된다. 목표가 100점이면 대부분의 사람은 열심히 해도 80점 정도를 이룰 뿐이다.

나는 유명 인사들의 경력을 연구하는 걸 좋아한다. 고등학교 때는 잡지에 실린 유명 기업가의 이야기를 즐겨 읽었고, 대학생 때는 링컨, 프랭클린 등 위인들의 전기를 읽었다. 이들의 인생을 공부하며 '어떻게 이렇게 생각이 개방적일 수 있을까? 내가 이런 삶을 살 수 있을까? 더 원대한 포부를 품을 수 있을까?'라고 질문했다.

진보란 자신의 멍청했던 과거를 끊임없이 발견하는 과정이라는 말이 있다. 이처럼 성장이란 원동력이 낮았던 과거의 자신을 발견하는 과정이다. 용기를 내서 자아를 변화시키고, 자신의 원동력을 혁신한다면 인생의 길은 더욱더 넓어지고, 바라보는 풍경도 더욱더 아름다워질 것이다.

나는 접할 수 있는 콘텐츠가 거의 없는 환경에서 성장했다. 스무 살 이후 자원이 풍부한 베이징에 가서야 비로소 많은 걸 접할 수 있었다. 나는 계속해서 자아를 발전시켰고 자아 가치관을 재정립함으로써 천천히 자신감과 열정을 찾았다. 그리고 최종적으로 나의 사업을 찾았다. 이런 성장을 이룰 수 있었던 건 일찌감치 성장 모델을 확립하고 계속해서 자아를 전환한 덕분이었다. 원대한 포부, 견실한 신념, 강력한 행동력을 가진 사람이라면 누구나 이룰 수 있는 일이다.

그러니 지금 대담한 첫걸음을 내디뎌보자!

자신을 설계해라
제품을 설계하는 것처럼

Sky가이거 Sky蓋哥

Sky가이거는 알리페이 원체험 디자인 전문가로 알리바바가 운영하는 온라인 쇼핑몰 '티몰(天猫, Tmall)'을 비롯해 '티몰 더블11(天貓雙 11)', '알리페이', '위어바오(余額寶)' 등 핵심 제품 디자인에 참여했다. 'UI 중국 10대 디자이너'로 위챗 공식 계정 '우리의 디자인 일기'는 팔로우 수가 15만 명이 넘었고, 같은 이름의 더우인 계정 팔로우 수는 25만 명이 넘었다. 즈스싱추 '우리들의 디자인 일기' 별지기이기도 하다. 현재 푸단대학 관리학원에서 MBA를 공부하고 있다.

스티브 잡스, 요지 야마모토(Yohji Yamamoto), 하라 켄야(Kenya Hara), 알라 찬(Alan Chan)처럼 유명한 디자이너 덕분에 디자이너란 직업은 더는 낯설지 않다. 나는 인터넷 디자이너로 일하면서 사용자가 온라인 제품을 사용이 아름답고 간편하다고 느낄 수 있도록 노력했다. 그리고 그 과정에서 깊이 깨달은 건 우리는 모두 세상에 단 하나밖에 없는 제품이며, 제품을 디자인하듯 자신을 디자인할 수 있다는 것이다.

'천 시간' 발전 계획

초등학교에 입학한 순간부터 대학교를 졸업할 때까지 내 성적은 그리 좋지 않았다. 어린 시절 가장 두려워했던 일은 어른들이 모여서 자식 성적을 비교하며 누가 더 잘났는지 겨누는 거였다. 성적이 좋지 않다는 것 때문에 나는 항상 자신감이 없었다. 그러던 중 한 대학의 2차 모집에 합격해 산업디자인을 배울 수 있었지만, 매년 학비로 수만 위안이 필요했다. 집의 부담을 조금이라도 덜기 위해서 사진 수정, 로고 디자인 등과 같이 디자인과 관련된 일을 하기 시작했고 이 덕분에 생활비를 벌 수 있었을 뿐만 아니라 각종 디자인 소프트웨어를 파악할 수 있었다.

2009년 대학을 졸업한 뒤 닷컴기업에 취직하기 위해 학창 시절에 일해 모은 돈 3천 위안을 들고 베이징 오다오코우로 갔다. 처음에는 돈을 아끼기 위해서 여러 사람과 함께 살며 방세를 나눠 낼 수 있는 곳을 찾았고, 매달 450위안을 내는 조건으로 위층 침대를 사용했다. 위층 침대는 아래층 침대보다 50위안 이 저렴했다. 오다오코우는 구글, 넷이즈, 소후 등 유명 닷컴기업이 모여 있어 나는 선망 어린 시선으로 위풍당당하게 걸려 있는 회사들의 로고를 바라보았다. 하지만 현실은 잔혹했다. 내 이력서로는 대기업의 1차 서류 전형도 통과할 수 없었다.

다행히 한 전자상거래 회사에 취직해 그래픽 디자인 일을 하게 되었다. 처음 그림책 디자인을 맡았을 때 재단선을 남겨야 한다는 걸 잊어버렸고, 책에 실린 그림 일부가 잘려나가는 실수를 저지르고 말았다. 결국 수천 권의 그림책이 전부 폐기되었고, 내 보름치 임금으로 손실을 메꿔야 했다. 머리끝까지 화가 난 사장이 "디자인할 자격도 없다"라고 화를 내 속상했지만, 한편으로는 정신이 번쩍 났다. 좋은 디자인 도구를 사용하면 좋은 디자인을 만들 수 있다고만 생각해 왔었는데 그제야 내가 아직 기초도 터득하지 못했다는 걸 깨달았다.

이후 스스로 천 시간이란 기준을 정하고 매일 미친 듯이 디자인을 연습하고 많은 디자인 작품들을 연구하고 분석했다. 또한 각종 디자인 모임에 참석해 뛰어난 디자이너에게 배울 수 있는 기회를 잡으려 했다. 동시에 개인 작품을 디자인 포털에 발표해 천천히 지명도를 쌓고, 업계 내 동료들에게 인정을 받았다. 그러던 중 2010년에 진산기업(金山公司) 면접 기회를 얻으면서 다시 변곡점을 맞이했다.

진격하는 직장의 거인

인터넷 업무에서는 예상치 못한 사건이 자주 발생한다. 이에 사건이 발생하기 전에 미리 대응할 준비를 하고 있어야 하기에 현실에 안주하고 있을 수가 없다. 게다가 높은 경지에 오르려면 항상 마음속에 꿈을 품고 있어야 한다. 10년 뒤 어떤 삶을 살고 싶은지, 어떻게 하면 그런 삶을 살 수 있는지 고민한다면 자연히 원하는 삶을 이루는 방향으로 노력하게 된다.

하지만 큰 미래를 이루기 위해서는 작은 부분부터 시작해야 한다. 어떤 일이든 일단 목표를 세우고 그다음 목표에 맞는 계획을 짜고 필요한 자원을 모으고 몇 가지 대응 방안을 정해야 한다. 그러니 청사진이 클수록 작은 부분부터 시작해야 한다.

계획을 진행할 때는 잠시 결과는 잊고 모든 일을 제대로 처리하는 데 집중한다. '서두르면 도달하지 못한다'라는 걸 명심하며 포기하지 않고 노력한다면 반드시 성공에 이를 수 있다.

01. 진산: 자신을 미치기 전까지 몰아붙여야 상대를 이길 수 있다

'비정통' 출신인 나는 진산기업에서 인터넷 업계의 가장 잔혹한 전쟁을 목격하면서 디자인 업무에 경외심이 생겼다. 당시 진산기업 사무실 벽에는 '나 자신을 미치기 전까지 몰아붙여야 상대를 이길 수 있다'라는 현수막이 걸려 있었다. 우리는 경쟁사보다 먼저 제품을 발표하기 위해서, 사용자에게 더 좋은 경험을 주기 위해서 아주 세세한 부분까지 심혈을 기울여 작업했다. 게다가 완벽주의자인 우리 부서 담당자의 눈에는 '좋은 디자인'과 '나쁜 디자인'만 있었지 '평범한 디자인'은 없었다. 그래서 충분한 이유가 있어야만 내 디자인을 인정해 주었다. 엄격한 기준 때문에 점차 작품의 수준을 갖추게 되었고, 종합적인 능력도 키우게 되었다. 그렇게 진산기업에서 일하면서 자신감을 갖게 되었고 더 많은 사람이 내 작품을 보고, 사용해 주기를 갈망하기 시작했다. 그리고 2012년 바이두에 입사했다.

02. 바이두: 수억 명의 사용자가 내가 디자인한 제품을 사용하다

한 유명 디자이너는 디자인한 제품이 얼마나 아름다운지가 아니라 디자인한 제품을 얼마나 많은 사람이 사용하는지에 성취감을 느낀다고 말한 바 있다. 진산기업에서 디자인한 제품은 사용자가 대략 백만 명 정도 되었다. 바이두에 입사하고는 사용자 수억 명이 이용할 바이두 앱 디자인에 참여할 기회가 생겼다.

당시 상사는 한 직원의 성장 속도는 그가 직장 밖에서 보내는 시간을 어떻게 쓰느냐에 따라 결정된다고 말했다. 이 말을 명심한 나는 퇴근한 뒤에도 자발적으로 일을 찾아서 했는데, 웹페이지를 디자인하는 작은 일이라도 거절하지 않았다. 동시에 프로젝트 관리 방면에서의 많은 경험을 공부했다.

직장 생활 5년이 되는 해에는 팀을 이끌고 싶다는 생각이 들었고, 더욱 발전하기 위해 고민 끝에 시나닷컴으로 이직했다.

03. 시나: 팀을 이끌며 전방위, 입체화 성장을 이루다

시나닷컴에서는 웨이보 '따V(大V)'에 착안한 소셜 제품 디자인을 책임지게 되었다. 이건 얻기 힘든 기회이자 엄청난 도전이었다. 이전에는 내 업무만 잘하면 되었지만, 이제는 10여 명의 디자이너를 진두지휘해야 했다. 빠르게 진행하면서 프로젝트 완성도를 높이기 위해 본래 업무 외에 제품 담당 책임자, 운영 책임자와 프로젝트 책임자 등 다른 직위의 업무까지 도맡았다. 그리고 이런 과정을 통해서 전면적인 성장을 이룰 수 있었다.

더욱이 성취감이 드는 부분은 내가 뽑은 팀원들이 지금 여러 닷컴기업에서 능력을 인정받고 있다는 점이다. 각각 소셜 애플리케이션 모모(脈脈) 디자인 총책임자, 알리바바 브랜드 전문가, 생활정보 플랫폼 우바퉁청(58同城) 디자인 전문가, 례바오(獵豹) 제품 담당 책임자 및 샤오미 디자이너 등으로 활동하고 있다.

결과적으로 내가 책임진 제품은 기대에 미치지 못했다. 정체기에 놓여 있었기에 더 발전할 수 있는 기회가 절박하게 필요했고, 2015년 항저우 알리바바에 입사했다.

04. 알리바바: '티몰 더블11'와 '알리페이' 등 제품을 디자인하다

알리바바는 대단한 기업이었고, 동료 모두 뛰어난 인재였다. 여기서 나는 가장 핵심인 전자상거래 관련 제품 디자인을 맡았다. 전자상거래 관련 제품은 사용자 수도 엄청나고 매일 생산되는 데이터도 엄청나다. 이 때문에 디자이너가 어떤 작은 부분이라도 고치면 수억 명의 사용자의 구매에 직접적인 영향을 주게 된다.

큰 무대에서 일해보니 더욱 깊이 디자인을 깨달을 수 있었고, 여러 디자인 특허도 가지게 되었다. 지금 돌아보면 알리바바에서 가장 잊기 어려웠던 경험은 CEO 장융(張勇) 앞에서 업무를 보고할 때다. 현장에서 기획이 통과되어 일주일 동안은 흥분이 가라앉지 않았던 게 기억이 난다.

나는 두 차례 '티몰 더블11' 제품 디자인 작업에 참여했다. 매출 신화의 뒤에는 밤을 새우며 제품의 세세한 부분까지 검토한 무수히 많은 디자이너들이 있다. 그런 과정을 거쳐 최종적으로 완성된 제품만이 사용자 앞에 모습을 드러낸다. 우리가 최선을 다했던 이유는 세상을 바꾸는 일에 참여하는 기회라는 걸 알고 있었고, 또 있는 힘껏 자신의 흔적을 남기고 싶었기 때문이었다.

2년 뒤 전자상거래 관련 제품 디자인과 마케팅 시스템이 아주 익숙해진 것과 달리 내가 실력을 발휘할 수 있는 공간은 점점 좁아졌다. 이에 완전히 새로운 영역에 도전해 보고 싶다는 생각이 생겼다. 마침 '온라인 금융'이 주목을 받았고 나는 알리페이 디자인 팀에 지원했다.

그렇게 근무부서를 바꾸었고 금융 관련 제품과 전자상거래 관련 제품은 디자인 구상이 완전히 다르다는 걸 발견했다. 전자상거래 사용자들은 관련 언어와 제품의 구체적인 부분을 쉽게 이해했기 때문에 어떻게 하면 제품을 더 정교하고 아름답게 보일 수 있을지를 고민했다. 반면 금융 관련 제품의 경우에는 사용자들이 제품을 진지하게 사용했기에 디자이너들도 매우 진지하게 제품을 디자인해야 했다. 예를 들어서 '위어바오'를 디자인할 때 대중적이고 시각적인 방식을 사용해서 수익률, 연간 수익률 등과 같은 전문 용어를 누구나 이해하기 쉬운 언어로 '번역'해야 했다. 이 때문에 금융 영역과 관련된 용어를 끊임없이 공부하며 지식을 향상시켰다.

직장의 경계를 허물고 수입 다원화를 이뤄라

직장 생활을 오래하면서 생활 규칙이 무너지다 보니 항상 커피로 '연명'하기 바빴고, 물을 거의 마시지 않았다. 이에 건강 상태가 나빠져 두 번이나 쓰러지기도 했다. 한 번은 티몰 더블11이 끝났을 때 긴장이 풀려서 쓰러졌고, 그때 몸 안에서 결석 네 개를 발견했다. 한 번은 팀원과 제품 개편 작업을 서두르고 있을 때였다. 3개월 동안 일에만 파묻혀 지내다가 프로젝트가 끝난 뒤 회사에서 제공하는 건강검진을 받았고, 구강에 종양을 발견해 즉시 수술을 해야 했다.

나는 높은 연봉을 받았고 회사 주식도 가지고 있고, 집과 차도 있었다. 하지만 인터넷 업계가 '안정'과는 거리가 멀다 보니 항상 초조하고 불안했다. 고민을 거듭하던 끝에 2020년 2월 직장의 경계를 허물어야겠다고 생각했다. 그리고 근 5년 동안 일했던 알리바바를 떠났다.

쯔후에는 아주 고전적인 질문이 있다. "매달 3만 위안을 월급으로 받는데도 초조한 이유는 뭘까?" 이 질문의 답을 깨달은 뒤 나는 수입을 다원화했고, 생각나는 걸 글로 옮겨야겠다고 생각했다. 감사하게도 티몰 디자인팀에 있을 때 당시 팀장이 글쓰기에 입문시킨 덕분에 좀 더 수월했다.

당시 내 정리 능력이 괜찮다고 생각한 팀장은 나에게 글쓰기를 다른 사람과 구분되는 자신만의 특징으로 만들어보라고 건의했다. 그때 매주 프로젝트 종합 보고서를 썼고, 매일 경쟁 회사의 제품을 연구하고 경제 제품을 분석한 보고서를 작성했다. 그리고 업계 관련 글을 읽고 그 핵심을 분석, 정리한 뒤 종합 보고서에 기재했다. 그렇게 매주 1번 작성하던 보고서는 매주 3번으로 늘어났다. 그때 작성한 종합 보고서를 디자인 포털에 올렸는데, 의외로 반응이 좋았다. 그리고 2017년에 즈스싱추에 '우리들의 디자인 일기'를 개설했다. 다양한 발전 방향을 찾은 뒤 커뮤니티를 운영하며 글을 게시하기 시작했다.

알리바바를 떠나기 전 스스로에게 '지금 직장을 떠나면 무엇으로 먹고살 수 있을까?'라는 질문을 했다. 그 질문의 답이 서서히 드러나기 시작했다. 내가 글을 써서 얻은 수입이 직장에서 일해서 받는 수입을 서서히 넘어서기 시작한 것이다. 게다가 재테크 수입도 있어 갑자기 직장을 잃어도 경제적으로 어렵지 않았다.

자신의 장점을
확대할 방법을 찾아라

내가 직장에서 쌓은 경험을 계속 즈스싱추에서 공유하자 많은 사용자가 자신의 직장 생활에 도움이 된다며, 친구에게 추천하기 시작했다. 금세 유료 사용자 1,000명을 달성했다. 그렇게 3년 넘는 시간 동안 즈스싱추 '우리들의 디자인 일기' 사용자는 만 명이 넘었다. 그리고 즈스싱추 사용자들의 건의를 받아 개설한 동명의 위챗 공식 계정도 팔로워 수가 10만이 넘었으며, 2020년 개설한 동명의 더우인 계정 팔로우 수는 20만 명이 넘었다.

01. 단순한 일을 계속해라

어떤 일을 하고 싶을 때 가장 큰 장애물은 할 수 있는 능력을 갖추고 있느냐가 아니라 그 일을 완성할 의지가 있느냐다. 예를 들어서 개인 IP를 만들고 싶다면, 먼저 자신만의 장점을 발굴해야 한다. 만약 자신의 장점을 찾을 수 없다면 돋보기를 들고 자세히 관찰해야 한다. 장점을 찾은 뒤에는 부지런히 장점을 키워나가고 잠재력을 발굴해야 한다. 이 방법을 꾸준히 해나간다면 반드시 성공할 수밖에 없다.

친구가 다음과 같은 말을 한 적 있다.

"간단한 일을 복잡하게 만들지 말아야 해. 대부분의 시간 동안 우리는 앱, 위챗 미니앱, 위챗 공식 계정, 온라인 쇼핑몰을 사용할 필요가 없어. 심지어 개인 브랜드와 IP를 운영할 필요도 없어. 그러니 팔로우 수가 5천 명 또는 수백 명까지 증가한 뒤에는 모든 방법과 운영 기술, 도구 따위는 잊어버려야 해. 위챗 친구들과 진짜 친구과 되어 그들이 문제를 해결하도록 돕고, 판매할 가치가 있는 콘텐츠를 꾸준히 제공해 줄 수 있으면 충분하지. 이렇게 꾸준히 해나간다면 한 사람을 부양하든 열 사람을 부양하든 문제가 없을 거야."

내가 지금까지 가치 있는 콘텐츠를 제공할 수 있는 이유는 바로 이 말 덕분이다.

사용자들이 유료로 커뮤니티를 가입하는 가장 큰 이유는 운영자를 신뢰하기 때문이다. 그러니 신뢰를 잃는다는 건 수년간 쌓아온 명성이 순식간에 무너진다는 걸 의미한다. 이 일에서 많은 사람이 실패하는 이유도 사용자와의 약속을 이행하지 않기 때문이다. 나는 이 중요성을 깊이 알고 있기 때문에 사용자와의 약속은 반드시 지킨다. 아무리 바쁘고 피곤해도 매주 글을 게시하고 매주 시간을 들여 사용자의 질문에 답변한다.

물론 나도 오해를 사곤 한다. 동료들은 나의 업무량이 적다고 생각하고, 사용자들은 내가 비싼 돈을 받는다거나 영향력만 신경을 쓴다고 비난하기도 한다. 가끔은 포기하고 싶은 생각도 있었지만, 골수팬들의 기대를 저버릴 수가 없어 꾸준히 해왔다. 어떤 일을 하든 비난하는 사람이 있기 마련이다. 마지막에 웃기 위해서는 내면이 아주 강해야 한다.

02. 역발상을 사용해 실패를 피해라

만일의 사태를 방지하기 위해서 나는 항상 반대로 가설을 세워본다. 어느 날은 '커뮤니티 운영이 실패한다면 그 이유가 뭘까?'에 대해 고민해 봤고, 떠오르는 원인을 종이에 꼼꼼히 기록했다. 그런 뒤 피할 방법과 어떻게 해야 반대의 결과를 낼 수 있을지를 고민했다. 즈스싱추를 운영하든 위챗 공식 계정을 운영하든 역발상 사고와 예상을 뛰어넘는 분석을 한다면 작은 노력으로 큰 성과를 거둘 수 있다.

사용자를 친구로 만들고 자신을 상품화해라

만약 누군가가 커뮤니티와 위챗 공식 계정을 성공적으로 운영할 수 있었던 비결이 뭐냐고 물어본다면 나는 사용자와 친구가 된 거라고 답할 것이다. 우정을 쌓지 못한 커뮤니티 운영자는 성공하기 어렵다. 사용자와 친구가 되면 사용자는 믿음을 가지고 우리의 서비스를 구매하고 친구들에게 커뮤니티를 추천한다. 사용자와 친구가 되고 자신을 상품화하는 건 지금껏 커뮤니티를 운영하며 지켜온 핵심 방법이다. 그렇다면 사용자가 친구가 되었다고 생각하게 하려면 어떻게 해야 할까?

01. 사용자가 가치 있다고 생각하게 만들어라

어떤 시대든 가치를 부각하려면 차별화가 필요하고, 그렇지 않으면 더 많은 대가를 지불해야 한다. 이 때문에 나는 개인 IP를 만들 때 매일 콘텐츠를 게시하기로 했다. 이런 결정을 한 이유는 디자이너들은 대부분 매주 콘텐츠를 게시하는 걸 힘들어하기 때문이다. 매일 콘텐츠를 게시하려면 장기적으로 꾸준히 콘텐츠를 제작해야 했기에 많은 경쟁자가 6개월 정도 버티다가 포기해 버렸다.

이 결정 덕분에 나는 항상 배우는 습관을 기를 수 있었고, 차별화된 콘텐츠를 올려 사용자에게 내 커뮤니티가 유료로 결제할 만한 가치가 있는 곳이라고 생각하게 만들었다.

- 월요일 '직장 이야기' 칼럼을 통해 직장에서 빠질 수 있는 '함정'을 소개하고 사용자들이 예방할 수 있게 해준다.
- 화요일 '3점 숏 디자인' 칼럼을 통해 해외 우수한 디자인 자료를 정리하고 번역해 사용자가 타산지석으로 사용하게 한다.
- 수요일 '더우인 생방송' 코너에서는 생방송 방식을 통해 사용자들과 더 긴밀한 교류를 나눈다.
- 목요일 '디자이너 이야기' 칼럼을 통해 주변 사람들의 성장 이야기를 공유함으로써 사용자가 자신의 노력 방향을 찾을 수 있게 하고, 자신과 같은 사람이 있다는 걸 발견할 수 있게 도와준다.
- 금요일 '디자인 주간' 칼럼을 통해 사용자의 미적 능력을 끌어올려 준다.

- 토요일 '창작 공유' 칼럼을 통해 닷컴기업의 디자인 경험을 공유하고 전문화 능력을 강화한다.
- 일요일 '디자인 생방송' 코너를 통해 업계 내 친구들이 가진 각기 다른 전문화 능력을 공유한다.

02. 신뢰를 쌓아 연결점을 만들어라

신뢰는 사용자가 콘텐츠에 비용을 지불하는 기본이다. 3년 동안 나는 수백 명의 디자이너를 만났고, 그들을 최선을 다해 도우며 서로 연결점을 만들 수 있었다. 이 과정에서 우리는 친구가 되었고, 이제는 서로 믿는 즈스싱추 가족이 되었다.

나의 즈스싱추에서는 수천 명의 디자이너가 함께 지식을 배우고 다양한 임무를 완성하고 가상의 프로젝트를 통해 디자인 사고력을 향상한다.

따뜻하고 애정이 넘치는 분위기를 위해서 나는 매월 마지막 주말 오후에 한 도시를 선정해 오프라인 만남을 열고, 비정기적으로 열 명 범위의 식사 모임을 통해 디자이너들이 서로 연결되어 함께 꿈을 좇아갈 수 있게 한다.

03. 계속해서 발전시켜 제품을 더 좋게 만들어라

게시하는 글은 모두 하나의 제품이고, 그것을 사용하는 사용자들이 있다. 커뮤니티와 위챗 공식 계정의 경우 더욱더 이런 성격이 강하므로 콘텐츠를 제작할 때 제품 방향과 사용자의 생각을 고려해 디자인해야 한다. 모든 제품은 교체가 필요하고, 콘텐츠 제품은 특히 시대의 변화에 따라 발전해야 하며, 커뮤니티 제품도 신선한 콘텐츠를 통해 활동을 유지해야 한다. 사용자, 활동, 콘텐츠의 유기적인 결합으로 커뮤니티와 위챗 공식 계정을 운영하고 최적화하는 건 첫 번째 임무다.

우리는 계속 변화하는 환경에서 살고 있다. 모두가 자신의 수익을 다원화할 핵심 요소를 포착해야 한다. 게스트하우스를 열든 위챗 모멘트에서 유료 지식 서비스를 제공하든 우리가 제공하는 제품과 서비스는 진정한 가치를 가지고 수입을 낼 수 있어야 한다.

자발적인 공유는 가장 좋은 학습 방법이다. 공유하기 위해서는 배운 지식을 다시 학습해 준비하고, 정리하는 과정이 필요하므로 꾸준히 자신의 지식 체계를 업그레이드할 수 있다. 모든 사람이 제품을 디자인하듯이 자신을 디자인해 인생의 두 번째 전환점을 찾을 수 있기를 바란다.

내가 좋아하는 명언으로 마무리하겠다.

성공에는 특별한 재능이 필요하지 않다. 자신이 할 수 있는 작은 일을 잘 해내기만 하면 된다!

인생의 난관을 극복해라
혁신적인 계산법으로

양즈핑 陽志平

양즈핑은 안런신즈 그룹(安人心智集團) 회장이자 인지과학자다. 위챗 공식 계정 '마음의 지혜 공구함'을 운영하고 있으며, 작가이자 즈스싱추 '안런서원'을 운영하는 별지기다. 2003년 안런기업을 창업한 뒤 2014년 안런신즈 그룹을 창립했다. 안런신즈는 인지과학, 인공지능을 주로 다루는 첨단기술 기업으로 인류의 인지능력을 측정하고 향상하는 데 힘쓰고 있다.

2020년은 특별한 해였다. 예상치 못했던 전염병으로 수많은 사람이 영향을 받았으니 말이다. 그해 불혹에 접어든 나는 인생의 중요한 변곡점에 놓여 있었다. 1998년부터 베이징에서 학창 시절을 보내고 졸업한 뒤 취직하고, 또 이후 창업을 하는 과정에서 다른 사람들과는 매우 다른 선택을 해왔다. 인생의 여정에서 마주치는 각종 난제는 해결 방법에 따라 다른 결과를 불러오기 마련이다. 그렇다면 가장 최적화된 방법은 무엇일까? 인생의 난제를 해결하는 데 가장 좋은 계산법은 없는 걸까? 이 두 가지 문제에 관해 깨달은 점을 공유하고자 한다.

다른 사람과 다른 네 가지

나는 1998년 베이징에 있는 한 사범대학에서 심리학과를 전공했고 부전공으로 컴퓨터공학을 배웠다. 나는 성격이 내성적인 데다가 후난(湖南) 지방 사투리를 사용했고, 말도 심하게 더듬어서 동기들과 잘 사귀질 못했다. 더구나 기숙사에서 늦은 밤까지 침대에 누워 대화를 나누거나 게임을 하는 다른 학생들과 달리 일찍 잠자리에 드는 편이라서 다른 사람들과 쉬는 시간을 맞추기가 쉽지 않았다.

다른 점은 이뿐만이 아니었다. 나는 주로 무미건조하고 난이도가 높은 책을 읽었는데, 다른 동기들은 이런 책을 읽고 싶어 하지 않았다. 이 외에도 글을 쓰는 걸 좋아해 시나 소설, 논문을 많이 썼다. 신입생 환영회 때 다른 동기들이 장기자랑으로 악기 연주를 하거나 노래를 부르는 데 나 혼자만 시를 읊었다. 사투리 발음으로 무미건조한 시를 읊자마자 분위기는 차갑게 가라앉고 말았다.

내가 다른 사람과 다른 네 가지 부분이 있었다. 첫째, 게임이나 연애에 관심이 없었고, 둘째, 장학금을 받기 위해 매일 공부하지도 않았으며, 셋째, 문학을 전공하는 예술 청년처럼 애수에 잠겨 글재주를 뽐내지도 않았다. 마지막으로 실험심리학, 인지심리학, 심리측정학과 같은 과목을 두려워하지 않았다. 그래서 나는 항상 외로웠다.

다행이었던 점은 당시 내가 다니던 학교 옆에 중국국가도서관이 있었던 것이다. 그래서 대학교에 입학한 뒤 수업은 내팽개치고 종일 도서관 열람실에 틀어박혀 책만 읽었다. 아르헨티나 시인 보르헤스(Borges)가 낙원을 도서관으로 생각했던 것처럼 나에게 도서관은 지적 욕구와 흥미를 만족시킬 수 있는 낙원이었다.

인생의 난제를 극복해라

대학교 3학년 때 내가 쓴 논문이 베이징시 제1회 과학연구 챌린지 대회에서 특별상을 받은 뒤에야 비로소 내가 은둔자라는 걸 깨달았다. 항상 도서관에 틀어박혀 다른 건 신경 쓰지 않은 채 공부만 하던 나는 논문 한 편으로 사람들의 주목을 받게 되었다. 공기처럼 존재감이 없던 사람이 일약 대스타로 변해 대학 방송국

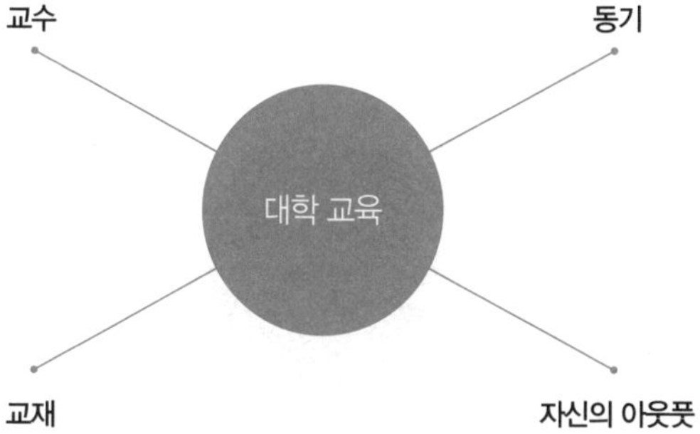

과 행사 주최 측의 인터뷰를 하고 리더상도 받았다.

이 경험은 노력한 만큼 성과를 거둔 거라거나 항상 준비되어 있어 기회가 찾아온 거라고 볼 수 있을 것이다. 반면 심리학 각도에서 보면 알맞은 학습 장소를 찾았거나 피드백을 받으며 열심히 학습을 진행한 결과라고 볼 수 있다. 하지만 이런 해석만으로는 부족하다. 왜냐하면 인생의 난제에 해답을 찾으려면 물리학의 관점에서 분석이 필요하기 때문이다. 나의 경험도 물리학을 통해 풀어낼 수 있다.

당시 대학 교육을 계통화하면서 교수, 동기, 교재 및 자신의 아웃풋 네 가지 전형 요소로 구성된 시스템을 발견했다. 앞의 세 가지 요소 중 교수는 지령을 제공하고, 동기는 또래 압력을 제공하며 교재(교육 설비)는 학습 재료(실험 설비)를 제공함으로 없어서도 안 되고 대체도 불가능하다.

이와 같은 대학 교육의 요소를 포기하고 자신에게 가장 적합한

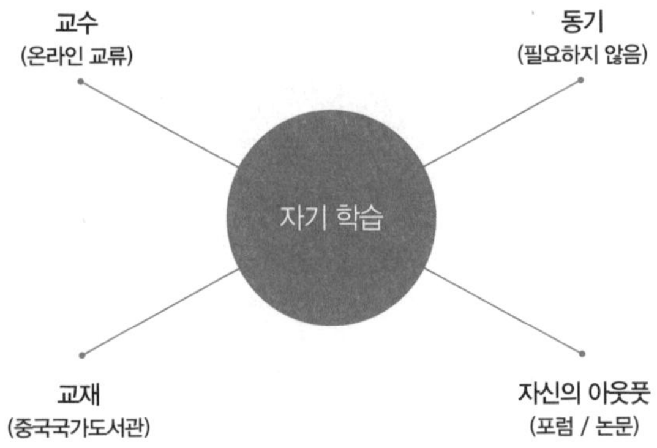

방법을 찾아 독학하면 구성은 아래와 같이 변한다. 이렇게 동기들과는 상당히 다른 방법을 선택할 때 마지막 요소인 자신의 아웃풋이 강해지게 된다.

내 첫 번째 아웃풋은 대학교 3학년 때 '심리학의 길'이란 심리학 학술 토론 웹사이트 개설에 참여한 것이다. 이 웹사이트는 항상 통계와 실험 설계에 관한 토론이 이어져 심리학 연구자들의 관심을 끌었다. 과거에는 검색엔진에 '심리학'을 키워드로 입력하면 '심리학의 길'이 항상 검색 결과 상위 3위 안에 있었다.

두 번째 아웃풋은 전문 포럼에 글을 게시한 것이다. 예를 들어 책을 한 권 다 읽은 뒤 느낀 생각을 써서 포럼에 발표한다. 이렇게 올린 글 중에는 지금도 인기 있는 글들이 적지 않은데, 충분히 많은 양의 정보를 받아들이면 정보 면에서 장점을 가진 콘텐츠를 제작할 수 있다는 걸 증명했다.

세 번째 아웃풋은 논문을 발표하는 것이다. 나는 대학생 때 10여 편의 학술논문을 발표했는데, 특히 네트워크에서의 소통과 관계를 다룬 '사회연결망'에 주목했다. 당시에는 다소 앞선 주제였지만 지금은 '네트워크 과학'이라는 하나의 학문으로 자리를 잡은 걸 보면 무척이나 뿌듯하다.

나의 모든 아웃풋은 정보 우위를 가진 독립적인 판단을 바탕으로 이뤄졌다. 이 점을 이용한다면 청년들도 학술적 자신감을 가질 수 있을 것이다. 독립적인 판단과 생각을 훈련하는 건 인생을 사는 데도 항상 도움이 된다.

시스템을 구성하는 요소 중에 없어서는 안 되는 요소가 무엇인지, 배후 논리는 무엇이지 궁금해하기 시작하면 혁신의 기회를 발견할 수 있다. 이것이 바로 대학교 시절에 배운 중요한 이치였다. 졸업한 뒤에도 방법론의 본질이 무엇인지, 그것을 이용해 인생의 난제를 해결할 수 있을지에 대해 고민했다. 그리고 STC 연산자에서 답을 찾을 수 있었다.

STC 연산자

'STC 연산자'란 무엇일까? 이것을 알기 위해서는 먼저 두 가지 문제를 다뤄야 한다.

공장 조립 라인에서 로봇이 제조를 책임지고 있다. 그런데 제조 공정의 결함으로 먼지가 너무 많이 생기는 치명적인 문제가 발생했다. 이때 문제를 해결하려면 어떻게 해야 할까?

해결 방법을 떠올리는 건 쉽다. 공장 안에 먼지 제거 시스템을 추가하거나 먼지 제거 전용 로봇을 들이면 해결할 수 있다. 하지만 가장 간단하게 문제를 해결하는 방법은 무엇일까? 먼지 제거 시스템이나 먼지 제거 로봇을 들이는 것처럼 무언가를 추가하는 건 오히려 문제를 복잡하게 만들 수 있다. 사실 인생의 난제도 이와 같다. 인생의 난제를 해결하기 어려운 이유는 한 가지 문제를 해결하기 위해서 어쩔 수 없이, 또는 자신도 모르게 새로운 문제를 끌어들이기 때문이다. 이렇게 해결해야 할 문제가 많아지면, 인생은 더 복잡해지고, 숨이 막힌다.

첫 번째 문제의 가장 좋은 답은 공간 변화라는 네 글자로 설명할 수 있다. 조립 설비를 뒤집어 천장에 설치하면 먼지는 자연스럽게 아래로 떨어진다. 사람은 뒤집힌 채 일을 할 수 없지만, 로봇은 사람이 아니니 상관이 없다. 공간 변화는 뛰어난 아이디어다. 그리고 그 배후 원리를 임의 시나리오에 복제하는 게 바로 STC연산자이다. 여기서 STC는 치수(Size), 시간(Time)과 비용(Cost)을 뜻한다.

항해 과정에서 닻을 사용해 선박을 견인해야 하는 상황이 생겼다. 선박 한 척의 무게가 1톤이고 닻의 견인 능력이 10톤 정도다. 하지만 펄과 해류가 있는 해역이라서 닻의 견인 능력에 영향을 받을 수밖에 없다. 이때 닻의 견인 능력을 끌어올리려면 어떻게 해야 할까? 예를 들어 10톤의 견인 능력을 15톤, 20톤, 100톤으로 끌어올릴 수 있을까?

자주 나오는 대답은 닻을 추가해 견인 능력을 높이거나 닻을 더 크게 만들거나 배의 무게를 더 가볍게 만든다는 것이다. 하지만 이런 대답은 '머리가 아프면 머리를 치료하고 다리가 아프면 다리를 치료하는 식'의 일차원적인 사고방식에 지나지 않는다. 만약 우리가 인생의 난제를 해결할 때도 이렇게 창의력이 부족하다면 병 속에 갇힌 파리처럼 출구를 찾지 못한 채 헤맬 것이다. 이때도 STC 연산자가 유용하게 쓰일 수 있다.

인생을 구할 혁신적인 계산법

인생의 난제를 해결할 때 일단 구체적인 상황을 중심으로 문제를 고민해야 한다. 이익을 생각하면 답을 찾기가 어려워진다. 예를 들어 아이가 자주 화를 낸다고 해보자. 이때 단순히 '성격이 안 좋다'고 단정을 지어버린다면 '화를 낸다↔성격이 안 좋다'라는 논리 순환이 이뤄지고, 더 많은 갈등이 생길 수 있다.

미국 초등학교에서는 선생이 화를 내는 아이를 만나면 "화가 나는 건 대뇌에 있는 '편도체'에서 작은 문제가 발생했기 때문이야"

라고 말을 해준다. 그럼 아이는 자신이 성격이 안 좋거나 나쁜 아이라서가 아니라 '편도체'에 잠시 작은 문제가 생겨 화가 났을 뿐이라는 걸 이해하고 천천히 화가 가라앉으면서 침착한 상태로 돌아갈 수 있다.

이것이 STC 연산자의 첫걸음이다. 더 추상적인 개념을 활용해 시스템을 묘사하면 눈앞의 구체적인 개념에 얽매이지 않을 수 있다. 다시 두 번째 문제로 돌아가 보자. 선박과 닻을 중심에 놓고 문제를 생각하면 영원히 창의적인 답을 찾아내지 못할 수 있다. 그러니 더 추상적인 묘사를 활용해 사고 패턴의 속박을 줄여야 한다. 물속에서 10톤, 15톤 심지어 20톤의 무게를 끌어 당길 수 있는 방법은 무엇일까?

언어는 생각의 겉옷이 아니라 생각 그 자체다. 언어는 우리의 생각을 속박할 수 있지만, 일단 '상위 등급 범위'의 단어를 사용해 '기본 단위 범위'의 단어를 교체한다면 창의력이 끊임없이 샘솟게 될 것이다.

STC 연산자의 두 번째 걸음은 공간 변화다. 한 시스템에는 세 가지 핵심 요소인 치수, 시간, 비용이 존재한다. 그중에서 두 가지 요소를 고정하고 남은 세 번째 요소를 극단화해 창의적인 답을 찾을 수 있다. 예를 들면 다음과 같다.

- 시간과 비용을 고정하고 치수를 무한대로 키우면 어떻게 될까? 치수를 무한대로 줄이면 어떻게 될까?

- 치수와 비용을 고정하고 시간을 무한대로 키우면 어떻게 될까? 시간을 무한대로 줄이면 어떻게 될까?
- 치수와 시간을 고정하고 비용을 무한대로 키우면 어떻게 될까? 비용을 무한대로 줄이면 어떻게 될까?

두 번째 문제의 추상적인 시스템에는 항상 공통으로 존재하는 세 가지 요소가 있다. 하나는 '물체(선박)'이고 둘째는 '견인력(닻)'이며 세 번째는 '물(해수)'이다. 이 세 가지 요소를 분류한 뒤 극단화시킬 수 있다. 예를 들어 견인력을 무한대로 키우거나 줄이면 어떻게 될까? 물의 규모를 극단적으로 늘리거나 줄이면 어떻게 될까? 이런 방법을 사용하면 더 기발한 답을 찾을 수 있다. 물을 완전히 없애면 어떻게 될까? 아니면 물을 변형시켜서 견인력을 증가시킬 수 있을까? 이렇게 생각하면 문제는 단순해진다. 간단하게 물의 성질을 바꾸면 되지 않을까? 예를 들어 닻에 제빙 기능을 추가하는 것이다. 얼리면 닻의 견인력이 증가할 수 있고, 견인을 마친 뒤 얼음은 다시 녹을 테니 선박의 중량에도 영향을 받지 않는다. 심지어 더 극단적인 방법으로 바다의 일부분을 얼게 해서 견인력을 더 증가시킬 수도 있다.

이것은 매우 창의적인 생각 실험이다. 그렇다면 왜 사람들은 물을 변형시켜서 저항력을 조력으로 바꿀 생각을 하지 못하는 걸까? 시스템을 추상화하기 전에 선박과 닻만 고려할 뿐 해수는 망각하기 때문이다. 해수도 문제 해결 수단 중 하나로 생각해야 비로소

액체를 고체로 바꾸는 물리 특성을 이용할 수 있다.

이 신기한 방법론은 구소련의 겐리히 알츠슐러(Genrikh Altshuller)가 발명했다. 겐리히 알츠슐러는 250만 개의 특허를 세밀하게 분석한 뒤 심리학, 철학 등 학문의 정수를 융합해 고차원 창의력으로 난제를 해결하는 트리즈(TRIZ)를 만들어냈다. 나는 항상 트리즈를 20세기 인류 지혜의 가장 위대한 공헌이라고 생각하고 있으며, STC 연산자는 그 핵심 개념이다.

혁신이 다섯 단계 이론인 이유

트리즈에서 STC 연산자는 사람들이 정해진 사고 패턴에서 벗어나도록 도와준다. 인생의 난제를 해결할 때 STC 연산자를 알고 있으면 자연스럽게 고정관념을 제거할 수 있게 해준다.

첫 번째 차원인 '치수'는 공간의 길이, 넓이, 높이, 지리적 위치 및 물리학에서의 각종 형태 등을 포함하고 있으며 추상적인 측면에서의 치수도 포괄하고 있다. 인류의 지혜는 수백억 개에 달하는 신경세포에서 자연적으로 생겨나고, 인간이 사는 지구는 한없이 거대한 우주 안에서 자연스럽게 생겨났다. 여기서 신경세포, 지혜, 우주, 지구는 모두 다른 치수다. 인류는 종종 치수의 속박을 받는다. 그러니 일단 치수를 추상화해서 무한대로 키우거나 무한대로 줄여본다면 새로운 발견을 할 수 있다. 예를 들어 만약 우주가 가

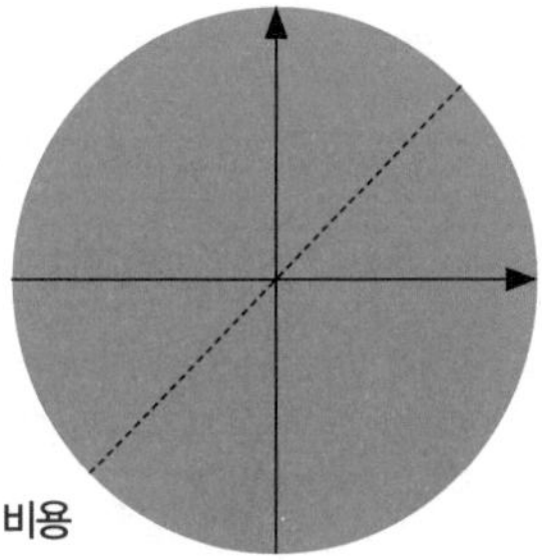

상의 현실 세계라면 인생의 의미는 어디에 있을까?

'치수'는 인생에서 생기는 복잡한 문제들을 정리하는 데 사용할 수 있다. '돈을 사용해서 해결할 수 있는 문제를 문제라고 할 수 있을까?' 이 말은 치수를 추상적으로 변형해 심리적 문제를 물질적 측면으로 귀결한 것이다. 다시 예를 들어 우리는 대도시 청년들의 불안함을 분석한 글들을 자주 접할 수 있다. 하지만 소도시와 관련된 정보를 검색하면 글의 제목은 완전히 달라진다. '작은 도시 청년, 장사하고 싶어도 시장이 없다' '휴대폰 뒤에 감춰진 소도시 청년들' 소도시 청년들의 불안감과 베이징, 상하이, 광저우, 선전과 같은 대도시 청년의 불안감은 완전히 다르다. 그러니 생존 환경으로 인해 불안해졌을 때는 사는 도시를 바꾸는 게 답이 될 수 있다. 큰 공간 치수에서 이동을 통해 인생의 난제를 해결해 보는 것이다.

두 번째 차원은 '시간'이다. 우리는 목표를 설정할 때 습관적으로 공간 모델을 통해 생각한다. 새로운 제품을 개발하는 목표는 더 큰 고객 규모를 확보하기 위해서고, 새로운 업종을 개척하는 목적은 시장 점유율을 더 넓히기 위해서인 것처럼 말이다. 글 한 편을 쓸 때 공간 모델을 기반해 목표를 세운다면 조회수를 10만 회 이상으로 올릴 수 있는 글을 쓰려 할 테지만, 시간 모델을 기반으로 목표를 세우면 10년, 백 년 뒤에도 여전히 세상에 전해지는 글을 쓰게 된다. 목표를 정할 때 공간 모델에서 시간 모델로 바꾸면 더 높은 수준의 목표를 세울 수 있게 되는 것이다.

세 번째 차원인 '비용'은 한 가지 일에 투입하는 비용을 말하는 것으로 드러나는 비용과 드러나지 않는 비용 모두 포함한다. 만약 비용 요소를 변형한다면 다른 결과를 얻을 수 있다. 미니멀리즘의 소비 관념을 가진 사람도 있고, 좋아하는 것에 돈을 아끼지 않는 사람도 있다. 참고로 나는 책을 살 때 비용을 고려하지 않는다. 만약 비용 차원에서 인간의 행위를 고려한다면 아주 재미있는 현상을 발견할 수 있다. 예를 들어 인원 감축 뉴스에 관심을 가지는 사람은 많아도 인원 감축에 대비하는 데 관심을 가지는 사람은 적다. 그래서 서점에는 경력 개발, 재정적 자유와 관련된 책은 많은 반면 인원 감축을 당했을 때 보상을 받는 방법이나 인원 감축률이 높은 직업을 피하는 방법과 같은 리스크를 피하는 방법을 가르쳐주는 책은 거의 볼 수 없다. 하지만 비용 차원에서 개인 리스크를 관리하고 손해를 피하는 방법을 아는 게 무턱대고 이익을 추구하는 것보다 더 적은 비용으로 더 많은 수익을 거둘 수 있다.

트리즈에서는 치수, 시간, 비용을 근거로 변형의 효과를 다섯 가지 단계로 나줄 수 있으며, 매 단계가 차지하는 비중은 다음과 같다.

- **단계 1** 작은 혁신. 일반적으로 사용하는 해결 방법으로 특허 점유율은 32% 정도다.
- **단계 2** 시스템의 변화. 부차적인 개선을 진행해 모순을 해결하는 것으로 특허 점유율은 45% 정도다.
- **단계 3** 산업을 뛰어넘는 해결책. 중요한 개선을 진행하는 것으로 특허 점유율은 18% 정도다.
- **단계 4** 과학을 뛰어넘는 해결책. 근본적인 개선을 진행해 새로운 개념을 만들어낸 것으로 특허 점유율은 4% 정도다.
- **단계 5** 발현. 전대미문의 새로운 영역이 출현하는 것으로 특허 점유율은 1% 정도다.

생산 라인의 먼지를 제거하기 위해 먼지 제거 시스템을 적용한다거나 견인력을 높이기 위해서 닻을 더 무겁게 하는 건 작은 혁신이라고 할 수 있다. 누구나 쉽게 생각할 수 있는 해결 방안이지만 고차원 혁신에 방해가 된다. 이것이 우리가 학문적인 사고를 해야 하는 이유다. 세상에서 일어나는 문제는 복잡하고 다양하다. 만약 우리가 다양한 학문 지식을 갖추지 않았다면 알맞은 모델을 생각하기 어려워진다. 앞에 언급한 예에서 '물체+견인력+물' 모델은 중고등학교 이상의 물리학 지식이 있어야 생각해 낼 수 있다.

사람은 대부분은 대학 캠퍼스 안에서 공부하면서 대동소이한 생활을 한다. 수업 시간에 필기하거나 휴대폰을 만지고, 수업이 없을 땐 연애를 하거나 게임을 한다. 하지만 자신만의 방식이 있는 사람들은 자기주도학습을 하며 남는 시간도 허투루 쓰지 않는다. 동기들의 인생이 달라지는 분기점은 졸업하는 그 순간이 아니라 캠퍼스 안에 있는 순간부터다. 최종적으로 각 영역에서 독보적으로 성장한 사람은 일반 사람들과는 다른 생활 방식을 고수하며 크든 작든 혁신을 이루고, 심지어 새로운 인생의 의미를 실현한다.

계통수인 이유

한 가지 문제에 대한 해결 방법을 찾을 때 답은 여러 가지가 있다. 그렇다면 더 좋은 결과를 얻으려면 어떻게 생각해야 할까? 문제의 답을 찾기 위해서는 트리즈의 다른 개념인 계통수를 사용해야 한다. 먼저 '스패너의 발전 역사'라는 간단한 예를 보도록 하자.

> 맨 처음 출현한 스패너는 한쪽만 쓸 수 있는 편구 스패너였고, 고리의 넓이도 고정적이었다. 하지만 사용해 보니 고리의 넓이가 고정되어 있어 각기 다른 크기의 도구들을 사용하기에 적합하지 않다는 사실을 발견했다. 그래서 두 번째 스패너는 한쪽은 고리의 넓이가 크고 다른 한쪽은 고리의 넓이가 작은 양구 스패너로 변했다. 이후 사람들은 스패

너 고리의 넓이를 조절할 수 있다는 사실을 발견했다. 이에 제3대 구경 조절 스패너가 탄생했다. 현재 스패너는 최초의 모양인 편구 스패너로 바뀌었지만, 넓이를 조절해 다양한 용도로 사용할 수 있게 되었다.

스패너의 발전 과정은 '단순→복잡→단순'의 경로로 변했다. 스패너뿐만 아니라 모든 제품들의 발전 과정을 살펴보면 단순→복잡→단순 법칙에 부합하는 사례가 많다. 이러한 발전 과정을 도식으로 표현한 결과가 바로 '계통수'다. 그중 기술 방면의 계통수의 경우 '더 많이, 더 빨리, 더 좋게, 더 절약'의 특징을 보인다. 기술 방면에서 제품의 발전은 기능이 많은 제품에 밀려 기능이 적은 건 도태되고, 속도가 빠른 제품에 밀려 속도가 느린 건 도태되고, 품질이 좋은 제품에 밀려 품질이 나쁜 건 도태되고, 에너지와 시간이 절약되는 제품에 밀려 에너지와 시간을 많이 쓰는 건 도태되는 과정을 거쳤기 때문이다.

인류는 이제 마지막 스패너만 사용해야 하는 걸까? 인류도 스패너와 같은 발전 과정을 거치는 건가? 그렇지 않다. 의미 있는 인생을 살고 싶다면 소모품이 되어서는 안 된다

몸은 인식 밖이 있는 게 아니라 아닌 인식 그 자체이고, 언어는 생각의 외투가 아니라 생각 그 자체이고, 수사는 보잘것없는 재주가 아니라 깨달음의 발현이다. 그러니 새로운 인식을 창조하고 더 나아가 인생의 의미를 발굴해야 한다. 언어는 우리의 생각을 속박하고, 우리가 '족쇄를 차고 춤을 추게' 만든다. 그 속에서 소수의 사

람만이 인생의 다른 의미를 만들 수 있다.

인지과학자 스타노비치(Stanovich)는 인류는 목적을 달성하려는 '도구적 이성'을 갖추고 있을 뿐만 아니라 목적을 잘 이루고 싶어 하는 '일반적 이성'을 가지고 있다고 말했다. 이것을 극단적인 예로 설명해 보겠다.

한 여자가 자살하기 위해 해안가 벼랑에서 몸을 던졌고, 바위에 부딪혀 사망했다.

이 여자의 '도구적 이성'은 정상적으로 표현되었다. 그녀는 자신과 바위의 관계를 알고 있었고, 자신의 행동으로 어떤 결과가 생길지를 파악하고 있었다. 그렇다면, 그녀는 어째서 비이성적인 행동을 한 것일까? 우리는 현재 이 문제의 답을 알 수 없다. 두 종류의 이성, 특히 '일반적 이성'은 종종 인지적 편향을 불러온다. 가장 전형적인 유형으로는 다음과 같은 것들이 있다.

- 첫 번째 유형은 스팍의 문제다. 스팍은 영화 〈스타워즈(Star Wars)〉에 등장하는 배역으로 이성을 숭상하고 감정을 회피한다. 인지적 편향으로 생겨난 이성 장애로 인해 감정 표현에 어려움을 겪는다.
- 두 번째 유형은 인지적 구두쇠다. 인지심리학자들은 대뇌를 표현할 때 쉬운 방법을 선호하기 때문에 이 우스운 명칭을 쓴다.
- 세 번째 유형은 정신 프로그램이 균형을 잃는 것이다. 정신 프로그램은

우리가 후천적으로 습득하는 지식을 말한다. 예를 들어 확률 지식을 배우면 우리의 이성적 사고능력이 증가하는 데 도움이 된다.

스패너의 발전 과정을 따르면 '도구적 이성'은 '더 많이, 더 빨리, 더 좋게, 더 절약'의 방향에서 벗어날 수 없다. 하지만 인류는 1단계 욕망(first-order desire)을 가지고 있을 뿐만 아니라 1단계 욕망에 대한 비판까지 할 수 있다. 인류는 단순히 목적을 달성하는 것에만 그치지 않고 목적을 더 잘 달성하고 싶어 한다. '목적을 더 잘 달성하고 싶어 하는' 건 '일반적 이성'의 범주에 속한다. 그리고 일반적 이성은 생물본능에서 기인하지 않고 사회문화, 정해진 풍습에 기인한다.

오늘날 같은 정보 과잉의 시대에서 우리는 정신적 도구이든 실체적 도구이든 갈수록 많은 도구를 가지게 될 것이고, 자신이 더 뛰어난 사람이 될 거라고 생각한다. 하지만 인류는 유전자와 밈의 지배를 받는 '로봇'이라는 걸 이해할 필요가 있다. 모든 사람은 각양각색의 유전자와 밈을 가지고 있고, 다양한 역사를 계승한다. 효율과 진보를 추구하는 과정에서 '일반적 이성'은 종종 소홀히 하기 쉽다.

우리는 소홀히 하기 쉬운 부분을 직시해야 한다. 그것은 사랑이며 지혜고, 아름다움이자 호기심이다. 그것은 탁월함과 총명함을 가지고 있다. 특별한 '로봇'인 인류는 세상에 등장한 순간부터 단순히 목적을 이루는 게 아니라 다른 사람과 함께 협력해 목적을 더 잘 이루고 싶어 하는 소셜 브레인 프로그램이 탑재되어 있었다. 우리는 인류의 다양한 이성을 활용해 다른 사람과 함께 인생을 주도하며 자신만의 인생 이야기를 창조해야 한다.

그렇다면 트리즈를 활용해 사고의 속박에서 벗어나려면 어떻게 해야 할까? 어떻게 하면 다른 길을 걸어갈 수 있을까? 다른 사람과 함께 인생의 이야기를 창조하려면 어떻게 해야 할까? 이와 같은 질문의 답을 찾기 위해서는 더 많은 사람과 공유하며 그 과정에서 답을 얻어야 한다.

인생을 수련하다
창업의 마음가짐으로

첸위 錢鈺

1980년대생인 첸위는 화룽네트워크(化龍網絡)의 창시자다. 온라인 커뮤니티, 소셜 운영 전문가로 각종 소비 영역에 관해 잘 알고 있다. 화룽샹(化龍巷) 웹사이트를 13년 동안 성장시키면서 팀원은 세 명에서 300명으로 증가했고, 연 영업 수익은 몇십만 위안에서 1억 위안으로 증가했다. 2015년 화룽네트워크를 '신싼판(新三板:중국 장외거래 시장-역주)'에 입성시켰고, 모바일 인터넷 플랫폼 인프라를 사용한 첸판윈(千帆雲) 앱은 수억 명의 네티즌이 이용하고 있다.

나는 2002년 난징 사범대학교 교내홈페이지 '짜이이왕(在意網)'을 만들었는데, 당시 인지도가 높던 난징대학 '샤오바이허 BBS'와 함께 유명해졌다. 전체 웹사이트의 프로그래밍 개발, 웹디자인, 웹사이트 홍보를 도맡았다. 2003년에는 잡지를 창간했다. 대학 시절 흥미에 이끌려 여러 프로젝트를 진행했지만, 비즈니스에서 성공을 거두지는 못했다. 대학을 졸업한 뒤 난징에 있는 한 고등학교에서 2년간 학생들을 가르쳤고 고향인 창저우(常州)로 돌아왔다.

고향에 온 뒤에도 인터넷에 대한 호기심을 가지고 있었기에 지역 웹사이트 '화룽샹'을 개설했다. 이 웹사이트는 350만 명에게 인터넷 서비스를 제공해 주며, 내 꿈을 이루게 해주었다. 지역 인터넷 서비스는 성장이 빠르지 않고 성장 가능성도 높지 않아 투자자들이 주목하지 않는 분야였다. 우리는 이 점이 오히려 안심되었다. 투자자들 눈치를 볼 필요도 없고 트렌드, 평가에 신경 쓸 필요도 없으니 사용자 수요와 서비스에 더 집중할 수 있었다. 가장 기본적인 비즈니스 논리에 착실할 수 있었던 것이다.

십여 년 동안의 창업 여정은 힘들었지만 재미있는 여행이었기에 후회는 없다.

비즈니스 본질을 고민하다

10여 년 전 나는 지역 웹사이트를 선택했다. 당시에는 지금처럼 창업 수단이 많지 않았기에 '변하지 않을 걸 선택해야 한다'라는 소박한 생각만 가지고 있었다. 도시화가 빠르게 진행되면서 사람들의 생활 요구도 높아졌고, 서비스 영역에도 계속 기회가 생겼기에 나도 '사업의 기본 방향'을 정할 수 있었다.

- 지역 사람들이 가장 관심을 가지도록 현지 상황을 다루는 웹사이트 커뮤니티를 만들었다. 날씨, 부동산, 의료, 교육부터 교통, 주차장 공략까지 화룽샹은 모든 일을 다루는 집사가 되었다.
- 지역 사람들의 정보 교환 수요를 만족시키기 위해 편리한 정보를 제공했다.
- 지역 사람들의 온라인과 오프라인의 소셜 수요를 만족시키기 위해 친구와

구혼 서비스를 갖춘 '융후천뎬(用戶沈澱)'을 만들었다.

웹사이트의 비즈니스 가치를 최대화하려면 어떻게 해야 할까? 웹사이트 인기에 기대 광고를 통해 수익을 내는 것이다. 한마디로 유동량을 활용해 돈을 버는 거였다. 하지만 이런 비즈니스 모델을 단일 도시만 상대하는 제품에 적용하기에는 한계가 있었다. 다행스러웠던 건 정확한 고객군에 서비스를 제공함으로써 비즈니스 가치를 최대화할 수 있는 방향을 찾았다는 것이다. 사용자 인생에서 소비력이 가장 강한 10년을 포착해 필요한 서비스를 제공했다.

사람들은 집과 차를 살 때나 집 인테리어를 할 때, 결혼을 준비할 때 가장 큰 소비를 할 뿐만 아니라 대부분 사는 지역에서 소비한다. 이러한 소비에는 두 가지 특징이 있다. 하나는 사용자가 소비 경험이 부족한 탓에 잘못된 결정으로 비용이 증가할 위험성이 높다는 것이다. 예를 들어 집을 잘못 사면 큰돈을 손해 보기 일쑤다. 다음은 소비 사슬이 길다는 것이다. 예를 들어 집 인테리어를 하면 공사 기간이 보통 3개월 이상 걸리고, 공사 과정에서 계속해서 돈 쓸 일이 생기게 된다.

이처럼 많은 금액을 소비할 때는 소비 경험과 소비 결정이 뒷받침되어야 한다. 그래서 다른 사람들은 어떤 결정을 내렸는지 알고 싶어 하고 소비 과정에서 자신이 마주칠 문제가 무엇인지 알고 싶다. 간단하게 말해서 제품과 서비스를 구매하기 전에 인터넷을 통해 신뢰할 만한 의견을 얻고 싶은 것이다. 그래서 나는 대다수 지역 웹사이트가 먹고 마시고 노는 분야 서비스에 집중하던 것과 달리 결혼 전후로 나타나는 수요인 집 구매, 자동차 구매, 인테리어에 집중했다.

우리는 기존 사용자가 소비 경험을 공유할 수 있도록 화룽샹 커뮤니티를 통해 집 마련 일기, 인테리어 일기, 결혼 일기 등을 써서 게시하도록 유도했다. 그리고 이러한 소비 결정 과정과 소비 결정 후 느꼈던 점을 활용해 새로운 사용자들을 끌어들였다.

화룽샹 커뮤니티에는 매년 1,600편의 새로운 인테리어 일기가 올라오고 '인테리어 채널'에는 창저우에 있는 유명한 인테리어 회사들의 인테리어가 게시되어 있다. 웹사이트에는 인테리어, 건축자재 구입, 가전제품 구입과 관련된 글이 거의 1,000편 가까이 있다. 이처럼 각 업종에서 생산한 콘텐츠 덕분에 우리는 돈을 들여 유동량을 끌어오지 않아도 사용자들에게 정확한 구매 안내 서비스를 제공할 수 있다.

도시에는 집이나 자동차를 구매하거나 인테리어를 하기 위해 거액을 소비해야 하는 소비자들이 있기 마련이다. 이런 소비자들은 가성비 있는 소비를 위해 자신에게 알맞은 제품을 찾고 싶어 하고, 기업은 더 낮은 비용을 들여 소비자에게 접근하고 싶어 한다. 우리는 한 손에는 소비자를 잡고 다른 한 손에는 기업을 잡은 채 온라인, 오프라인의 공동구매 등을 통해서 양쪽이 이어질 수 있게 했다. 이는 점차 주력 비즈니스 모델이 되었다.

제프 베이조스는 아마존의 성공에 대해 "모든 자본을 변하지 않을 것에 투자해야 한다"라고 말했다. 여기서 '변하지 않을 것'은 사용자의 경험을 말한다. 사용자의 경험은 올바른 방향으로 알아서 순환을 한다.

사용자의 경험이 좋을수록 → 새로운 사용자가 많아짐 → 더 많은 자원이 모이고 투입됨 → 사용자의 경험은 더 좋아짐 → 새로운 사용자가 더 많아짐

우리는 경험을 통해 변하지 않는 것은 아름다운 삶을 살고 싶어 하는 사람들의 바람이라는 걸 깨달았다. 하지만 사람들에게 서비스하는 방법과 모델은 계속 변해야 했고, 그중 인터넷은 서비스의 효율을 높이는 방법이었다. 변하지 않을 것에 투자해야 하고, 이익을 내는 것에 투자해야 한다. 이것은 투자의 방법일 뿐만 아니라 창업의 방법이기도 하다.

이타심은 가장 좋은 이기심이다

화룽상은 서로 돕는 커뮤니티 웹사이트로 이타심을 핵심 운영 이론으로 삼고 있다. 사용자들은 동기나 요구를 해소하기 위해 콘텐츠를 게시하는 경우가 있다. 예를 들면 자신의 감정을 토로해 많은 사람의 공감을 얻고 싶거나 셀카를 게시해 칭찬을 듣고 싶

거나 갑작스러운 소식을 게시해 격려를 받고 싶거나 하는 등이다. 사용자가 자아 가치를 실현할 수 있도록 우리는 사용자가 문제를 해결할 수 있도록 도와주고, 사용자의 게시물에 답변을 달아주고, 새로운 사용자의 게시물에 호응한다. 예를 들어 사용자가 커뮤니티에서 격려의 내용을 올렸다면 우리가 즉시 호응해 주는 것이다. 누군가가 도움이 될 수 있는 게시글을 올렸다면, 게시글을 인기글로 설정하거나 추천을 해준다. 이를 통해 커뮤니티 내 사용자들 사이에 서로 돕는 분위기가 형성될 수 있다.

이타심은 장기적으로 봐야 한다. 회사가 커지기 위해서는 기존 사용자, 기존 고객의 지원이 필요하고 이들의 이익을 최우선으로 해야 오래도록 서로 이익을 얻고 도움을 줄 수 있기 때문이다. 광고 업계에서 일하는 선배 중에 고객에게 큰 책임감을 가지고 최대의 서비스를 제공해 주고 싶어 하는 선배가 있었다. 한번은 내가 참지 못하고 물어봤다. "그렇게 한다고 고객들이 고마워할까요?" 그러자 선배가 이렇게 말했다.

> "사람은 누구나 감정이 있어. 그러니 어떤 일이든 기대했던 것보다 많은 이익을 얻게 해줘야 해. 좋은 서비스를 제공하면 다시 이용할 가능성이 커지니까."

이 말은 나에게 큰 영향을 주었다. 나는 운영팀에게 게시글의 수, 전문 콘텐츠 수 등의 지표만 보려 하지 말고 사용자를 위한 서비스, 사용자가 만족할 만한 일에 집중하라고 요구했다. 이와 같은 부분에 집중하기 위해서는 10%의 시간을 더 쏟아야 했지만 사용자에게 진정한 신뢰와 존중을 얻을 수 있었다. 지역 웹사이트를 운영할 때는 이 점이 특히 중요하다. 고객 수량이 제한적이라서 웹사이트의 평판이 무척이나 중요하기 때문에 서비스가 나빠지면 그동안 쌓아온 신뢰도 한순간에 사라져버리고 만다.

이러한 이념은 내부 관리에도 적용할 수 있다. 계속 인재를 교체하고 전문 직책에서 각자 맡은 임무를 다하며 동력을 강화하는 동시에 서로 협동해야 한다. 기업이 발전할수록 협력관계는 더 많고, 더 복잡해진다. 그리고 이 협동을 이끄는 핵심은 이타심이다. 예를 들어 러시아워일 때 운전자들이 교통 법규를 지키고 서로 양보하며 다른 사람의 편의를 고려한다면 길이 막히는 시간을 줄일 수 있고, 통행 효율을 높일 수 있는 것처럼 말이다.

리듬감으로 변화에 대응한다

창업의 리듬감은 언제 어떤 일을 해야 하는지, 언제 어떤 일을 해서는 안 되는지를 아는 걸 말한다.

01. 허황된 환상을 갖지 않는다

회사 설립 초기에는 인터넷이 잘 알려지지 않았고 커뮤니티도 인기가 없었다. 하지만 새로운 시도를 하려는 상가들이 많은 덕분에 앉아서 광고가 들어오기를 기다릴 수 있었다. 나는 줄곧 회사가 스스로 영업 수익을 낼 수 있는 능력을 갖춰야 하며, 기술과 제품은 마케팅에 꼭 필요한 버팀목이라고 생각하고 있었다. 이 때문에 마케팅 방면에서 영업팀을 모집한 뒤 그들에게 회사가 돈을 벌 수 있는 방법을 생각하게 했다.

먼저 돈을 벌어야 현금을 가지고 연구를 할 수 있다. 빚으로 경영하는 건 건강하지 못한 경영 모델이고, 오랜 시간 적자를 유지하면 창업자의 마음 상태가 무너질 수 있었다. 자기계발서에는 창업 실패 뒤 포기하지 않고 노력해 결국 성공한 사람들의 이야기가 많이 등장하지만, 그건 극히 일부일 뿐이다. 대부분 첫 창업이 실패하면 다시는 재기하지 못한다. 그러니 가장 좋은 리듬은 재정을 최소화하는 모델로 작은 규모에서 시행착오를 경험한 뒤 점차 확장해 나가는 것이다.

02. 한 가지 일에 집중하고 욕심내지 마라

한 가지 단계에서 한 가지 일을 완성하는 데 집중해야 한다. 단계마다 필요한 일에 중점을 두며, 생각이 적어야 회사는 활력을 가질 수 있다. 생각이 많아지면 직원들이 제때 일을 하지 못하고, 고객도 일을 이해하지 못해 마케팅 부서의 정보가 제대로 전달되지 못한다. 모든 걸 다 하려는 회사는 '죽음'을 면치 못한다. 특히 창업 초기에는 성급하게 일을 처리해서는 안 된다. 사장은 반드시 자신만이 가진 독특한 생각과 아이디어를 억제하고 또 억제해야 한다. 직원 수가 적고 능력과 자원이 부족한 상황에서 하고 싶은 일을 급하게 추진하는 건 욕심이다. 그러니 욕심을 줄이고 한 가지 일에 집중해야 한다. 계속 실패를 거듭할 경우 팀원은 긍정적인 피드백을 받지 못하고 결국 사기가 떨어져 고갈되고 만다.

03. 미리 계획을 세워라

만일 단기적으로는 수익이 없지만, 장기적으로 수익이 높아질 사업을 1년 동안 진행했는데 갑자기 경쟁자가 나타나 당신이 해왔던 일을 새롭게 시작한다면, 경쟁자가 이길 확률은 얼마나 될까? 대부분의 지역 웹사이트는 광고를 통해 수익을 얻으려 하는데, 나는 이런 수익 모델은 오래 갈 수 없다고 판단했다. 그래서 먼저 수직 수요 업종을 깊이 파고들어 구입 안내 업무를 시작했다. 당시에는 플랫폼 중 대부분이 부동산 등 부가가치가 높은 업종에 관심이 없었고, 유동량의 전환 가치를 높이는 일에도 주목하지 않았다.

모바일 인터넷이 빠르게 발전함에도 우리는 모바일 디바이스를 개발할 필요성을 별로 느끼지 못했고, 결국 앱을 발전시킬 수 있는 2년의 황금기를 놓쳐버리고 말았다. 당시 우리는 모바일 디바이스 개발 영역에 대해 잘 알지 못했지만, 개발 비용이 비싸서 기본 몇백 위안은 투자해야 한다는 건 알고 있었다. 초기 화룽샹 앱을 외주로 만든 것도 사용자 체험에 영향을 주지 않을 거라 생각해서였다. 하지만 이후 여러 가지 단점을 발견했고, 결국 스스로 해야 한다는 결정을 내리게 되었다.

미리 계획을 세우려면 반복적인 업무에서도 문제를 발견할 수 있는 의식을 가져야 할 뿐만 아니라 자신의 능력을 분명하게 인식하고 있어야 한다. 투자팀과 인재 양성같이 많은 시간을 투자해야 하는 일은 더 긴 시간을 두고 계획의 합리성을 고려하고 준비해야 한다. 가장 어려운 길을 선택해야 종점에 다다를 수 있고, 더 먼 곳으로 나아갈 기회를 가질 수 있다. 미래에 대한 믿음이 있어야 현재 상황에 인내심을 가질 수 있는 것이다.

04. 경계심을 가지고 나아간다

피터 드러커(Peter Drucker)는 "난세에 가장 큰 위험은 동요하는 게 아니라 과거의 논리를 고집하는 것이다"라고 말한 바 있다.

위챗 공식 계정은 일부 사람들을 성공시키고, 또 그들에게 의존한다. 충분히 많은 팔로우를 가지고 있어야 많은 광고를 진행할 수 있으므로 더 많은 팔로우를 얻는 데 치중할 수밖에 없다. 많은 사람이 앱은 '활동이 있어야 비로소 수입이 생긴다'라는 논리를 굳게 믿고 있다. 그래서 대부분은 좋은 콘텐츠를 만들고 운영하는 데 힘을 쓰지 않고, 자신의 힘과 돈으로 사용자를 모으고 앱을 설치하도록 하는 데 노력을 쏟고 있다. 하지만 앱에 좋은 콘텐츠가 없다면 사용자들은 재빨리 앱을 삭제해 버리고 만다. 이런 현상이 벌어지는 이유는 간과한 사실이 있기 때문이다. 하나는 사용자가 위챗 공식 계정에서 쉽게 구독 결제를 한다고 해서, 다운받은 다른 앱에서도 그렇다는 건 아니라는 사실이며, 둘째는 모든 건 콘텐츠가 바탕이 된다는 사실이다.

모든 사람은 특정한 사고 모델을 가지고 있어 여러 차례 성공한 후에는 습관적으로 다른 일도 정해진 사고의 틀에서 생각하게 된다. 하지만 모든 일의 기본 논리가 다르다는 걸 망각하면 더는 성공할 수 없다. 마찬가지로 기업이 한 가지 방법만 고집한다면 막다른 길에 접어들 수 있다.

결론으로 돌아가는 연습을 해라

예전에 상장 부동산 기업의 연수회에 참여해 사장이 어느 프로젝트 업무 배치 상황에 관해 설명하는 걸 들은 적이 있다. 회사 신입과 각 계열사에서 임시 파견 온 직원들 앞에서 그 사장은 몇 시간 동안 수천 명의 직원, 수백 건의 협력 프로젝트를 전부 자세하게 정리해 설명했다. 그는 능숙하게 모든 일을 정리해 총결할 줄 아는 선장이었다.

01. 전체를 정리하는 건 일종의 사고방식이다

전체를 정리할 줄 모른다는 건 자신의 생각이 없다는 의미다. 동료들이 위챗 모멘트에서 자신이나 다른 사람의 학습 경험을 발표하면 나는 항상 정리해서 결론을 내라는 댓글을 남긴다. 나는 단편적인 정보를 기록하고 총결하는 게 습관이 되었다. 그리고 의식적으로 팀원에게도 연습하라고 요구한다. 꾸준히 노력해야 습관을 능력으로 바꿀 수 있다. 이런 능력을 갖춘다면 어떤 일을 들었을 때 내용의 핵심 논리를 중심으로 세밀한 내용을 파악하고 핵심 생각을 더 빠르게 정리할 수 있다.

02. 전체를 정리하는 건 일종의 표현 방식이다

만약 어떤 내용을 말하든 상대방이 이해하기 어렵게 말한다면 말할 기회는 점점 줄어들 것이다. 표현 능력을 계속 발전시키려면 전체를 정리하는 노력도 필요하지만, 동시에 콘텐츠의 질과 효과를 고려할 줄도 알아야 한다. 글은 말보다 더욱 간략하고 명확하게 표현할 필요가 있으므로 개인의 총결 능력이 중요하다. 다행히 사람은 누구나 문장을 줄이고 주제를 명확히 하고 유형을 분류하는 등의 노력을 통해 이 능력을 훈련할 수 있다는 것이다. 이 밖에도 전체를 정리할 줄 아는 능력은 강연을 잘하는 기본 조건이기도 하다. 강연은 개인이나 기업 브랜드를 전달하는 가장 좋은 방식이다. 더구나 직접 마주 보고 상호작용을 하기 때문에 자신의 능력을 현장에서 시험할 수도 있다.

03. 전체를 정리하는 건 일종의 업무 수행 방식이다

매일 업무를 복기하는 일일 보고처럼 작은 인식을 꾸준히 갱신한다면 상당한 자산을 만들 수 있다. 매일 일정 시간을 들여 단편적인 정보를 분류하고 정리하고 중요도에 따라 배열해 핵심 정보를 파악한다면 더 깊은 생각을 가질 수 있다. 다음과 같은 방법에 따라 전체를 정리하는 능력을 훈련한다면 몇 년 뒤에는 자신만의 인지 목록과 핵심 방법론을 가질 수 있게 될 것이다.

- 첫 번째, 필기하는 습관을 들인다. 핵심 키워드나 중요 정보를 보거나 들으면 언제든지 기록한다.
- 두 번째, 최대한 빨리 핵심 요점을 파악한다. 명확한 논리를 사용해 간단하게 문장구조를 정리한다.
- 세 번째, 새로 얻은 지식을 이미 가진 기초 논리, 지식 구조와 조합할 수 있는지 검증한다.

전체를 정리하는 능력을 빠르게 기를 수 있는 지름길은 존재하지 않는다. 그저 꾸준히 연습해서 자신의 것으로 만드는 것밖에는 없다. 연습한다고 해서 반드시 완벽해질 수 있는 건 아니지만, 완벽하게 연습해야만 비로소 완벽해질 수 있다는 걸 항상 명심하자.

아웃풋은 가장 좋은 학습 방법이다

나는 오랜 시간 콘텐츠를 게시해 왔다. 두 개의 즈스싱추를 운영하면서 매일 콘텐츠를 업데이트했고, 지역 웹사이트에서 매년 한두 차례 강연을 하거나 내부 공유를 진행했다. 평상시 1,000여 명의 동료와 연락을 유지하며 업종 정보와 학습 최신 경험을 교류했다. 이러한 콘텐츠 게시 습관은 나의 첫 번째 직업인 고등학교 선생 시절까지 거슬러 올라간다. 대학을 졸업한 뒤 내가 취직한 고등학교는 인원 수를 갑자기 늘려서 모집하는 바람에 선생이 급히 필요했다. 이에 나는 잠시 다른 기초 과목까지 수업하라는 지시를 받았다. 중요한 일을 갑작스럽게 맡게 되었고 하는 수 없이 배우면서 학생들을 가르쳐야 했다. 인터넷에서 자료를 검색하고 다른 교수에게 가르침을 받는 등 온갖 방법을 동원해 공부했고, 최종적으로 강의 평가에서 좋은 성적을 받았다. 이 경험에서 긍정적인 영향을 받았다. 나의 학습 잠재력을 확실히 이해하게 되었을 뿐만 아니라 지식을 '아웃풋'하는 걸 통해 해당 지식을 온전히 자신의 것으로 만들 수 있다는 사실도 깨달았다.

01. 서로에게 도움이 되는 아웃풋

더우반에서 책에 대해 평론하거나 위챗 모멘트에서 콘텐츠를 발표하거나 강의에서 문제에 답변해 주거나 독서회에서 아는 내용을 공유하고 다른 사람의 의문을 해결해 주는 등 자발적으로 공유하는 행동은 모두 아웃풋에 포함된다. 자신이 깨달은 바를 기록하는 건 그 자체로 가치가 있지만, 공유를 통해 다른 사람의 피드백을 받으면 두 배의 효과를 볼 수 있다. 내가 즈스싱추에서 깨달은 내용을 기록하면 회원들이 나를 더 이해할 수 있고, 피드백을 통해 문제의 공통점과 해결 방법을 찾을 수 있다. 이런 과정을 통해 스스로 생각하지 못했던 각도에서 문제를 탐색할 수 있고, 다른 사람의 시각을 빌려 나의 지식 체계를 완성할 수 있다.

02. 아웃풋을 통한 학습

아웃풋은 지식에 내재해 있는 논리를 완벽하게 파악하지 못한다면 다른 사람에게 핵심 관점을 명확하게 전달할 수 없다. 그래서 해당 지식을 계속 다듬고 복습하며 완전히 자신의 것으로 만들어야 한다. 파인만 학습법의 핵심은 가르치면서 학습하는 것이다. 문제의 가장 단순한 본질을 파악해 전문 용어를 포함하지 않고 이해하기 쉬운 표현만으로 가르쳐주면 더 쉽게 이해시킬 수 있다. 파인만 학습법은 상대방의 입장에서 생각해야 한다. 상대방의 특징과 수요에 맞게 소통 방식을 조정하고 핵심 내용을 정리해야 한다. 기존 지식 체계를 쉽게 정리해 설명하고 상대에게 유익한 피드백을 받으면 계속해서 발전해 나갈 수 있다.

독서를 할 때도 아웃풋이 있다. 먼저 주제를 설정한 뒤 관련 도서나 자료를 공부하는 것이다. 이때 독서의 목적은 피동적인 이해나 어떤 책의 지식을 습득하는 게 아니라 자신이 원하는 답을 찾는 것이기에 더 효율적으로 독서할 수 있다. 지식 그 자체는 힘이 없지만, 계속 지식을 공부하고 운용한다면 이를 통해 발전할 수 있다.

03. 아웃풋으로 개인의 브랜드를 만들어라

아웃풋은 개인 브랜드를 만들고 소셜네트워크에서 신뢰를 구축하는 방식이다. 온라인에 남아 있는 문자와 동영상 및 오랜 시간 게시한 지식 체계는 모두 개인 브랜드의 구성 성분이 된다. 인생의 기회 중 대부분은 기업이나 개인과의 협력에서 온다. 이 때문에 자발적으로 자신의 견해를 공유하고 자신의 재능을 보일 필요가 있다. 자신만의 브랜드를 구축해 다른 사람이 더 잘 이해하고 신뢰할 수 있게 해야 한다. 그들이 필요할 때 맨 처음 당신을 떠올리고 당신에게 기회를 주고 싶게 해야 한다.

새로운 지식을 받아들여 변화에 대응하다

회사든 개인이든 새로운 지식, 영역, 기술을 받아들이고 예리함을 유지하며 계속해서 성장해 나가는 것이야말로 가장 큰 마지노선이다.

01. 나이의 구속에 대항해라

나이가 들며 호기심이 줄어들면 새로운 사물이나 생각에 관심을 덜 가진다. 새로운 걸 마주치면 생각하지 않고 반박부터 하거나 단정부터 짓는 '가설'의 노예로 전락하고 만다. 자신이 듣고 싶은 것만 듣고, 보고 싶은 것만 보려 하는 것이다. 정당한 이유로 거절하더라도 새로운 걸 거절하는 데는 대가가 따른다. 예를 들어 새로운 사물을 접할 용기를 내는 노인이 스마트폰 사용 방법을 배우면 언제든 자녀들과 대화를 나눌 수 있고, 택시 앱을 이용해 자유롭게 외출도 할 수 있다. 반면 어렵다는 이유로 배우지 않는 노인들은 불편함을 감수하거나 다른 사람에게 의지해야 한다.

02. 체면의 짐을 던져버려라

마음이 개방된 사람은 어떤 사실과 직면했을 때 그 안에 담긴 가치를 파악해 학습하고 생각하며 자신의 것으로 만들려 하지 부정적인 정보만 보고 야유하지 않는다. 반면 마음이 폐쇄된 사람은 외부 평가에만 신경을 쓸 뿐 새로운 걸 봐도 의심하고 좋은 기회를 만나도 행동하지 않는다. 자신의 부족함을 인정하려면 좋은 소양을 갖추고 있어야 한다. 사람은 본능적으로 단점과 문제를 가리고 좋은 면만 보여주려고 하기 때문이다.

스티브 잡스는 "총명한 사람은 자신의 성장에 관심을 가지지 애를 써서 자신이 잘못하지 않았음을 증명하려 하지 않는다"라고 말했다. 체면을 너무 신경 쓰면 자신에게 너무 높은 요구를 하게 되고 지나치게 완벽함을 추구하게 된다. 이에 자신도 모르게 자신을 가두게 돼서 외부와 정보 교류가 줄어들거나 안 좋은 사고 습관을 기르게 된다. 예를 들어 다른 사람의 성공을 바라볼 때 그가 가진 배경만 생각할 뿐 성공하기 위해 노력한 부분이나 뛰어난 부분을 외면한다. 반대로 체면을 신경 쓰지 않으면 자신을 개방해 외부와 접촉면을 넓힐 수 있다. 그럼 '뛰어난 인물'들과 만날 기회를 가질 수 있고, 그들이 바라보는 시선으로 세상을 더 넓고 분명하게 바라볼 수 있다. 뛰어난 인물의 사고에 영향을 받으며 장점을 습득한다면 성공의 길을 단축할 수 있게 된다. 물론 권위에 대한 미신이 생각을 속박하고 학습을 방해하지 않도록 조심해야 한다.

03. 자아 수용을 해야 잠재 능력을 받아들일 수 있다

열정을 가지고 평생 학습하려는 태도를 지녀야 자책이나 자기부정같이 부정적인 일이 아닌 성장에 도움이 되는 일에 에너지를 사용할 수 있다. 처허지아(車和家;중국 전기차 기업으로 리샹자동차(理想汽車)로 회사명을 변경했다 – 역주) 창시자이자 CEO인 리샹(李想)은 다음과 같이 말했다.

"제가 아는 모든 것과 저와 관련된 모든 건 결과가 좋든 나쁘든 저의 책임입니다. 아무리 안 좋은 일이라도 받아들일 것이며, 그 일에 책임지고 바꾸기 위해서 성장해서 변화시킬 겁니다."

일단 우리는 자신의 문제, 단점과 약점을 파악하고 가능성을 갖춰야 한다. 문제를 두려워하고 무의식적으로 문제를 숨기거나 찾지 않으려 하는 건 가장 피해야 하는 일이다. 바꿀 수 없는 일에 시간을 낭비하기보다는 차라리 자기 삶을 더 좋게 만들고, 올바른 추진력을 위한 조건을 만드는 게 낫다. 그리고 이런 과정을 통해 자신이 바뀌었다는 걸 깨달을 수 있다.

04. 작은 변화에서부터 시작해라

CEO 리톈톈(李天田)은 "학습은 만 시간을 들여 한 가지 일을 꾸준히 공부하는 것이다. 남는 시간을 어디에 사용하느냐에 따라 얻게 되는 결과도 달라진다"라고 말한 바 있다. 책을 읽으면 내면에 싹이 돋아나 조용히 자신에게 자양분을 주고 미래의 어느 날 특별한 방식으로 유용하게 사용된다. 좋아하는 일을 하는 건 본능이고, 싫어하는 일을 하는 건 능력이다. 성장은 편안한 장소에서 힘든 장소로 나아가는 것이며, 자신이 좋아하는 일만 하던 것에서 싫어하는 일도 할 수 있게 되는 것이다. 그리고 우리는 이런 과정을 이루기 위해 작은 걸음으로 빨리 달리는 전략을 사용해야 한다. 한 차례씩 작은 목표를 이루면 작은 성공이 모여 큰 성공을 이룰 수 있다. 작은 목표로 승리의 맛을 알면 자신감이 생겨 더 의욕을 가지고 노력하게 되고 계속 발전해 나갈 수 있기 때문이다.

창업은 길고 힘든 과정이자 계속 자신을 단련해야 하는 과정이다. 그리고 인생은 창업보다 더 힘들고 긴 과정이다. 창업에 성공하려면 마음을 개방하고 정보를 외부와 교류해야 한다.

자신을 개방해야 비로소 더 넓은 세계를 포용할 수 있고, 더 큰 시스템을 장악할 수 있다!

초조함을 극복할 수 있다
오로지 행동으로만

Kris

Kris는 회계학 박사 과정을 밟고 있으며, 10년 자율 실천가이자 아마추어 마라토너다. 개인 성장을 다루는 위챗 공식 계정 'Kris의 길'을 운영하고 있으며 베스트셀러를 쓴 작가이자 즈스싱추 'Kris의 성장권'의 별지기다. 과거 세계 500대 기업인 중앙기업 본부에서 재직했고 사직한 뒤에는 중국 최초 행동 서비스 플랫폼인 'DoMore 행동대학'을 창립했다.

나는 산시성(山西省)의 외딴 마을에서 태어났고 열여덟 살 때 대학 진학을 위해 베이징에 왔다. 이후 중앙기업에 입사해 일하고 결혼하고, 아이를 낳고, 집을 사고, 대출금을 갚으며 가장전통적인 삶의 노선을 따라왔다. 그 과정이 힘들 때도 있었지만 대부분 즐겁고 만족스러웠다. 그러던 중 둘째가 태어나자 덜컥 재정 상황이 걱정되기 시작했고 인생의 방향을 고민했다. 번민을 거듭한 끝에 비로소 인생의 방향을 바꾸고, 이렇게 글을 쓰게 되었다.

나는 대단한 사람이라고 할 수도 없고 인생 역전에 성공했다고 말할 수도 없다. 그러니 내 인생을 보면서 사람들이 작은 위안을 얻기를 바란다. 이야기 속에 등장하는 일들은 아마도 경험을 해보았거나 어느 날 마주칠 일일 것이다. 이 글을 통해 평범한 한 사람이 변화하기 위해 겪은 과정을 살펴보고 그 안에 담긴 즐거움과 긍정적인 에너지를 느꼈으면 좋겠다. 평범하지만, 진실한 문장 안에 담긴 에너지를 함께 느끼고 간직하기를 바란다.

인기 있는 글로
인생의 무대를 비추다

2019년 12월 25일 결혼하고 처음으로 집에 들어가지 않았다. 평범한 가장이었던 나는 크리스마스는 물론이고 평상시에도 최대한 일찍 집에 들어가 가족과의 시간을 보내려고 노력했다. 그런 내가 처음으로 집에 들어가지 않은 이유는 회식하며 술을 마시거나 노래방에서 노래를 부르기 위해서가 아니었다. 다음 날 즈스싱추에 올라갈 첫 글을 다듬고 있었기 때문이었다.

나는 즈스싱추 운영 책임자 류룽과 계속 연락을 주고받으며 글을 다듬었다. 단순한 표제일 뿐이었는데도 머리를 짜내며 30여 가지의 아이디어를 상의했다. 심지어 다음 날 글을 게시하기 몇 분 전까지도 어떤 단어가 더 정확한 표현인지를 두고 토론하고 수정을 거듭했다.

다음 날 저녁 9시 45분 '그는 베이징에서 10년 동안 자신을 단속한 끝에 30세의 나이에 연 수입 10만을 이뤘다'라는 제목의 글이 게시되었다. 잔뜩 긴장한 우리는 웹페이지를 새로 고치며 조회수를 확인했다. 그리고 10분도 되지 않아 조회수는 1만 회가 되었고, 20분에는 2만7천 회, 30분에는 4만2천 회를 기록했다. 그리고 1시간이 지난 뒤 조회수는 6만 회로 치솟았다. 이어서 구독 알림이 쉴 새 없이 울리기 시작했다. 몇 초마다 새로운 구독자가 가입해 알림이 쉴 새 없이 울리는 탓에 알림을 끌 수밖에 없었다. 다음 날 우리는 함께 데이터를 살펴보았다. 24시간 동안 조회수는 거의 15만 회에 근접했고 구독자 수는 716명으로 조회수와 가입 속도 모두 굉장히 빨랐다.

나는 그동안 위챗 모멘트 같은 SNS에 관심이 없었고, 창업한 뒤에도 굳이 회사의 상황을 말하지 않았다. 그저 소수의 지인에게만 내 상황을 알릴 뿐이었다. 그러던 중에 이 일로 위챗 공식 계정에 사람들이 몰려들자 나 자신이 철저하게 발가벗겨진 것 같은 느낌이 들었다. 해당 글은 쉴 새 없이 공유되었고, 초등학교, 중학교, 대학교 동창이나 이전 직장 동료까지 전부 '폭발'적인 반응을 일으켰다. 이들은 고지식한 기질을 풀풀 풍기던 사람이 중앙기업이라는 안정적인 직장을 때려치우고 창업에 뛰어들 거라고는 예상치 못했다.

걱정을 극복하면 수입은 수요가 된다

산시성의 작은 마을에서 태어난 나는 집안 형편이 좋았다고 할 수는 없지만, 경제적으로 부족함은 없었다. 나는 취업 운이 정말 좋았다. 단숨에 세계 500대 기업 열 곳에서 취업 제안을 받았으니 말이다. 특별히 돈을 많이 벌어야겠다는 생각은 없었고 오히려 돈을 따지는 게 저속한 일이라는 생각을 가지고 있었다. 그래서 안정적인 직장에만 지원했다.

"돈이 많든 적든 즐거운 게 가장 중요하다." 어린 시절 부모님이 알려주신 돈에 대한 관점이었다. 하지만 둘째 아이가 태어나자 돈에 대한 관점이 흔들리기 시작했다.

지금도 또렷하게 기억한다. 둘째가 태어난 지 채 100일이 되지 않았을 때 나와 아내는 종이와 펜을 들고 앞으로 펼쳐질 우리 네 식구의 미래를 그려보았다. 첫째만 있었을 때는 생활이 빠듯하기는 했지만, 그럭저럭 지낼 만했다. 이제 첫째가 유치원에 가고 학원도 다녀야 할 때 둘째가 태어났으니 지출이 늘어날 게 뻔했다. 이리저리 계산하던 우리는 내 월급만으로는 베이징에서 네 식구의 생활을 지탱할 수 없다는 걸 깨달았다.

한 번은 상사가 우리 집의 지출 상황에 관해 물어보길래 솔직하게 말해주자 그는 놀란 표정을 지으며 말했다. "Kris, 자네 아직도 캥거루족이군!" 그렇다. 나는 서른 살이었음에도 부모님께서 명절마다 지원해 주지 않으셨다면 베이징에서 살 수 없었다.

그 당시 베이징은 초미세먼지가 가장 심할 때였다. 아내가 종종 미세먼지 때문에 고생하지 않는 고향 동창들의 생활을 이야기했다. 나는 아무런 대답도 하지 않았지만, 속으로는 흔들렸다. '정말 베이징을 떠나야 하는 건가?'라는 생각이 머릿속에서 떠나지 않았다. 솔직하게 말해서 나는 어떻게 해야 할지 전혀 알지 못했다.

월급으로는 가족을 부양할 수 없다는 걸 알았을 때 돈을 벌어야겠다고 생각했다. 불면증에 시달릴 정도였고, 머릿속에는 '어떡하지?'라는 생각이 떠나질 않았다. 당시 내가 생각한 부업으로는 노점상, 공유 차량 운전기사, 웨이보에서 물건 팔기 등이 있었다.

노래를 잘하는 것으로 대학교에서 유명했기에 허우하이(後海)에 있는 술집에 연락했고 낡아서 색이 바랜 기타를 들고 매일 밤 노래를 부를 준비까지 했다. 그때 아내가 말했다. "더우반에 글을 쓴 적 있잖아? 글을 써서 돈을 벌 수는 없는 거야?" 아내 말이 맞았다. 글 한 편당 300위안을 받을 수 있으니, 한 달 동안 30편을 쓰면 1만 위안 정도는 벌 수 있었다. 가뭄에 단비 같은 돈이었다.

쇠뿔도 단김에 빼는 법, 여기저기에 미친 듯이 글을 쓰기 시작했다. 단숨에 쓴 다섯 편의 글 중에서 네 편이 각 플랫폼 메인에 오르자 인기를 끌 수 있겠다는 자신감이 생겼다. 하지만 그렇다고 아이를 보는 시간을 희생하고 싶지는 않았다. 매일 퇴근하면 최대한 빨리 집으로 가서 아내의 일을 돕고 아이를 돌보았고, 아이가 잠든 뒤 조금이나마 글을 쓸 수 있었다. 업무 시간과 육아 시간을 줄일 수 없는 만큼 더 늦게 자고 일찍 일어나는 수밖에는 없었다. 아이가 잠들면 조용히 서재에 들어가 제목을 선정하고 소재를 찾고 글을 썼다. 너무 피곤해서 도저히 목표한 일을 마칠 수 없을 때는 차가운 물로 샤워를 하면서 계속 글을 썼다. 아침에도 아이가 일어나기 전까지 글을 쓰기 위해 점점 일찍 일어나게 되었다. 밤새 글을 써서 원고를 보낸 뒤 붐비는 지하철을 타고 출근하기도 했다.

당시 나는 더 많은 돈을 벌어야 한다는 집념에 스스로를 엄격하게 단속했다. 아내와 아이들이 더 나은 삶을 살 수 있도록 해주겠다고 맹세한 순간부터 돈을 버는 건 무엇보다도 중요하고 당장 이뤄야 하는 KPI(핵심성과지표)가 되었다.

임전무퇴의 각오가 극한의 잠재력을 끌어낸다

매일 게시글을 쓰면서 반응이 괜찮은 글을 몇 편 쓸 수도 있었고, 유명한 계정에서 내 글을 퍼가면서 위챗 공식 계정 팔로우 수도 2,000에서 2만까지 증가해 어느 정도 1인 미디어 단계에 진입할 수 있었다. 그러자 광고 의뢰가 들어오기 시작했다. 광고 비용도 괜찮은 편이었지만, 대부분 내가 모르는 제품들이라서 완곡히 거절했다. 이것이 돈을 벌면서 정한 마지노선이었다. 그러자 광고도 줄고 점차 글쓰기도 중단되었다. 쓰기 싫어서 중단된 게 아니라 정말 쓸 시간이 없었다. 직장에서 인사이동이 있었고 부서를 옮긴 뒤 거의 매일 야근하며 새벽 1, 2시가 되어서야 집에 돌아가는 생활을 계속했다.

설 명절이 되면 부모님께 효도하고 싶은 생각이 간절했지만, 형편이 넉넉지 않았기에 여기저기 돈을 끌어모아 1만 위안을 마련하는 게 다였다. 부모님은 "필요 없다"라고 말씀하시면서도 입가에 웃음이 떠나질 않았다. 우리가 베이징으로 돌아가기 전날 부모님은 뜯지도 않은 1만 위안이 든 봉투를 우리 짐 안에 몰래 넣고 세뱃돈이 든 봉투도 같이 넣었다. 베이징으로 돌아와 짐을 정리하던 중에 세뱃돈을 발견한 나는 마음이 무거워졌다. 아직도 부모님에게 걱정을 끼치고 있다니, 너무나도 부끄러웠다. 이 일을 계기로 다시 글을 써야 한다는 생각이 불타오르기 시작했다.

다시 미친 듯이 글을 쓰기 시작했다. 이번에는 출퇴근 시간을 이용해 지하철에서 글을 썼는데, 너무 집중하는 바람에 내릴 역을 지나칠 때도 있었다. 아내는 나에게 카페에 가서 글을 쓰라고 했지만, 육아를 아내에게만 맡길 수는 없었다. 하지만 집중해서 글을 쓸 여건도 되지 않고 충분한 시간도 없는 탓에 위챗 팔로우 수가 폭증하는 걸 바라는 건 지나친 욕심이었다. 그 모습을 지켜보던 아내는 심사숙고한 끝에 말했다. "반년 동안 내가 아이들을 데리고 고향에 내려가 있을 테니까 당신은 위챗 공식 계정 팔로우 수를 10만 명 늘리는 거야. 어때?" 아내의 말은 임전무퇴식 결정이었다.

나는 이용할 수 있는 시간을 모두 동원해 책을 읽고 글을 썼다.

지속적으로 정보를 받아들이고, 또 정보를 게시하자 위챗 공식 계정 팔로우 수는 급격하게 늘어났고, 5개월 뒤에 목표를 이룰 수 있었다. 마침내 아내와 아이들을 베이징으로 부를 수 있게 되었다.

창작의 복리

글쓰기 수입은 이자가 불어나는 식으로 생긴다. 시간이 누적될수록 꾸준히 진행될수록 수입이 폭발적으로 증가한다. 0에서 1을 만드는 게 가장 어렵다. 처음 문장을 쓰면 기껏 몇십 명이 읽을 뿐이지만, 계속 꾸준히 완성도 높은 글을 게시하면 조회수도 증가한다. 그리고 고정된 팔로우 수가 10만을 넘기면 조회수는 새로운 증가 속도를 보인다. 위챗 계정을 예로 들면 팔로우 수가 10만에서 60만까지 증가하는 데 2년이 채 걸리지 않았다. 완성도 높은 콘텐츠를 꾸준히 게시하고 충분히 많은 팔로우 수를 확보하면 서서히 이자가 불어나듯이 수입이 불어날 기회가 생기는 것이다.

첫 번째 기회는 상업광고다. 위챗 공식 계정의 팔로우 수가 2만이었을 때 한 편당 광고 비용은 몇백 위안 정도였지만, 팔로우 수가 몇십 배로 증가한 뒤에는 광고비도 기하급수적으로 올랐다.

두 번째 기회는 강의 제작이다. 계속 성장과 관련된 내용을 올리다 보니 여러 유료 지식 플랫폼에서 '학습력'과 '자기 통제'를 주제로 강의를 제작하자는 요청을 받았다. 게다가 이 두 주제는 항상 인기가 높은 덕분에 수입을 늘릴 수 있었는데, 그중 '학습력' 주제는 게시된 지 2년이 되었는데도 여전히 새로운 사용자들이 있다.

세 번째 기회는 도서 출판이다. 2017년 위챗 공식 계정 팔로우 수가 10만이 되었을 때 출판사 편집자들이 책을 내자고 요청을 했다. 당시는 아직 중앙기업에서 일을 하고 있을 때라서 책 집필에 필요한 시간과 에너지가 없었다. 2019년 창업을 한 뒤에야 책을 집필할 계획을 세운 뒤 두 권의 책을 출판했고, 영광스럽게도 두 권 모두 신간 도서 순위 1위에 올랐다.

마지막 기회는 트레이닝 강의를 하는 것이다. 이곳저곳 돌아다니며 강의를 하는 걸 좋아하는 사람은 수입 효율이 아주 높다. 나는 나중에야 어느 영역에서 전문적인 수준을 쌓으면 강연 요청이 끊이질 않고 계속 온다는 사실을 알게 되었다. 지금은 각지를 방문해 강의하는 게 아주 익숙한 일이 되었다.

사회 집단:
사용자와 심도 있는
교류를 해라

2017년 3월 나는 '일주일 일기 커뮤니티' 위챗 채팅방을 개설했다. 매주 사람들에게 개인적인 생각이나 일을 복기하는 일주일 일기를 써보라고 제안했다. 맨 처음 시작할 때 4천 자였던 글은 점점 1만 자까지 늘어나더니 지금은 2만 자까지 증가했다. 커뮤니티 규모도 처음에는 37명에서 지금은 3천 명 가까이 늘어났다. 일주일 일기 게시 빈도도 처음에는 일주일에 한 편이었지만, 지금은 고정적으로 콘텐츠가 게시된다. 이후 위챗 채팅방을 그대로 즈스싱추 플랫폼으로 이전하면서 'Kris의 성장권'을 개설했다.

나의 즈스싱추는 지금 이미 네 차례 변화를 거듭했고, 매번 변화할 때마다 개인 성장 영역에서 중요한 위치를 차지했다. 나는 즈스싱추에서 아래와 같은 핵심 콘텐츠를 제공한다.

첫째, 매일 고정된 전문 칼럼을 공유한다. 월요일부터 일요일까지 각각 개시일, 독서일, 영화감상일, 지식일, 생활일, 독자문답, 일주일 일기 공유로 나누어 콘텐츠를 게시한다. 둘째, 회원들이 콘텐츠를 공유한다. 회원들은 매일 성장 수업이나 매주 성장 일기를 쓰며 자신의 학습 성장 과정을 복기하며 환골탈태의 과정을 밟는다. 셋째, 행동 보상 계획이다. 모든 회원의 행동은 칭찬받을 가치가 있다. 일일 수업, 일주일 일기를 꾸준히 진행해 누적된 분량이 일정 기준에 도달하면 상응하는 장려품을 받는다. 넷째, 트레이닝 캠프를 개설했다. 회원들은 트레이닝 캠프, 코치식 소통, 목표 관리 실천을 통해서 개인 목표를 실현하고 자기 통제 모델을 통해 새로운 직장 생활을 할 수 있다.

다양한 활동을 하고 있지만 내가 중앙기업을 떠나 창업을 하게 될 거라고는 생각하지 못했다. 안정된 직장을 잃는 위험을 감수하고 싶지도 않았고, 본업과 부업의 균형 상태를 포기하기도 쉽지 않았다. 중앙기업은 충분히 안정적인 직장이고 대우도 좋았고 더 발전할 가능성이 있었다. 또 글을 쓰는 부업으로 경제 상황이 많이 나아져서 모든 게 완벽해 보였다.

이 상황을 바꾼 계기는 트레이닝 캠프를 준비하는 과정에서 등장했다. 관련 강의를 준비하고 있을 때 인생의 사명에 대해 깊은 탐색을 진행했다. 종이 한 장에 나의 꿈을 한 줄 한 줄 적기 시작한 것이다. 처음에는 넓고 큰 집에서 살고, 좋은 차를 구입하고, 가족들과 여행을 가고, 해외에서 공부하는 것 등을 적었다. 하지만 이런 상상을 해도 강렬한 감정이 생기지는 않았다. 그저 너무나도 당연한 일들처럼 느껴졌다. 하지만 아래쪽에 쓴 한 줄의 문장을 보자 눈시울이 뜨거워졌다. '삶을 통해 다른 사람의 삶에 영향을 주고 싶다. 더 많은 사람이 자기 통제를 통해 풍족한 삶을 누릴 수 있었으면 좋겠다.' 이것이 내가 이루고 싶은 일인 걸까? 오히려 사람들이 나에게 바라는 가치가 아닐까? 이것이 내가 가진 에너지와 가치를 모두 쏟아부어야 할 사명인 걸까? 나는 처음으로 창업을 결심했다. 당시 나는 인생의 사명을 찾았다는 사실에 감격하고, 또 가장 하고 싶은 일을 선택했다는 사실이 기뻤다.

하지만 오랜 시간 몸담고 있던 직장을 그만두고 창업을 선택하는 건 쉬운 일이 아니었다. 주변 사람 중 거의 대부분이 다시 생각해 보라고 나를 설득했지만 나는 7년 동안 함께 일한 상사에게 사직서를 제출했다. 상사는 의아하다는 표정을 짓더니 1인 미디어를 운영하고 싶다는 말을 듣고는 이렇게 말했다. "자네 생계를 유지할 자신이 있는 건가?" 존경받는 상사였던 그는 갑자기 그만두는 나를 원망하지 않고 오히려 내 앞날을 걱정해 주었다.

그는 나를 위해서 다른 조건까지 제시해 주었다. "일단 장기 휴가를 신청한 뒤 1년 뒤에 다시 결정해 보는 건 어떤가?" 나 역시 마음이 동하기는 했지만, 다른 마음을 가지고 월급을 받는 짓은 하고 싶지 않았다. 더구나 이 일이 오점으로 남을 수도 있으니 더더욱 그럴 수 없었다. 결국 상사는 2개월 휴가를 주고 창업을 해보고 잘 되지 않으면 돌아오라고 말했다. 이렇게 2개월 동안의 창업 시험 기간이 시작되었다.

사실 시험 첫 날부터 잘되든 안 되든 직장으로 돌아가지 않겠다고 마음을 정했다. 이미 평생을 바쳐서 해보고 싶은 일을 찾았는데 돌아갈 수는 없었다. 나는 더 많은 사람이 자기 통제를 통해 스스로를 바꾸고 더 풍족한 인생을 이룰 수 있도록 도와주고 싶었다. 2018년 12월 29일 시험 기간이 끝난 뒤 나의 창업 여정이 정식으로 시작되었다.

초조함을 극복하고 싶다면 행동해라

창업 첫해에는 아주 많은 변화를 겪었다. 일단 분산되어 있던 트레이닝 캠프를 모아 중국에서는 처음으로 행동 서비스 플랫폼 'DoMore 행동대학'을 개설했고, 한 명뿐이던 회사 직원이 일곱 명까지 늘고, 겸직 강사가 100여 명이 넘게 되었다. 깨끗한 작업실을 갖게 되었고, 단순한 1인 미디어에서 '삶을 통해 다른 사람의 삶에 영향을 주는' 회사로 변화했다.

창업 전에는 창업을 하고 나면 길을 찾지 못해 헤매는 때도 있을 거라 예상을 했지만, 막상 창업하니 상상했던 것보다 훨씬 심했다. 최대한 모든 걸 소통한다는 팀 행동 원칙에 따라 내가 느끼는 초조함과 불안함을 공개적으로 토로했다. 창업자가 자신의 불안감을 드러내는 경우는 거의 없다는 걸 알았지만, 우리 팀의 행동 원칙을 지키기 위해서였다. 바로 행동만이 초조함을 극복할 수 있다는 원칙이었다. 그리고 이것은 회사를 창업한 취지였다.

몇 년 동안 나는 초조한 상태에 있는 사람들을 많이 보았다. 그들은 무질서하고 혼란스러운 삶에서 벗어나는 방법을 알지 못했다. 그들은 인생의 목표를 세우지 못해 방황하며 인생의 초조함에 시달리거나 바쁜 직장 생활을 견디기 어려워하면서도 상황을 타개할 돌파구를 찾지 못해 직장의 초조함에 시달리거나 직장과 가정 모두 잘 돌보고 싶지만 그러지 못해 균형의 초조함에 시달리거나 성장을 갈망하면서도 지식의 초조함에 시달리거나 열정이 금방 식어버리는 자신을 부정하는 자기 통제의 초조함에 시달렸다.

모든 초조함은 행동의 초조함으로 귀결할 수 있다. 나도 이전에 같은 고통을 경험한 적이 있다. 그래서 자기 통제와 행동이 해결 방법이라는 걸 누구보다도 잘 알고 있다. 자기 통제에서 가장 경계해야 할 부분은 단계적 방치다. 처음에는 잘하다가 중간부터 힘들어하고 마지막에는 원래의 상태로 되돌아가는 것이다. 이전부터 이 문제를 해결할 체계화된 방법이 없을까 고민해 왔다. 행동을 통해 초조함을 해결하도록 하는 플랫폼 'DoMore 행동대학'은 사용자들에게 꾸준히 행동할 수 있는 해결 방법을 제공해 준다.

아직 목표를 실현하기까지 기나긴 여정이 남아 있지만 창업의 즐거움을 만끽하고 있다. 내가 다른 사람을 변화시키고 인생의 의미와 자기 통제의 방법을 찾게 해 목표를 실현할 수 있게 해주었을 때 느끼는 성취감은 말로는 표현할 수 없을 정도다.

나는 난관에 부딪힐 때마다 격려, 긍정, 칭찬 중에서 정확한 피드백을 찾으려 노력하고, 믿음을 잃지 않으려 한다. 큰 난관이 있어도 노력하면 잘 해낼 수 있다는 믿음 말이다.

자아 성장의 아홉 가지 원칙

마지막으로는 내가 성장하는 과정에서 가장 큰 영향과 변화를 주었던 아홉 가지 원칙을 소개하고자 한다.

01. 초조함을 품고 있어야 한다

둘째가 생겼을 때나 창업한 뒤 초조해졌을 때도 나는 당연한 일이라고 생각했다. 초조함은 누구나 겪는 일이며, 초조함을 일찍 경험할수록 더 일찍 인생을 바꿀 수 있기 때문이다.

02. 과거에 얽매이지 말고 미래를 보자

워런 버핏(Warren Buffett)은 "시간은 좋은 회사의 친구이자 부패한 회사의 적"이라고 말한 적 있다. 과거가 나빴다거나 현재 상황이 나쁘다는 게 미래까지 나쁠 거라는 의미는 아니다. 시간은 희망이다. 그래서 장기적 안목을 지닌 사람들은 시간의 힘을 믿고 한정된 삶을 소중히 하며 가치 있는 일을 한다.

03. 단계적 스퍼트를 이해해라

인생을 바꾸기 위해서는 온 힘을 다해 전력투구할 필요가 있지만, 모든 시간과 정력을 투자해야 하는 건 아니다. 한 시간 동안 한 가지 일에 몰두하는 단계적 스퍼트를 익히면 된다. 최선을 다해 노력하면 모든 게 정상 궤도에 진입할 수 있지만, 최선을 다하지 않으면 손해를 막더라도 새로운 출구를 다시 찾아야 한다.

04. 첫 글자를 쓰고 첫 회원을 모집하라

많은 사람이 행동의 첫걸음에서부터 무너진다. 책을 읽겠다고 다짐해 놓고 3분 만에 책을 읽는 걸 그만두고 글을 쓰겠다고 다짐해 놓고 반나절 동안 쓰지 못해 끙끙거리다가 결국 포기하거나 창업을 하겠다 계획해 두고는 회사를 등록하고 직원을 모집하는 게 복잡해서 그만두고 만다. 첫발을 걸었으면 두 번째, 세 번째

걸음도 내디뎌야 한다. 만일 중도에 포기해 버린다면 원래 위치를 빙빙 돌다가 초조함의 소용돌이에 빠져 헤어 나오지 못할 뿐이다.

05. 모든 걸 학습할 수 있다는 걸 믿어라

"나는 너무 멍청해" "나는 할 수 없어" 등 자신을 부정적으로 단정 짓는 사람들이 많다. 스스로를 알지 못하는 것일 뿐만 아니라 자신에게 부정적인 꼬리표를 붙이는 행동이다. 배우지 못하는 건 없다. 충분히 집중만 하면 어떤 일이든 배울 수 있다. 그러니 시도하기도 전에 자신에게 부정적인 꼬리표를 다는 건 자신의 성장에 사형 선고를 내리는 것과 같다.

06. 좋아하는 일을 하고 하는 일을 사랑해라

자신의 인생 사명을 찾기 위해 노력해야 한다. 자신이 평생 하고 싶은 일이 무엇인지 알고, 그 일을 하게 된다면 '탭댄스를 추면서 출근'하는 것 같은 기분을 느끼게 될 것이다. 하지만 반대로 자신이 싫어하는 일을 한다면 매일 힘들게 일하면서도 인생을 낭비하는 기분이 들 것이다. 자신이 좋아하는 일을 찾고, 일하면서 보람을 느껴야 일을 더 잘할 수 있다.

07. 선한 동기를 갖고 사심을 버려라

동기는 선하고 사심은 없어야 한다는 건 일본 기업가 이나모리 가즈오의 인생 철학이다. 나는 지금도 이 목표에 다가가기 위해 노력하고 있다. 강의, 글쓰기, 커뮤니티, 광고를 진행할 때도 다른 사람에게 도움이 되지 않는다면 수익이 많아도 포기한다. 가장 좋은 이기심은 극도의 이타심이다.

08. 진실하고, 진실하고 또 진실해라

진실함은 장기적인 가치 투자이며 순조롭게 모든 걸 통과할 수 있는 통행증이니 단기적인 이익을 위해서 진실함을 포기해서는 안 된다. 과거 직장을 그만두었을 때 동료들을 속이지 않고 진실하게 행동했기에 창업 시험 기간을 가질 수 있었고, 이후에도 전 상사와 동료들에게 많은 도움을 받을 수 있었다.

09. 개방된 상태를 유지해라

자신의 이해 범위를 넘는 일을 들으면 우리는 본능적으로 그것을 믿지 않고 반박하려 한다. 하지만 기회의 문을 닫지 않으려면 일단 자신을 열어야 한다. 나도 개방된 상태에서 새로운 생각을 받아들였을 때 생각의 범위가 확장되고 행동이 개선되었다.

인생 게임 창업, 가장 가치 있는

젠펑 鑒鋒

1990년대에 출생한 젠펑은 링이례볜(零一裂變) CEO로 사용자의 변화와 성장을 전문적으로 연구하고 있다. 프록터 앤드 갬플(Procter&Gamble), 텐센트QQ, 샤오미, 화웨이룽야오(華爲榮耀), 타이핑 보험(太平保險), 징둥 금융(京東金融) 등 200곳이 넘는 유명 기업들과 협력하고 있으며 현재 회사 가치는 억대에 이른다.

나는 아주 극단적인 사람이다. 좋아하는 일이 생기면 먹고 자는 일도 잊은 채 무한한 열정을 쏟아부으며 몰두하고, 최고의 성취감을 누린다. 반면 관심 없는 일은 흥미가 생기지 않아 무한정 미뤄놓는다.

가상 세계에서 뛰쳐나오다

나는 마음에 드는 노래를 들으면 한 곡 듣기를 설정한 뒤 귀에 못이 박히도록 듣는다. 대학교 시절에는 식당에서 숙주 볶음 요리를 먹고는 질릴 때까지 그 요리만 먹었었다. 나의 이런 성격은 고등학교 때부터 드러나기 시작했다. 당시 이과 과목에 흠뻑 빠져 있었는데 걷거나 밥 먹는 것도 잊고 공부에만 전념했고, 물리, 화학, 생물 등 과목은 거의 만점에 가까운 성적을 받았다. 반면 신기하게도 영어는 아무리 노력을 하고 과외를 받아도 20점밖에 되지 않았다. 지금도 스트레스를 받으면 영어 시험을 보는 꿈을 꾼다.

이과 과목 성적이 좋은 덕분에 고등학교 1학년 때 안정적으로 학년 3등을 할 수 있었다. 하지만 이후 온라인게임에 빠져 매일 밤 친구들과 함께 PC방에 가서는 밤새 게임을 한 뒤 다음 날 낮 수업 시간에는 잠을 자는 바람에 성적이 최하위로 떨어졌다. 심지어 고등학교 2학년 말에 담임 선생님에게 "1년 동안 휴학한 뒤 게임이 질리면 다시 학교로 돌아와 대입 시험을 준비하면 안 되나요?"라고 묻기도 했다. 다행히 책임감이 강한 담임 선생님은 나를 붙잡고 간곡히 타일렀다. "가상 세계에서 실력이 뛰어나다고 뭘 할 수 있겠니? 가상 세계는 현실 세계에 조금도 영향을 줄 수 없어. 현실 세계는 거대한 콜로세움이고, 가장 즐길 가치가 있는 게임이야. 그러니 여기서 성과를 올리지 못한다면 너는 진정한 고수라고 할 수 없어." 담임 선생님은 이 말에 마음이 움직였다. 그렇게 단호하게 게임을 끊고 성적을 올리는 데 매진했다. 이후로도 게임을 하지 않고 '사회'라는 거대한 현실 게임 속에서 발전하기 위해 노력했다.

심리학을 비즈니스로 실천하다

대학 입학 시험에서 영어 성적이 17점밖에 되지 않았지만, 이과 과목 성적이 거의 만점이었던 덕분에 나는 2차 모집 합격선을 간신히 넘는 성적으로 후베이에 있는 한 대학에 들어갈 수 있었다. 그리고 그곳에서 가장 인기가 없었던 물리광학을 전공했다.

장사를 하고 싶다는 꿈을 품고 있던 나는 학교에 들어가기 전에 일과 공부를 병행하는 동아리에 가입해 신입생에게 생활용품 세트를 팔았다. 처음으로 돈을 버는 성취감을 알게 되었고 돈 버는 데 빠져서 기숙사 안에서 전화카드를 팔거나 교내에 노점을 차려 금붕어를 팔거나 캠퍼스 밖 가게와 손잡고 받고 교내에 광고 현수막을 걸기도 했다.

마케팅 기술을 업그레이드하기 위해 매일 도서관에 파묻혀 '매슬로의 욕구 단계설(Maslow's Hierarchy of Needs)' '호혜주의(Reciprocity)' '손실회피(Loss Aversion)' 등 시장 심리학 개념을 공부했다. 그리고 『마이어스의 사회심리학(Social Psychology)』『설득의 심리학(Influence)』『상식 밖의 경제학(Predictably Irrational)』『스틱!(Made to Stick)』 등 심리학 관련 도서들을 두루 읽었다. 돌이켜 보면 도서관 5층 창가에 앉아 '나는 누구인가? 나는 어디로 나아가야 할까?'라고 질문하며 자아를 확립해 가고 있었던 것이다.

대학을 졸업한 뒤 선전에 있는 온라인 전자상거래 기업 인턴으로 들어가 마케팅 활동을 맡았다. 당시에 '초단타 세일' '깜짝 한정 판매' 등 긴박한 느낌을 주는 마케팅 단어를 접한 나는 '선형성 고가격 기준'을 사용해 낮은 판매율을 끌어올리는 마케팅 전략을 세웠다. 책에서 읽은 심리학 이론을 완벽하게 검증해 보인 것이다.

이 외에도 나는 심리학 도움을 많이 받았다. 경영 경험이 없었고, 전문 지식도 없었지만 현재 창업한 회사에서 100명으로 구성된 팀을 잘 운영하고 있다. 심리 암시를 통해 직원들의 투지와 혁신적 생각을 끌어올릴 수 있기 때문이다. 경험을 통해 비즈니스 영역에서 심리학이 유용하게 응용된다는 걸 알게 되었고 이 방면에 더 큰 열정을 쏟아부었다.

제로에서 시작하는 콜드스타트

경력 개발 계획을 세우는 사람들이 많다. 핵심 경쟁력을 어떻게 쌓고, 몇 년 안에 회사 중역이 되고, 몇 년 안에 창업하고…. 하지만 내가 지금 가지고 있는 모든 건 흥미에서 시작된 것이다.

인턴 기간에 마케팅을 하면서 고객의 심리를 통찰할 수 있는 능력을 갖추어야 했을 뿐만 아니라 문서, 아이디어, 제품 등에 필요한 능력을 길러야 했다. 문제에 부딪히거나 기획안을 준비할 때는 많은 자료를 공부해야 했기에 필기를 하면서 기본 방안을 빠르게 머릿속에 그렸다. 그리고 매일 마주쳤던 문제를 복기하고 관련 지식의 부족한 부분을 메꿨다. 자연스럽게 능력도 발전해 갔다.

인턴 기간에는 실전에 나설 기회에 많지 않았기 때문에 공부하면서 동시에 여러 일에 지원했다. 평일 저녁이나 주말에는 현지 온라인이나 오프라인 이벤트를 진행하며 기획 경험을 쌓았다. 매번 새로운 기술을 습득할 때마다 강렬한 학습 욕구를 느꼈지만, 업무만으로는 해소할 수 없었기에 위챗 공식 계정을 개설해 이론 지식의 실험장으로 활용했다. 그리고 그 과정에서 배운 지식을 검증하고 업계 고수들의 경험을 빠르게 내 것으로 만들 수 있었다.

초심자들은 다른 사람의 성공 경험을 보거나 들으면 자신이 비법을 알게 되었다고 착각한다. 자신이 언제든 그 방법을 실현해 성공할수 있지만 기회가 없어 하지 못할 뿐이라고 믿는다. 하지만 내가 다른 사람보다 빠르게 성장한 이유는 능력보다 더 큰 일을 해내겠다는 욕심이 없었기 때문이다. 나는 그저 동료보다 더 많이 일하고, 더 많이 밤을 새웠다.

실전 경험을 꾸준히 쌓아가면서 나는 이벤트 기획을 가장 잘하는 사람이 되었다. 때때로 친구들에게 자문해 주고, 깨달은 점들을 공유하며 많은 사람에게 주목도 받게 되었다. 동시에 몇몇 기업에서 기획 방안을 요청하고 싶다는 제안을 했다. 나는 그제야 위챗 공식 계정이 콘텐츠와 가치만 있으며, 돈이 된다는 걸 깨달았다.

이후에 동료 두 명과 함께 창업해 전문적으로 기업 기획 업무를 시작했다. 비록 이 영역의 시장 규모, 사용자 수요, 경쟁 상대의 실력도 알지 못했고, 기업의 결제 주기, 기업 결정 사슬 등에 대한 조사도 부족했지만, 우리 세 사람은 창업의 길로 뛰어들었다.

위기의 연속

임금, 임대료 등 비용을 대충 계산해 본 뒤 우리는 계약 금액을 1만 위안 이상으로 정해야 이익이 난다는 결론을 내렸다. 하지만 기업마다 지급 주기가 다르며, 일부 대기업은 최소 3개월은 지나야 전체 지급 과정이 끝난다는 사실을 고려하지는 못했다. 그 결과 자금순환에 문제가 생겨 임금을 지불할 수 없는 지경에 이르렀고 거절했던 고객까지 찾아가 기회를 제안해야 했다.

친구 중 한 명은 초기 경영이 어려우니 투자자를 찾자고 말하기도 했다. 하지만 우리는 투자를 받은 뒤 일어날 일들을 고려해야 했다. 투자자들은 회사의 수익이 가장 중요했고 더 많은 수익을 낼 수 있도록 초심과 다른 결정을 내리도록 강요했다. 나는 그저 뜻이 맞는 친구들과 좋아하는 일을 하고 싶었다. 매일 야근하고 버는 돈이 시원치 않아도 좋아하는 일이라서 즐거웠다. 우리는 마케팅부서나 판매부서가 없었지만 좋은 문장과 입담으로 점차 많은 고객을 확보했다. 우리가 고객을 거를 수 있는 주도권을 가지게 되자 이벤트 성공률도 상승했고, 우리의 성공 사례를 많은 업종에서 카피했다. 계획도 순조로웠고 새로운 고객도 계속 들어와 팀의 자신감도 최고조에 올랐다. 이에 이성적으로는 하지 않을 무모한 계획을 시작했고, 그해 거의 1천만 위안에 달하는 손실을 초래했다.

힘들었던 시기를 극복하고 폭발적인 성장을 하자 우리는 고생 끝에 낙이 왔다고 우쭐거리며 좋아하고 있었다. 하지만 그때 회사의 성장은 최고점을 찍은 뒤였고 하락만을 남겨두고 있었다. 그러니 살아남기 위해서는 겸손한 자세로 매번 살얼음판을 걷는 것처럼 조심하며 위기감을 가져야만 했다.

뿌리를 깊이 내려야 성장할 수 있다

우리는 줄곧 ToB(기업 고객 위주) 업무를 해왔다. 기업 고객을 도와 위챗 생태에서 다양한 고객층을 확보했듯 ToC(개인 고객 위주) 업무는 할 수 없었던 걸까? 당시 위챗 미니앱이 나오면서 시장의 반응이 뜨거웠고, 우리는 위챗 미니앱을 연구 개발하는 새로운 부서를 만들었다. 하지만 업무를 확장하기만 할 뿐 ToC 업무에서 고려해야 할 많은 요소를 무시했다. 고객 단가, 최초 구매 자본, 재구매 주기, 관련 마케팅, 물류, 공급 사슬, 고객의 라이브 사이클 등을 무시한 대가는 엄청났다. 대량의 자금과 자원을 투입했지만 끝내 국면을 전환하지 못했고, 결국 전체 팀 분위기가 침체되었다. 이미 매몰비용(Sunk Cost)이 생겼다는 걸 인식했으니 이성적으로 투자 중단 결단을 내려야 했다. 하지만 중도에 포기할 수는 없다는 생각만 할 뿐이었다.

성공한 대기업을 보면 '준비 → 연결 → 네트워크 형성'의 궤적에 따라 발전한 경우가 많다. 기회를 포착해서 먼저 고객 수요 사슬과 산업 사슬을 중심으로 위에서부터 아래까지 수직 방향으로 새로운 업무를 확장한 뒤에 수평적 확장을 시도하는 것이다.

- 화웨이는 1987년 홍콩 회사가 생산한 전화교환기를 대리 판매하는 일로 시작했고, 1990년에야 자체 제품을 연구했다. '농촌으로 도시를 포위한

다' 방식을 채택해 수직적 확장을 시도하며 기업 데이터 네트워크 솔루션의 통신설비 공급업자가 되었고 최종적으로는 유럽의 상위 운영 업체의 협력 파트너가 되었다. 이후 화웨이는 수평적 확장을 시작했고, 스마트폰 출하량에서 세계 3위에 올랐다.

- QQ가 출시되었을 때 텐센트는 사용자 커뮤니티 수요를 중심으로 텐센트 회원, QQ공간 등 일련의 제품을 출시해 수직적 확장을 전개했고, 이어서 소셜 플랫폼을 기반으로 오락, 뉴스, 동영상 등 수평적 업무를 전개했다.
- 알리바바는 ToC의 타오바오를 부화시킨 뒤 타오바오 보급에 사용한 알리마마(阿裏媽媽), 소비 향상을 촉진한 티몰, 결제 수단인 알리페이 및 전자상거래 기술 지원하는 알리바바 클라우드 등 제품을 내놓으며 수직적 확장을 했고 최근 몇 년 전부터 딩톡(釘釘), 유쿠(優酷), 가오더(高德) 지도 등 새로운 제품을 출시하며 수평적 확장을 전개했다.

진화론의 관점도 이와 유사하다. 거목으로 성장하고 싶다면 반드시 수직적 성장을 해야 한다. 먼저 뿌리를 깊이 내려야만 위로 성장할 수 있기 때문이다. 수평적 성장을 대표하는 잡초는 짧은 시간 안에 빠르게 확장할 수는 있지만 금방 시들어버린다. 이 규칙을 파악한 뒤 우리 팀은 빠르게 방향을 전환했다. 고객의 수요를 파악한 뒤 위에서부터 아래로 수직적 확장만 하고 수평적 확장은 하지 않았다. 우리가 방향을 조정한 뒤 팀원들은 아주 빠르게 발전했고, 업무 발전도 선순환을 이룰 수 있었다.

기업 불패의 비결

효과적인 학습 방법을 활용하면 팀원의 발걸음을 빠르게 만들 수 있다. 하지만 팀원과 함께 장거리를 걷고 싶다면 일치된 가치관이 필요하다. 이에 많은 대기업이 이타심을 기초 가치관으로 삼고 있다. 화웨이의 '고객을 중심으로 하고 분투하는 사람을 근본으로 삼는다'라는 구호나 알리바바의 '고객을 첫 번째로, 직원을 두 번째로, 주주를 세 번째로 삼는다', 텐센트의 '모든 건 고객가치로 귀결된다'라는 구호를 들 수 있다.

나는 대학생 때 경영의 대가라 불리는 이나모리 가즈오를 존경해 그가 쓴 『카르마 경영』이란 책을 읽은 적이 있다. '사람은 선해야 한다'는 주장을 바탕으로 마음을 위로해 주는 책이었다. 당시에는 내용을 전부 이해하지 못했지만, 시간이 지나자 그 안에 비즈니스에서는 거래 효율을 가장 중시해야 한다는 뜻이 담겨 있다는 걸 깨달았다. 만약 모든 사람이 선한 마음을 가지고 이타심 원칙을 준수한다면 우리는 거래를 할 때 상대방이 약속을 저버리거나 계약을 위반하거나 신용을 잃는 행동을 하지 않을까 걱정하며 경계하거나 시험할 필요가 없다. 이에 양측은 효율적으로 공동의 이익을 실현할 수 있다. 사람들이 고향 사람이나 동창, 동료와 함께 일하고 싶어 하는 것도 가치관이 대체로 일치해서 신뢰 비용이 낮아지기 때문이다.

마찬가지로 우리 회사는 '이익 최대화'를 목적으로 삼지 않고

'고객을 도와 목표를 완성하고 수익을 낸다'라는 각도에서 협력을 진행했다. 이 덕분에 고객들과 장기적으로 안정된 파트너 관계를 맺을 수 있었다. 게다가 뜻이 맞는 사람들도 끌어들일 수 있었다. 이들은 매일 저녁 늦게까지 야근하는 것도 마다하지 않았고, 심지어는 주말, 휴일까지 포기하며 프로젝트가 잘 진행될 수 있도록 세부 사항까지 신경 썼다. 그리고 나의 책임은 이런 직원들을 위해서 완전한 학습 시스템과 복리 시스템을 마련하는 거였다. 회사에 입사한 직원 모두에게 능력을 강화할 기회를 주어 자신의 능력을 소모해 돈을 버는 게 아니라 스스로 원하는 사람이 될 수 있게 하고 싶었다. 그래서 나는 회사의 이익을 기꺼이 포기했다. 모든 직원이 전방위 성장을 할 수 있도록 지원했다.

정확한 팀 학습 방법

학습에는 세 가지 경계가 있다. 스스로 알고, 스스로 성취하고, 다른 사람이 성취한 걸 배우는 것이다. 나는 아래 세 가지 방법을 사용해서 스스로 알고, 스스로 성취한 걸 팀에게 전수해 주었다.

01. 매일 복기한다

일일 보고, 주간 보고, 월간 보고와 같은 업무 총결산을 싫어하는 사람이 많다. 하지만 이건 자신이 내린 결정과 그 결과를 일일이 기록하는 게 얼마나 중요한지 모르기 때문이다. 기록을 해두면 결과가 나빴던 부분을 즉시 파악해 다음 행동 계획을 변경할 수 있다. 그리고 부족한 부분을 보완할 수 있다. 복기는 응집력과 전투력을 가장 빨리 올리는 방법이다. 또 팀원들이 운영 실천의 성과를 볼 수 있어 프로젝트 성패에 영향을 주는 핵심 부분을 정리해 반복 사용이 가능한 SOP(Standard Operating Procedure; 표준 운영 절차)로 정리할 수 있다. 성공은 우연한 기회로 얻을 수 있지만, 원한다고 해서 모두 얻을 수 있는 건 아니다. 그러니 복기를 통해서 아주 작은 것에서부터 승리를 쌓아나가야 한다.

02. 일정한 인풋 방향을 정해라

독서는 구조적 인지를 향상하는 가장 효율적인 방법이다. 나는 해결해야 하는 문제가 있거나 능력을 향상할 필요가 있을 때 위챗 공식 계정이나 쯔후에서 키워드를 검색해 많이 판매된 도서나 평가가 높은 도서를 사서 공부한다. 하지만 단시간 안에 베스트셀러를 무작정 사는 건 추천하지 않는다. 내가 봤을 때 학습은 '인간의 본성에 반대되는 일'이며 피드백 주기가 매우 길기 때문에 의문과 목적을 가지고 책을 읽어야만 비로소 선순환을 형성할 수 있다. 책을 읽으면서 생긴 영감을 이용해 배운 걸 빠르게 실천하고 피드백을 받아 지루한 학습을 지속할 원동력을 얻어야 한다.

03. 최고를 추구해라

모든 것은 배수 효과(Multiplicative Effect)에 부합해야 한다. 같은 10페이지 분량의 이벤트 기획안이라도 읽는 시간이 90분 걸리는 것과 30분 걸리는 건 차이가 있다. 그러니 고객이 쉽게 볼 수 있도록 모든 페이지의 완성도를 높여야 한다. 고객의 위챗 모멘트를 위해 문건을 준비할 때는 고객의 말투를 모방해야 하며, 포스트를 디자인할 때도 한눈에 주목할 수 있도록 제작해야 한다. 고객이 QR코드를 스캔했을 때 보는 첫 페이지나 커뮤니티에 들어와서 보는 첫 문장, 업로드 작업 실패 알림 문구 등 모든 부분에 신경을 써야 한다. 또 회원들과 신뢰 관계 건설, 긴박감 조성 등 여러 부분도 소홀히 해서는 안 된다.

'계급 고착화', '가난한 집에서는 인재가 나오기는 힘들다'라는 식의 말 때문에 포기하고 나태해지는 사람들이 있다. 하지만 포기하지 않고 문제를 해결하기 위해 자신에게 주어진 업무에 최선을 다하고, 열정을 가지고 자신이 좋아하는 사업을 꾸준히 해나간다면 자연스럽게 원하는 결과를 얻을 수 있다.

인생에서 헛걸음하는 길은 없다. 그러니 한 걸음 한 걸음 최선을 다해 걸어가야 한다.

한 길만 판다
정답을 찾기 위해

쑹예 松爺

쑹예는 유명한 인테리어 블로거로 인테리어 기업에서 풍부한 경험을 쌓았다. 위챗 공식 계정 '인테리어 33일'을 운영하며 사람들이 아름답게 집을 꾸밀 수 있도록 도와주고 있다. 쉽고 간단하면서 사진을 예로 들어 설명해 주고 합리적인 가격에 건축재를 살 수 있도록 공동구매로 많은 구독자의 관심을 끌었으며 현재 누적 구독자는 90여만 명에 이른다.

평범한 성적으로 대학을 졸업한 나는 전공에 맞는 일을 찾을 수 없어 인테리어 회사에 취직했다. 다행히 소셜네트워크 호황기를 만나 많은 구독자에게 응원과 지원을 받을 수 있었다. 내가 얻은 교훈을 한마디로 정리하면 다음과 같다. 정확한 방법을 파악하고 오랜 시간 꾸준히 몰입해야 한다.

기초 능력을 향상해라

대학생 때는 대학원에 진학할 생각이 없었기 때문에 학업에 열중할 필요가 없었다. 3학년 2학기 때, 하는 일 없이 놀기보다는 나가서 용돈도 벌고 사회 경험도 쌓겠다는 생각에 창업한 지 얼마 안 된 온라인 인테리어 기업에 실습을 나가게 되었다. 규모는 작았지만, 분위기가 좋아서 대학을 졸업한 뒤에도 이곳에서 계속 일했다. 매일 열심히 일했다. 아침 일찍 출근해서 저녁 늦게야 월세방에 돌아왔고, 주말에는 항상 출장을 갔다. 일주일에 6일을 일하거나 쉬지 못하는 주도 있었다.

그러던 어느 날 온라인 인테리어 커뮤니티 운영을 책임지게 되었다. 하지만 운영 방법을 찾기가 어려웠고 인테리어 수요는 반년 정도만 지속되어서 이상적인 성적을 거둘 수가 없었다. 커뮤니티 분위기는 항상 침체해 있었고 다른 이유까지 겹쳐져 6년 동안 일한 회사를 떠나게 되었다.

그 6년 동안 회사는 직원이 열 명에서 1, 2백 명인 중소기업으로 성장했고, 그 과정에서 귀중한 경험을 쌓을 수 있었다. 인테리어 관련 지식뿐만 아니라 일하면서 만난 건축자재상과 인테리어 업자 및 그들을 통해 얻은 현장 정보들은 훗날 위챗 공식 계정을 운영하는 데 좋은 콘텐츠가 되었다.

더욱 중요한 건 첫 직장에서 좋은 업무 습관을 기를 수 있었다는 점이다. 그곳에서 팀을 관리하고 협력하는 방법을 배웠고, 스트레스를 견디고 좌절을 대하는 방법을 익혔으며 정확하게 일을 처리하려면 어떻게 해야 하는지도 알게 되었다.

좋은 일을 할 때는 대가를 묻지 마라

2013년 7월 16일 처음으로 위챗 공식 계정 '인테리어 33일'에 글을 올렸다. 이날을 시작으로 꾸준히 글을 올렸다. 커뮤니티 운영에 실패한 지 얼마 되지 않았는데 위챗 공식 계정을 운영하게 된 이유는 세 가지다. 첫째는 수년 동안 인테리어 관련 커뮤니티를 운영한 덕분에 이미 글쓰기 습관과 글쓰기 사고가 형성되어 있었다. 둘째는 직장을 나온 뒤 쉬고 싶은 마음에 곧장 일자리를 찾지 않아 한가했다. 셋째는 펑다후이 등 유명 인사들이 긍정적인 영향을 소개하며 계정 개설을 추천했기 때문이다.

하지만 당시에는 별다른 기대는 하지 않았다. 그저 '좋은 일을 할 때는 대가를 묻지 말아야 한다'라는 마음에서 시작했다. 예상과 달리 게시글이 많아질수록 독자들의 댓글과 상호작용도 많아졌다. 한 구독자는 내 글을 보고 집 인테리어를 완성했다고 말하기도 했다. 이처럼 내 글이 도움이 되었다는 독자들의 말을 들을 때면 필요한 일을 했다는 느낌이 들었고, 글쓰기에 더욱더 흥미가 생겨 열심히 글을 썼다.

버팀목을 찾다

내가 직장을 그만두기 전에 아내가 먼저 직장을 그만두었는데, 일자리를 금방 찾지 못했다. 직장에 다닐 때 월급을 모으지 않고 다 써버린 데다가 집을 사고 인테리어를 하느라 빚을 진 상태였다. 당시 우리 부부는 집에만 있는 상황에서 매달 6천 위안의 빚을 부담해야 했다. 경제적 압력은 말할 것도 없고, 생활을 유지하기도 어려워서 설 명절에는 처가댁에 가서 생활해야 했다. 친구들에게 돈을 빌렸지만 급한 불을 끄기도 부족했다. 결국 아버지에게 은행에서 10만 위안을 대출받아 달라 부탁했고, 이걸 창업 자금으로 삼았다.

무슨 사업을 해야 할까? 처음에는 의류 전자상거래 업종을 생각했다. 당시 항저우에 살고 있어 의류 도매시장인 쓰지칭(四季青)에서 상품을 구하기가 쉬웠고, 친구 중 한 명이 의류 창업을 준비하고 있었다. 하지만 조사 과정에서 의류 전자상거래 업종은 상품 준비 과정이 힘들다는 사실을 알게 되었고, 경험이 없었던 탓에 포기했다. 다음으로 벽지를 판매하는 오프라인 매장을 열 계획을 세웠다. 건축재 관련 지식이 있는 편이었고, 장쑤(江蘇)에 있는 건축자재상이 공급처를 소개해 주고 장사 방법도 알려주었다. 하지만 항저우는 가게를 여는 데 비용이 너무 많이 들었고, 가게 임대료에 인테리어 비용을 합치면 몇십만 위안으로는 해결할 수 없었다. 우리는 일상생활의 지출도 감당하기 어려운 상태였다. 고민을 거듭하던 끝에 고향으로 돌아가 기회를 찾기로 결심했다. 그곳에 가면 부모님 밑에서 숙식은 해결할 수 있었다. 돌아간 뒤 나는 가게 자리를 보고 비슷한 오프라인 매장을 답사한 끝에 그다지 희망적이지 않다는 사실을 발견했다. 오프라인 매장이 온라인 매장에 계속 잠식당하는 상황이었다. 고민을 하던 우리는 초기 비용이 적고 위험도 적은 온라인 매장을 열기로 결심했다.

2013년 연말에 '인테리어 33일'의 구독자 수가 1만 명을 넘겼다. 당시 1인 미디어가 널리 확산하면서 인기를 끌기 시작하자 여러 사람과 교류할 수 있었고 그들 덕분에 시야가 넓어졌다. 드디어 개인 위챗 공식 계정도 성공할 수 있다는 강한 확신을 가질 수 있었다.

2014년 연초 위챗 공식 계정 구독자 수가 빠르게 증가했고, 나는 타오바오 온라인 매장을 열었다. 그렇게 위챗 공식 계정과 타오바오 온라인 상점에서 나오는 수입으로 경제 문제를 천천히 해결해 나갈 수 있었다. 수입은 내 희망의 동력이 되었다. 드디어 꿈을 지속할 수 있는 버팀목을 찾았다.

큰일이든 작은 일이든 성실히 하라

생계 문제를 해결하려고 애쓰다 보니 본의 아니게 1인 미디어 중 처음으로 온라인 매장을 운영한 사람 중 한 명이 되었다. 명확하게 가야 할 길을 찾자 불안하지는 않았지만, 공급처 찾기, 제품 고르기, 공장 탐방, 샘플 확인, 사진 촬영, 웹페이지 제작, 제품 구입, 품질 검증, 포장, 배송, AS 등 모든 과정을 직접 관리해야 했다.

아내는 고객 서비스 업무를 책임졌다. 아내는 직장을 그만두기 전에 광고와 마케팅 방면에서 일하며 수십 명의 팀원을 이끈 경험이 있어 고객 서비스 업무는 나보다 월등했다. 타오바오 매장의 첫 번째 창고는 우리가 사는 아파트의 필로티 층 차고였다. 처음에는 주문이 많지 않았기에 프린터를 사는 게 아까워 송장 번호를 손으로 썼다. 점점 바빠지기 시작했고 광군제(光棍節; 11월 11일로 중국에서 온라인 쇼핑이 가장 활발한 날 – 역주)를 기점으로 며칠 동안 새벽까지 일해야 했고, 잠도 서너 시간밖에 자지 못했다. 더구나 제품마다 크기가 다른 탓에 포장 시간이 너무 오래 걸렸다.

이후에 나는 정식으로 회사를 설립했다. 모든 게 정상 궤도에 진입했다. 직원도 몇 명을 채용해 과로에서 벗어날 수 있었다. 물론 이후에도 각종 문제에 직면해야 했다. 우선 경영 능력이 한정되어 있어 팀을 확장할 수 없는 탓에 회사가 빠르게 성장하지 못했다. 또 저작권에 대한 인식이 부족한 탓에 사용한 사진이 저작권을 침해해 원작자에게 배상을 해야 했다. 하지만 나는 계속 발전했고, 회사도 꾸준히 성장하면서 힘들었던 때는 과거가 되었다.

수직적 1인 미디어 운영 방법

몇 년 동안 위챗 공식 계정을 중심으로 일을 했기에 전자상거래 업무와 즈스싱추 운영 모두 위챗 공식 계정을 기반으로 하고 있다. 내가 하는 수직적 업종의 위챗 공식 계정은 이슈를 쫓고 '인기를 끄는 글'을 쓰는 1인 미디어와는 다르다. 수직 업종의 위챗 공식 계정은 구체적인 상품과 같아서 결과에 영향을 주는 몇 가지 특정한 요소들이 있다.

01. 좋은 이름을 골라라

좋은 이름을 고르는 건 수직적 1인 미디어에서 아주 중요한 일이다. '인테리어 33일'이 그 예다. '인테리어'는 속한 업종이 명확해서 구독자들이 한눈에 주제를 알 수 있다. 그리고 이름이 쉬워서 구독자들이 기억하고 전파하기 쉽다. 쉽게 읽고 이해할 수 있어 입소문을 타기 좋고, 방송국에서 음성 광고를 내보낼 때도 이점을 가지고 있다. 위챗 공식 계정에서 팔로우 수를 늘리려면 일단 구독자들이 쉽게 검색할 수 있어야 하는데, 그런 면에서도 많은 도움이 되었다.

나중에 '인테리어 33일'에 치명적인 단점이 있다는 걸 알게 되었다. 숫자가 들어간 이름은 상표로 등록할 수 없는 거였다. 그러니 상표를 등록하려 한다면 다른 사람이 사용하지 않는 이름을 고른 뒤 다른 사람이 빼앗을 수 없게 미리 등록하는 게 좋다.

02. 위치를 명확히 해라

나의 위챗 공식 계정의 위치는 아주 명확하다. 바로 내장공사 업주를 위해 정확한 서비스를 제공하는 것이다. 나의 위챗 공식 계정은 세 가지 콘텐츠를 제공한다. 인테리어 디자인의 실제 사진과 관련 설명, 실전 인테리어 경험, 인테리어 건축재 추천이다.

정확한 위치를 설정하는 건 어렵지 않지만, 방향을 유지하는 건 어렵다. 특히 정확한 피드백이 없는 상황에서는 더욱 유지하기가 힘들다. 나는 인기 화제를 거의 언급해 본 적이 없고, 내장공사에서 벗어나 본 적이 없다. 심지어 가구나 가전제품 관련 내용도 거의 언급하지 않는다. 나는 이런 내 생각이 옳다고 여겨왔다. 하지만 2020년 상반기가 되자 의문이 생겼다. 단계별 과정인 내장공사에 관심을 가지는 기간은 대략 3개월에서 6개월 정도다. 하지만 실내장식 영역까지 초점을 맞춘다면 내장공사를 완료한 구독자들도 팔로우를 유지할 수 있었다. 물론 두 종류의 수요를 두루 만족시킬 수 있도록 균형을 맞추는 게 필요했다.

03. 먼저 시작해라

새로운 일을 시도하는 걸 어려워하는 사람들이 많다. 자신감 부족하거나 일에 대한 두려움 때문에 핑계를 대며 회피한다. '일하려면 완벽한 계획을 세워야 한다' '하려면 제대로 해야 한다' 등의 생각에 선뜻 나서지 못하는 것이다. 하지만 어떤 일이든 완벽한 계획은 없다. 먼저 부딪쳐야 한다. 위챗 공식 계정을 개설해 글을 써보고, 상점을 열어 장사를 해봐야 구체적인 문제가 뭔지 파악하고 해결 방법을 찾을 수 있다. 예를 들어 위챗 공식 계정의 팔로우를 늘리는 법, 수익을 올리는 법, 글을 쓰는 법, 운영 과정에서 생긴 문제를 해결하는 법 등은 직접 운영하면서 터득해야 방법을 개선할 수 있고, 더 잘해낼 수 있다.

04. 제한된 자원을 활용해라

자원은 한 번에 달성할 수 없으므로 조건이 완벽하게 이뤄질 때까지 기다린다면 그냥 포기하는 것과 다를 바 없다. 『린스타트업(The Lean Startup)』에서는 'MVP 원칙'을 강조하며 일을 할 때도 가장 단순하고 실행 가능한 구상을 따르라고 한다. 상대적으로 제한된 조건을 활용해 문제를 발견한 뒤 재빨리 개선해 나가는 것이다.

이전에는 인테리어에 대해 잘 알고 글도 쓰는 사람을 채용하려 했는데, 이런 인재는 작은 도시의 소규모 회사에 들어오려 하지 않았다. 어쩔 수 없이 현재 직원들을 성장시켜야 했다. 또 인테리어 사진 검색과 분류를 쉽게 할 수 있는 앱을 제작하려 했지만, 프로그래머가 없어서 일단 플랫폼의 도움을 받아 홈페이지를 개설해 고객의 수요를 일부 만족시켰다. 그리고 '원스톱'으로 사용자의 구매 수요를 만족시키고 싶었지만, 현재 판매 규모로는 대형 업체와 상담할 조건이 되지 않았기에 작은 루트를 지원해 주는 소규모 업체를 선택한 뒤 계속 품종과 제품을 늘려나가기로 했다.

05. 팔로우 수를 늘리는 법

팔로우 수를 늘리는 건 쉬운 일이 아니다. 위챗 모멘트에 글 올리기, 단체 메시지로 위챗 친구들에게 팔로우 요청하기, 좋은 문장 리트윗하기 등을 모두 시도했다. 비록 힘들었지만, 아무도 관심을 가지지 않는 것보다는 나았다.

수직적 1인 미디어에서 '인기 있는 글'을 쓴다는 건 헛된 기대다. 나는 위챗 공식 계정을 7년 동안 운영해 왔지만, 조회수가 10만 회가 넘는 글은 손에 꼽을 정도로 적다.

목표를 어디에 두느냐에 따라 광고 방향이 결정된다. 초기에는 각종 인테리어 관련 커뮤니티와 인터넷 게시판을 찾아가 글을 올렸다. 가장 전형적인 방법은 정보를 배포해서 위챗 공식 계정에 끌어들이고 '포장'하기 좋은 인테리어 사진을 얻는 것이다. 물론 이런 방법이 커뮤니티 관리자에게 발각되면 게시글이 삭제당하거나 추방당할 수 있기 때문에 끊임없이 방법을 모색하고 적당한 선을 지켜야 한다.

몇 개의 위챗 공식 계정에서 상대방을 추천하는 글을 쓰거나 글을 추천해 주면 매번 수백 명의 새로운 구독자를 얻을 수 있었다. 또 '1인 미디어 스타'의 추천을 받는 방법도 있었지만, 상당히 힘들었다. 콘텐츠, 포맷 설계, 문장 업로드 빈도 등 상대방의 '기준'에 들어야 했기 때문이다. 하지만 '1인 미디어 스타'의 주의를 끄는 방법이 없는 건 아니다. 예를 들어 그가 쓴 글에 성실히 댓글을 달아 먼저 친밀감을 주는 것도 방법이다. 하지만 부탁을 하기 전에 자신이 그에게 어떤 가치를 줄 수 있는지를 생각해 보는 게 가장 중요하다.

06. 성실히 교류해라

나는 지금까지 일인칭으로, 대화하는 것처럼 구어체로 글을 썼는데, 독자들이 위챗 공식 계정 배후에 한 회사가 아닌 한 사람이 있다고 생각하길 바라기 때문이었다. 몇 년 전까지는 구독자들이 남긴 댓글에 일일이 회답해 주었지만, 팔로우 수와 댓글 수가 계속 늘어나고, 회사의 업무가 증가함에 따라 계속 이어가기가 힘들어졌다.

처음에는 BBS를 구축해 독자들 사이의 상호소통과 교류 문제를 해결하려 했다. 하지만 운영에 많은 힘이 들어가는 데다가 기술 문제도 빈번하게 생겼다. 그러던 중 즈스싱추를 발견하면서 비로소 시행착오를 멈출 수 있었다.

위챗 공식 계정 구독자 수가 몇만 명, 몇십만 명까지 증가한 뒤 우리는 팔로우 수, 조회수, 좋아요 수, 퍼가기 수 등 숫자만 보게 되었다. 매번 '+1'이 추가될 때마다 그 배후에 한 사람이 있다는 사실을 망각하고, 일대일의 성실한 교류는 언제가 가치 있다는 걸 잊어버리고 말았다.

07. 지속적으로 교체해라

팀원이 열 명이 안 되는 작은 팀을 이끌고 2년 동안 작은 성과를 올리며 천만 급의 판매액과 백만 급의 영업수익을 올릴 수 있었던 이유는 정확한 방법을 따라왔기 때문이다. 하지만 정확한 방법이라는 것은 바뀔 수 있다. 오랫동안 한 방법을 유지하는 건 올바른 선택이 아니다. 다양한 상황에 맞추어 포기하고 전환할 줄도 알아야 한다.

내가 지속할 수 있었던 이유는 특정한 배경과 전제가 있다. 첫째, 나는 느긋한 성격이라 빠른 성공이나 이익에 급급해하는 사람은 아니다. 둘째, 줄곧 게시하는 글이나 콘텐츠에 독자들의 인정이나 고객들의 지원과 같은 긍정적인 피드백을 받아왔다. 마지막으로 수입이 계속 증가해 지속할 수 있는 물질적 기초가 제공되었다.

최근 2년 동안 위챗 공식 계정 통계 수치가 별로 증가하지 않아서 김이 빠질 때도 많았다. 하지만 이전에 힘들었던 때와 비교하면 지금은 아주 좋다. 사실 초조함과 긍정은 모순되는 게 아니다. 초조함은 스트레스와 긴박감을 주어 최적화된 경로를 찾을 수 있도록 해주고 긍정은 더 큰 성취를 얻을 수 있다는 자신감과 결단력을 가질 수 있게 해준다.

반성은 과정에 대한 단계별 복기이자 창업 과정에서의 MVP 테스트였다고 할 수 있다. 인생의 성장을 지속하려면 고속 성장의 한계에 이르기 전에 방법을 바꾸는 게 필요하다. 자신의 시스템을 계속 업그레이드해야 효율적으로 문제를 해결할 수 있다.

미래의 먼 길을 계속 더듬어 나아가야지만 등대의 불빛도 꺼지지 않는다.

우루자는 오랜 시간 정보 보안 업무를 했고 현재는 '즈스싱추'를 창업해 운영하고 있다. 즈스싱추는 콘텐츠 창작자가 사용자와 상호작용하고, 커뮤니티를 관리하며 지식을 통해 수익을 낼 수 있게 해주는 도구다.

해커 별을 만든

우루자 吳魯加

문과생이었던 나는 20여 년 동안 계산대 직원이나 판매원으로 일하기도 했고, 해커를 잡고 제품을 만들기도 하며 다양한 직업을 전전했다. 내가 정보 보안 영역에 정식으로 발을 들이게 된 이유는 『뻐꾸기 알(The Cuckoo's Egg)』이란 책을 읽고 감명받았기 때문이었다. 당시에는 이해할 수 없던 전문 용어가 많았지만 끌리는 부분이 있었다. 그때 정보 보안 영역에서 일하겠다는 강렬한 결심이 생긴 것이다.

'직접 정한 경계'를 넘는 건 어려운 일이 아니다

『뻐꾸기 알』의 작가 클리포드 스톨(Cliff Stoll)은 천문대 컴퓨터 센터에서 근무하고 있었다. 1980년대 과학자가 사용하는 컴퓨터는 시간에 따라 비용을 지불했는데, 장부에 기록된 75센트 오차를 발견한 걸 계기로 이야기가 만들어졌다.

> 1986년 8월 천체물리학을 전공해 네트워크 관리를 맡게 된 클리포드 스톨은 컴퓨터를 사용했으나 비용을 지불하지 않은 거래를 살펴보던 중 '무면허' 방식으로 이뤄진 거래를 발견했다. 이후 자세히 조사해 보던 그는 인터넷 주소가 천문대로 되어 있는 한 거래가 군대 시스템에 침입을 시도한 적이 있는 점과 이미 퇴직한 사용자가 컴퓨터를 계속 사용한 기록이 있는 점 등 수상한 정황을 찾아내게 되었다.

이를 알게 된 클리포드 스톨은 즉각 '함정'을 배치했다. 그리고 침입자가 키보드로 입력하는 내용을 감시하고 곧장 인쇄해 상대방이 삭제할 수 없고 수정할 수 없는 기록으로 만들었다. 그는 침입자를 추적하기 위해서 거짓 기밀문서를 만들어 열람하고 다운로드하며 더 오래 머물도록 유도했다.

그리고 1987년 6월 21일 침입자가 시스템에 침입했을 때 체포에 성공했다. 공격과 방어가 난무하는 싸움이 근 1년 동안 지속된 것이다.

이처럼 전화선을 사용해 목표한 컴퓨터 안의 자료를 볼 수 있는 '초능력'과 같은 능력은 호기심 많은 소년을 끌어들이기에 충분했다. 하지만 막상 공부를 시작하니 생각보다 재미가 없었다. 당시 인터넷에 있는 자료를 한 번에 보고 이해할 수 없었던 나는 인쇄하고 반복해서 읽어야 했다.

나는 공장에서 마케팅 일을 하고 있었고 업종 경계에 대한 의식이 없어 흥미가 생기면 일단 시도해 보는 걸 좋아했다. Linux 시스템을 공부하기 위해서 사무실 컴퓨터에 두 개의 시스템을 설치했는데, Windows 시스템은 일할 때 사용했고, Linux 시스템은 공부할 때 사용했다. 한 번은 조작을 잘못해서 하드디스크가 포맷되는 바람에 보름 동안 몰래 야근하면서 판매 주문서를 다시 입력했던 적도 있다.

어쨌든 새로운 분야에 진출해 관심사가 같은 사람을 만나 생각을 나누고 교류를 하게 되자 공부하는 과정도 힘들지 않았다. 나와 친구는 인터넷 보안에 초점을 맞춘 웹사이트를 만들었고 이후에 정보 보안 업종에 들어와 엔지니어로서의 길을 걷기 시작했다.

정보 보안 분야에서 일한 경험은 큰 도움이 되었다. 첫째는 이 경험을 통해 해커의 사고방식을 가질 수 있게 되었다는 것이다. 시스템을 이해하려면 설계자의 마음과 개발자의 상황을 이해하고, 그걸 역으로 이용해 빈틈을 찾아내야 한다. '정당하게 맞서고 임기응변으로 이긴다'라는 말처럼 '미세한 틈새'를 찾는 게 해커의 사고방식이다. 즈스싱추 역시 위챗과 웨이보 사이의 미세한 틈을 찾은 것이다. 둘째는 업종의 경계를 넘는 일이 사람들이 생각하는 것처럼 힘든 일이 아니라는 걸 알게 된 것이다.

필요한 연구에 비용을 아끼지 마라

2007년 스티브 잡스가 아이폰이란 신비한 기기를 선보였을 때 나를 비롯한 사람들은 그것이 세상을 바꿀 거라는 생각을 하지 못했다. 2010년 각종 앱에 빠져 있던 나는 모바일 쪽에서 일을 해보고 싶었다. 하지만 기업 보안 소프트웨어 회사를 경영하고 있어 모바일 인터넷에 힘을 쏟을 여력이 없었다.

2014년 연말 주주의 지원을 받아 정식으로 모바일 인터넷 영역에 뛰어들었다. 우리는 관련 업종에 대한 경험이 없었고 모바일 개발과 운영팀도 부족해서 명확한 제품 방향이 없는 상황이었다. 그러던 중 텐센트에서 3천만 위안을 투자하고 치밍싱천(啟明星辰)에서 이전 정보 보안 제품과 팀을 인수하면서 전력을 다해 새로운 방향을 시도해 볼 수 있게 되었다.

맨 처음 시작했을 때는 갈피를 잡지 못했다. 이전에 다루었던 기술이 기업의 보안과 암호화였기 때문에 우리는 '공유하면서 보호도 가능한' 앱인 '72시간'을 만들었다. 타깃으로 삼은 사용자는 판매원이나 투자자처럼 정보 보호가 필요한 사람들이었다. 사용자가 해당 앱을 통해 상대방에게 문서를 보내면 상대방은 열람만 할 수 있고 저장이나 캡처는 불가능하며, 지정된 시간이 지나면 자동으로 삭제되었다.

우리는 얼마 지나지 않아 문서를 기밀로 발송하는 경우는 흔치 않은 탓에 사용자가 해당 앱을 사용할 일이 거의 없으며, 막상 필요할 때는 쓸 생각을 하지 못한다는 사실을 발견했다. 그리고 예상치 못한 현상도 발견했는데, 바로 늦은 밤에 앱 사용 빈도가 증가한다는 거였다. 알고 보니 일부 젊은 사용자들이 앱을 사용해서 사진을 주고받는 거였다. 비록 사진의 구체적인 내용을 볼 수는 없었지만, 우리는 규격이 비교적 큰 사진일 거라 추측했다.

이러한 이미지 수요를 바탕으로 '컨투(侃圖)'란 제품을 발표했다. 해당 앱은 기능이 아주 단순했는데, 사용자가 찍은 사진이나 기존 사진을 선택해 앱에 업로드하면 다른 사람들이 댓글로 평가를 해주는 거였다. 하지만 이미 위챗 모멘트나 웨이보 플랫폼을 통해서도 가능했기에 활용도가 떨어져 사용자 수가 많지 않았다.

많이 알려진 '샤오미취안'은 처음 '암호화 클라우드' 제품으로 시작되었으나 이미 시기가 늦은 탓에 재빨리 규모가 작고 더 친밀한 방향으로 바꾸었다. 이런 결정을 내린 계기는 텐센트의 창업자 중 한 명이었던 토니가 회사 내부 각종 자료와 파일을 공유하며 자유롭게 이야기하면서 정보 보안도 보장되었으면 하는데 이 두 가지를 겸비하는 게 너무 어렵다고 한 말 때문이었다. 그래서 샤오미취안은 이름처럼 이 두 가지를 해결할 수 있는, 비밀이 보장되는 작은 규모의 커뮤니티였다.

초기 버전에서 타깃으로 삼은 사용자는 작은 팀을 이끄는 책임자나 프로젝트 담당자였다. 우리는 그들이 팀원들과 함께 앱을 사용하기를 바랐다. 하지만 몇 차례 버전 업그레이드를 진행한 뒤 우리는 잔혹한 현실을 발견했다. 팀 책임자나 프로젝트 담당자들은 이런 도구의 가치가 높다고 생각하지 않았고, 내부에서도 추진이 원활하지 않았다.

제품 업계에서는 '제품은 반드시 내가 먼저 써보고 좋아야 한다'라는 생각을 중시한다. 그래서 우리 팀이 샤오미취안을 사용해 내부 관리와 정보 교류를 진행해 본 결과 막상 프로젝트 관리에 사용하기에는 적합하지 않다는 사실을 발견했다. 다시 새로운 프로젝트를 시작했다. 하지만 수요자 연구를 착실하게 하지 않았고, 팀의 프로젝트 관리 능력도 없는 상태에서 억측으로 진행한 프로젝트였던 만큼 실패할 수밖에 없었다.

죽기 살기로 덤비기보다는 돌아가는 게 낫다

이후 샤오미취안은 이름을 바꾸었다. '작고 비밀이 유지되는 커뮤니티'라는 게 오해를 사기 쉬웠기에 여러 고심 끝에 긍정적인 에너지를 가지고 있고 거대한 우주를 연상하게 하는 이름인 '즈스싱추(知識星球: 지식의 별)'로 이름을 변경했다. 즈스싱추의 슬로건은 다섯 번 변경되었고, 그 위치도 계속 변했다.

01. 작은 커뮤니티에서 더욱 가까워진다

첫 번째 슬로건이 '작은 커뮤니티에서 더욱 가까워진다'일 때 우리는 일하면서 위챗 채팅방을 자주 사용했는데, 양질의 콘텐츠를 효과적으로 모을 수 없다는 문제가 있었다. 문서, 이미지, 토론 등 가치 있는 콘텐츠가 단체 채팅 과정에서 순식간에 매몰되었다. 토론 과정에서 각종 농담, 이모티콘, 럭키 머니, 끝말잇기 등과 같은 불필요한 내용들이 난무해 가치 있는 정보가 모이지 않는 것이다.

모두 알다시피 많은 사용자가 새로운 위챗 채팅방에 들어오면 처음으로 하는 일은 '알람음 끄기'다. 우리는 이것이 하나의 틈이라고 생각했다. 위챗 채팅방은 정보 간섭이 너무 심한 만큼 사용자들은 '시끄럽지' 않은 제품을 필요로 한다고 생각한 것이다. 이에 작은 팀을 이끄는 책임자나 프로젝트 담당자를 타깃으로 했으나 흥미를 가지는 사람이 적었고, 팀을 영입하기도 쉽지 않았다.

02. 모바일 협력을 무기로 삼자

두 번째 슬로건을 만들었을 때 모바일 협력으로 전환했는데 표적이 된 해외 제품은 베이스캠프(Basecamp), 트렐로(Trello)였다. 지금도 토니에게 이 버전을 처음 보여줬을 때가 기억난다. 그는 "일을 적게 하다 보니 너무 한쪽으로 치우쳐버렸군"이라고 평가했다.

03. 즐겁게 일하고 안심하고 공유하자

우리는 재빨리 제품 방향을 작은 규모의 팀이 정보를 공유할 수 있는 커뮤니티 제품으로 돌리고 세 번째 슬로건으로 '즐겁게 일하고 안심하고 공유하자'를 내세웠다. 이때 즈스싱추가 타깃으로 삼은 사용자는 프로젝트팀이나 창업한 회사였다. 하지만 이를 위해서는 중점적으로 해결해야 하는 문제가 있었다. 당시 위챗 채팅방은 최대 인원수가 500명이라서 채팅방 개설자가 여러 인원을 관리하는 게 힘들었다. 경쟁 상대가 위챗 채팅방에 잠입해서 사람을 빼내려고 시도해도 찾기가 어려웠다. 그래서 기업에서는 위챗 채팅방 안에서 관리자만 말할 수 있고 고객 사이에 교류는 금지할 수 있기를 원했다.

당시 제품 기능은 점점 완성되었지만 피드백 데이터가 여전히 고르지 않았다. 대체품이 너무 많아서 주목받지 못하는 것도 문제였다. 그러던 중 펑다후이와 대화를 나누며 그가 유료 메일링리스트'를 운영했을 때의 이야기를 들었다.

- 결제한 구독자의 정보가 통일되지 않아 후속 업무에 힘이 들었다. 구독자가 위챗이나 알리페이를 통해 결제할 때 이메일 등 필요한 정보를 작성해야 했는데, 그러지 않을 땐 구독자를 일일이 찾는 수고를 들여야 했다.
- 이메일 도착률과 열람률이 높지 않았다.
- 제품과 기업 사이에 호환성 문제가 있었다. 구독자가 이메일이 오지 않았다고 항의를 해서 조회해 보면 시스템에서는 메일링리스트를 취소한 걸로 나왔지만, 구독자는 취소한 적이 없었다.

이를 통해 우리는 즈스싱추의 새로운 방향을 정하게 되었다. 바로 KOL과 콘텐츠의 구독자를 연결해 주는 것이다. 즈스싱추는 창작 능력을 갖추고 있고 팬을 보유하고 있으며 공유하기를 좋아하는 사람을 위한 도구로 방향을 틀었다.

04. 고품질 커뮤니티

펑다후이는 이 버전을 테스트해 본 뒤 즈스싱추 계정에 위챗 공식 계정과 웨이보에 있는 콘텐츠를 게시했다. 그러자 사건이 일어났다. 게시된 정보로 방문량이 증가하면서 연달아 세 번이나 우리의 업무가 '붕괴'한 것이다. 경험이 없었던 우리는 비틀거리고 헤매면서 성장을 거듭했다.

이후 놀라운 반응이 일어났다. 소문을 들은 콘텐츠 창작자들이 시험 삼아 즈스싱추에 계정을 개설하고 사용자, 팬들에게 공개하기 시작한 것이다. 그리고 수입이 생기자 주변 지인과 사용자, 팬들도 입점을 시도하기 시작했다. 그렇게 눈덩이가 굴러가면서 커지는 것처럼 즈스싱추도 시간이 지날수록 성장했다.

네 번째 슬로건을 통해 효율적으로 팬과 상호작용을 할 수 있고 콘텐츠를 관리할 수 있는 도구가 되었다. 콘텐츠 창작자는 팬들과 가볍고 조용한 분위기 속에서 가치 있는 교류를 할 수 있게 되었다. 동시에 이 버전의 즈스싱추는 콘텐츠 창작자들이 해결하기 어려워하던 문제를 해결했다. 각 플랫폼에 팬이 많이 있음에도 이를 활용해 수익을 낼 수 없어 힘들어하던 콘텐츠 창작자들이 마침내 마음에 드는 도구를 찾을 수 있게 된 것이다. 즈스싱추는 그들이 쉽게 수익을 낼 수 있는 플랫폼이었다. 그리고 팬들은 즈스싱추를 통해 창작자들과 더욱 가깝게 교류하고 지식을 얻을 수 있으며, 취향이 같은 다른 팬들을 만날 수 있는 기회를 제공받았다.

05. 1천 명의 골수팬을 연결해라

이 버전을 본 토니는 즈스싱추가 아주 재미있는 제품이라고 말하며 다음과 같은 말로 우리를 격려해 주었다. "즈스싱추에 작은 불꽃이 보이는 것 같군. 즈스싱추의 메커니즘은 콘텐츠 창작자들과 결을 같이 하고 있어. 앱을 사용할 때 사용자들의 인내심은 평균 30초를 넘지 않지만, 즈스싱추에 유명한 창작자들이 있는 덕분에 사용자들의 인내심도 30초에서 10분까지 늘어났으니까. 계속해서 사용자 수요를 찾아내 세밀한 부분까지 신경을 써야 하네. 만일 사용자가 즈스싱추에 더 오랜 시간을 보내거나 매일 사용할 수 있게 된다면 확실한 입지를 다질 수 있을 거야."

다섯 번째 슬로건은 케빈 켈리의 글에서 따왔다.

"예술가, 음악가, 사진작가, 공예가, 연기자, 애니메이터, 디자이너, 작가 등 창작이나 예술 업무에 종사하는 사람은 골수팬 1,000명만 확보해도 생활을 유지할 수 있다."

이 글은 우리의 업무와 잘 어울렸고, 우리의 도구는 이 이론을 관철하고 실천하기에 좋았다. 제품의 발전 과정은 나에게 두 가지 깨달음을 주었다. 하나는 지속과 전환 사이에는 미묘한 균형점이 있으므로 제품 교체는 적시에 방향을 조정할 필요가 있다는 점이고 다른 하나는 기회가 왔을 때를 대비해 준비를 잘해야 한다는 거였다.

지식에 돈을 지불하는 이성으로의 회귀

즈스싱추가 줄곧 '유료 지식 콘텐츠'를 고집하는 걸 부정적으로 바라보는 사람들이 적지 않다. 기존 사용자가 보지 않은 콘텐츠가 쌓여갈 거고, 새로운 사용자 증가에도 한계가 있는 만큼 '유료 지식 콘텐츠'는 지속할 수 없다는 것이다. 또 콘텐츠 질이 고르지 않고, 양질의 콘텐츠를 계속 공급하기가 어려울 거라거나 '개인 IP'의 불안정성 등을 지적하는 사람들도 있다.

즈스싱추는 콘텐츠 창작자와 팬을 연결하고 양질의 콘텐츠를 모으고 지식을 활용해 수익을 낼 수 있는 커뮤니티 도구다. 즈스싱추는 콘텐츠 창작자와 팬, 팬과 팬이 휴대폰, 컴퓨터를 통해서 교류를 할 수 있게 해준다. 그리고 콘텐츠를 모으는 역할도 한다. 즈스싱추는 수입 도구도 될 수 있다. 가치 있는 콘텐츠와 서비스를 제공하는 창작자는 이를 통해서 수입을 낼 수 있다.

'유료 지식 콘텐츠'는 새로운 개념이지만, 사실 이 개념에 대한 기반은 오랫동안 마련되어 왔다. 교육 훈련, 도서, 정보(민심, 정보 경쟁, 정보 위협), 특정 서비스(재테크, 투자, 건강, 법률, 기술) 등은 모두 유료 지식 콘텐츠 실전에 기초를 마련해 주었다. 이러한 유료 지식에는 '저가' '대중'을 타깃으로 한 것들도 있고 '고가' '소수'를 타깃으로 한 것들도 있다. 예를 들어 도서는 가격이 저렴하고 모두가 이용하지만, 특정 정보나 서비스는 소수의 사용자만 높은 가격을 지불하고 이용한다.

이처럼 의견이 분분한 '유료 지식 콘텐츠'는 사실 기존에 있던 방식을 새롭게 꾸민 것에 불과하다. 기업에 원래 있던 업무를 인터넷 기술과 새로운 형식을 활용해 포장한 것일 뿐이라는 것이다. 인터넷 기술의 도입은 전파 능력을 향상하고 전파 범위를 확대했다. 이에 더 많은 사용자와 접촉하고 연결할 수 있게 되었고 결제 방식도 편리해지면서 주문량이 대폭 증가해 가격이 내려갔다. 하지만 사용자의 수요는 단기간 내에 급증하지 않았다.

- **기존 형태**: 전자도서, 유료 뉴스와 긴 글 등 콘텐츠 형식에 대한 수요층은 근본적인 변화가 없었다. 늘어난 경우도 있고, 동영상 플랫폼으로 분산된 경우도 있었다.
- **새로운 형태**: 오디오북, 책 리뷰 등은 운영 문턱이 낮지만 새로운 사용자 증가 추세가 이상적이지 않았다.
- **서비스**: 재테크, 건강, 법률 등 서비스는 대부분 가격이 높고 빈도가 낮았다. 그리고 사용자들은 특정 시간대에만 구매하고 재구매율도 낮아서 가격을 낮춰도 사용자가 극적으로 증가하는 변화는 나타나지 않았다.

폭발적인 수요 증가가 일어나지도 않고, 기존 수요자에 본질적인 변화도 발생하지 않는 상황에서 지식 서비스 업종은 이성으로 회귀해 장기적으로 관찰하며 방법을 모색할 수밖에 없었다.

전체는 무시하고 한 가지만 집착하다

즈스싱추를 확대하고 견실하게 만들 수 있다는 확신이 생기자 우리는 다른 프로젝트는 내팽개친 채 즈스싱추 사용자에게 좋은 서비스를 제공하기 위해 온 힘을 쏟아부었다.

아마존의 제프 베이조스는 강연에서 다음과 같이 말한 바 있다.

"사람들은 항상 저에게 앞으로 10년이 지나면 어떤 게 변했을 것 같냐고 묻습니다. 재미있는 건 아무도 앞으로 10년이 지나도 변치 않는 게 무엇이냐고는 묻지 않는다는 겁니다. 소매 업종에서 고객은 항상 저렴한 제품을 원합니다. 이건 모두가 알고 있는 사실이지요. 그리고 이 점은 10년이 지나도 변하지 않을 겁니다. 그들은 항상 더 빠른 배송을 원하고, 더 많은 선택을 원합니다."

우리가 제품을 만들 때도 10년이 지나도 변치 않는 걸 찾았다. 그리고 오랜 시간 고민과 토론을 거친 끝에 우리는 '콘텐츠를 통해 사람을 연결하는 일'은 최소한 10년 동안은 변치 않을 거라고 생각했다. 지식이 가치를 창조할 수 있다고 믿었고 즈스싱추가 가치 있는 지식을 받아들이고 저장하는 도구가 되기를 바랐다.

다음은 즈스싱추에서 가장 신경 쓰는 키워드로 여기에는 우리가 지키고 싶어 하는 즈스싱추의 가치관이 담겨 있다.

- **사용자** 사용자가 있어야 즈스싱추도 있다. 항상 사용자의 피드백을 경청하고 즉시 개선해야 한다.
- **사실** 데이터, 실제 사례를 확보해 팀 안과 밖에 진실한 정보를 전달한다.
- **신뢰** 내부 정보를 투명하게 제공하고 승낙한 일은 되도록 달성해야 한다. 서로 신뢰가 있어야 소통 효율이 높아진다.
- **적극성** 팀, 프로젝트에서 새로운 기회나 문제를 발견하거나 불평등하거나 참을 수 없는 일이 생겼을 때는 자발적으로 문제를 제기하거나 토론을 진행해 수정한다.

이러한 가치관을 가지고 지식 커뮤니티 제품을 만들어야 '콘텐츠를 통해 사람을 연결'하는 도구를 제공할 수 있다.

천성+좋아함+노력=성공

문과생에서 보안 엔지니어로, 다시 모바일 인터넷 창업자로 변화하는 과정이 다른 사람에게는 쉽지 않은 과정으로 보이겠지만 나에게는 물 흐르는 것처럼 자연스러운 일이었다. 사람은 누구나 타고난 재능이 없어도 용기, 노력, 방법만 있으면 한 영역에서 두각을 드러낼 수 있기 때문이다.

나처럼 문과였던 사람이 선택할 수 있는 가장 이상적인 직업은 기자였다. 그렇다고 해서 내가 정보 보안을 독학하고 해당 영역에 종사하는 데 지장이 있지는 않았다. 10년 동안 기업 보안 업무를 해온 것이 모바일 인터넷을 연구하고, 창업하는 데 영향을 주지도 않았다. 그 과정에서 내가 경험한 것들을 정리하면 아래와 같다.

- 생각을 명확히 정리해라. 목표를 세우고 다른 사람이 목표를 달성하기 위해 어떤 과정을 거쳤는지 파악해야 한다.
- 빨리 익혀라. 많은 책을 사서 전부 빠르게 훑어 읽은 뒤 그중에 가장 좋은 책 몇 권을 골라 서너 차례 반복해 읽는다.
- 글을 써라. 눈으로 봐서 이해한 것과 글로 쓸 수 있는 건 완전히 다른 일이므로 깨달은 바를 글로 표현할 수 있어야 한다.
- 직접 행동해라. "만 권의 책을 읽고, 만 리를 걷는다"라는 말처럼 빨리 익히기와 글쓰기를 병행하자. 단순히 책을 읽는 것보다 더 좋은 효과를 거둘 수 있다.
- 해당 업종에서 가장 뛰어난 사람 밑에서 배워라. "목표를 높이 세우면 중간은 간다"라는 말이 있다. 물론 단순히 머릿수만 채우는 게 아니라 가장 뛰어난 사람 밑에서 성실히 배워야 한다.

물론 천부적인 재능이 있으면 같은 주제의 글을 쓰더라도 더욱 명확하고 생동감 있게 묘사할 수 있다. 하지만 긴 시간에서 보면 천부적인 재능을 가져도 노력하지 않거나 글 쓰는 걸 싫어한다면 대중 속에서 사라져 더는 글을 쓰지 못하고 생각도 멈춰버린다.

유명한 사진가 장첸치(張乾琦)는 한 강연에서 매그넘 포토스

(Magnum Photos)에는 평생 사진 촬영만 한 사람들이 많이 있다고 말하며 그래서 그들이 최고라고 했다. 특별한 재능을 가진 사람이라도 자기 일에 애정을 가지고 노력을 해야만 성과를 거둘 수 있다. 만약 여기에 하나라도 부족하다면 성공 공식은 성립될 수 없다.

때로는 창업, 제품에 명확한 그림이 보이지 않을 때가 있다. 마치 안개가 자욱하게 깔려 있어 조심하지 않으면 넘어지거나 심지어 계곡으로 떨어질 수 있는 거친 산길을 기어오르는 것과 같다. 하지만 보이지 않더라도 계속 시도해 보는 수밖에 없다. 성공하면 앞으로 한 발자국 전진하고, 실패하면 방향을 바꿔서 여러 차례 다시 시도해 보고, 통하지 않으면 길을 바꿔서 계속 탐색해야 한다.

길 위에서 호기심을 가지고 꾸준히 탐색한다면 기회는 항상 존재한다.

SNS로 부자가 되는 법

초판 1쇄 발행 2021년 11월 20일

지은이 류룽(劉容) 등
옮긴이 이서연

펴낸이 김진규
경영지원 정동윤
책임편집 김민영

펴낸곳 (주)시프 | 출판등록 2021년 2월 15일(제2021-000035호)
주소 경기도 고양시 덕양구 권율대로668 티오피클래식 209-2호
전화 070-7576-1412
팩스 0303-3448-3388
이메일 seepbooks@naver.com

ISBN 979-11-975638-5-0 03320